从此爱上语文

SPM 南方出版传媒
全国优秀出版社　全国百佳图书出版单位　广东教育出版社
·广 州·

图书在版编目（CIP）数据

从此爱上语文 / 楚云著. —广州：广东教育出版社，2018.10
ISBN 978-7-5548-2567-9

Ⅰ. ①从… Ⅱ. ①楚… Ⅲ. ①中学语文课—教学研究—初中 Ⅳ. ①G633.302

中国版本图书馆CIP数据核字（2018）第219641号

责任编辑：王泽冰
责任技编：涂晓东
装帧设计：陈宇丹

CONGCI AISHANG YUWEN
从 此 爱 上 语 文

广 东 教 育 出 版 社 出 版
（广州市环市东路472号12-15楼）
邮政编码：510075
网址：http://www.gjs.cn
广东教育书店有限公司发行
佛山市浩文彩色印刷有限公司印刷
（佛山市南海区狮山科技工业园A区）
787毫米×1092毫米　16开本　18.5印张　370 000字
2018年10月第1版　2018年10月第1次印刷
ISBN 978-7-5548-2567-9
定价：46.00元

质量监督电话：020-87613102　邮箱：gjs-quality@gdpg.com.cn
购书咨询电话：020-87615809

# 我的赛友，我的导师——楚云

## 代 序

向 浩

我三天没写一个字了，净一下手。因为写她，要纯粹到神圣才行，就像画唐卡，一声祈祷，一笔颜色。她是我的赛友，亦是我的导师——楚云。

### 一、她的精彩，分立在11年的两端

把日子往前推11年，这里是惠州市博罗县某酒店会议厅。

时间很早，会场的灯光还未将早晨的暗淡驱尽，我们的比赛就准时开始了。舞台，在偌大的会场里显得有点冷清。听课的老师还在陆陆续续进场，工作人员还在继续调试设备。学生也刚刚从家里的闲适切换到陌生环境中，充满不适。她走上讲台，开始了她的赛课。

这节课，我印象非常深刻，不仅仅源于第一节课的新鲜，也不仅仅因为楚老师的知性气质，更多的是源于她对文本解读的深度，领着学生扎根文本的频度，还有对诗歌理解的精准度。她执教的《我爱这

土地》，我11年都未曾忘却，就像酒酿一样，愈久愈醇香。11年前的这节课，就像一座丰碑，牢牢地立在那一端，立在那个我懵懂无知的年少时光里，是我教师职业生涯的一个美好记忆。

11年后，我又听她讲课。

灯光亮了，身影清晰易辨。依然未变的，是那份诗意与淡净。楚老师今天的课堂，再没有人陆陆续续进场，再没有工作人员忙忙迭迭，有的是一批又一批人的朝圣，一批又一批人的敬仰。我站在11年的这端，坐在她的课堂里，安静地听她和学生回《故乡》：

阳光侧身转进后窗，轻轻地抹在楚老师的脸上，也抹在一方学生的侧脸上。笑容和阳光融在一起，酿出了蜜的香味。黑板上板书着两个大大的字——"故乡"，就像鲁迅的那双犀利的眼睛，慈祥地看着一群孩子和一位老师——

"凝视这个题目，你的感受是什么？"轻柔，温婉，知性的力量让每个准备开小差神游的孩子，都无法迈开那具有实质意义的第一步。

"思乡，想起汕头的老屋和水池……"那孩子脸上的酒窝里含了一团醇香。

"想到了清远，美丽的地方……"

"我想到苏州，那是一个很有感觉的地方，苏州是我的第二故乡。"

孩子们目光熠熠，那目光里有惊诧、有欣喜、有回忆、有迷离、有沉醉……

"仍怜故乡水，万里送行舟；举头望明月，低头思故乡。这是每个孩子都有的故乡情结。你们是否已经按要求完成预习《故乡》的任务？"

楚老师的话语也是带着微笑进入我们的耳廓的，一路蹦蹦跳跳，让我们欣欣然。从学生原初体验开始，在学生的舒适区里构建学习的起点和开端，让学生自觉地和老师亲近，和文本亲近，和作者亲近，并引发强烈共鸣，让我们看到了语文课的美好，妙不可言。

"那鲁迅笔下的故乡呢？……"

我清晰地感受到楚老师不着痕迹的一个陡转，将大家的注意力全部吸引了过去，座上的学生无一例外地盯着她。

我突然想到矛盾以及矛盾的美来。

所谓矛盾美，即在同一作品里，作者或明用于矛盾修辞，或暗蕴抑扬逆折，通过意象的矛盾、语言的矛盾、构思的矛盾，抑或正常与反常的矛盾、逻辑与非逻辑的矛盾、理性与非理性的矛盾，把正反相斥，互为矛盾的两类意象、两种意念、两种感情排列组合在一起，造成一种曲折回环、顺逆相荡的冲击力，进而在更高层次上走向相反相成，走向和谐，走向深邃，使人在作品的矛盾交叉运动中获得新警的美感：或世相的思辨，或人生的哲理，或情感的震慑……

文艺作品是这样的。课，何尝不是一个精心设计的作品呢？楚老师将学生心中的"故乡"和鲁迅笔下的"故乡"巧妙地构建成一组矛盾，让学生的思维不自觉地进入、生发，张力凸现了，美感流泻出来了，智慧火花频频闪现。在自己的内心深处建一座城，然后去领略内心之外的无数座城，这样一来，便会有欣慰、有惊喜、有感动。

学生的头脑开始风暴了：

"物非人亦非。满满的负能量，小闰土不见了。"

"物是人非。杨二嫂贪小便宜了，闰土变了……"

"物人尽非。景色不再，人性不再……"

凝聚一点，激活思维，辩证思考，气氛热烈。

楚老师接话了：

"哪些地方可以表达出你们刚才的体验？"

学生再次炸开锅，沿着文本，一路寻觅，一路咀嚼，文字脆脆的香味，盈满了整个教室。在氤氲的文字香气中，鲁迅悲悯而又坚毅的面庞出现了，闰土年少的无拘无束和年长的呆滞迟缓出现了，杨二嫂的曼妙动人和乖戾尖酸一并出现了，故乡的唯美与凋敝同时出现了——

"老屋离我愈远了……悲哀，没有留恋。"

"悲哀，但有留恋。"

"闰土，前后的情绪变化大，高涨，悲哀。"

"第62页，水生，闰土，未见世面，不亲近；拖，一种强拽……后面有只不现形的黑手。"

"第66页，思念故乡，但思念的不是现在的故乡，而是以前邻里和睦的故乡。"

"闰土功利了，迂腐了……"

"省略号，停顿，表达不连贯。闰土吞吞吐吐了。"

"等级制度森严，埋怨定规，抱怨，犹豫……

"生活是多么的艰难，所以犹豫。"

…………

"忧郁和悲哀"，楚老师挥笔写下五个大字。是的，空气里弥漫着浓浓的忧郁与悲哀，不仅仅在20世纪初期的空气中，也在21世纪当下。跨越一百多年，故人已驾鹤西去，文中人事已不再，但鲁迅先生的叩问，却一拳又一拳地敲打在我们的心上，让我们时时警醒，时时反思，矢志为自己的内心构筑一个桃花源一样的老家，心灵之家。

"继续深读。"

楚老师总是浅浅地说，但话语里却有深深的味道。学生和她是默契的，是种鱼水之间的默契与存在。笑容到了，会意；手势到了，会意；板书到了，会意；三两字点说，会意……学生就像她身体的一部分，随着她大脑的指挥，一次次出发，一次次收获，教室里盈斥着一种巨大的魔力。

"杨二嫂，'豆腐西施'到'圆规'，世事的变幻无常。"

"水生和闰土，命运的循环，宿命。"

"导致闰土变化的不是自然环境，是可怕的社会环境。"

……………

听着听着，我的脑海里浮现一只黑手，以及一个大大的、淋着鲜血的"拖"字，还有密实不透风的宿命。闰土逃脱不了，水生逃脱不了，杨二嫂逃脱不了，我们也逃脱不了……只不过，当下的我们多了挣脱的机会和力量而已。

11年的两端，听楚云老师讲课，依然淡雅，依然素净，依然知性，依然诗意。但不同的是，现今的楚云和"楚云课"，多了魏晋风骨，多了唐宋韵致，多了明清雍贵，多了民国沉香，实在是滋味绵长啊。

**二、她的精深，分立在一节课的两端**

工作室成员都要上汇报课，我也积极报了名。由于事情太多，我想讨一个巧，上一节比较熟悉的课，被楚云老师拒绝了。她委婉地要求我按照安排上，我答应了。其实我心里清楚：每次压力，一定会给我带来机会，一定会让我改变惰性，收获一份"意想不到"。我开始思考，开始准备，开始尝试，开始反思，开始修正，开始整理……

一周的时间，我收获了一节新的共生课例。相对之前的共生课例，这节课我有了新的挑战，即指导完成"当堂整篇作文"训练，而且是面对全体学生的"完成"，追求比较高质量的完成。接到任务后，我把"学生完成习作"视为最重要的思考逻辑起点，然后以此生发，安排周密的"学的活动"和"写的活动"。课毕，得到了大家的充分肯定和认可。

楚云老师这样评点：

"向浩老师是从如何构思课程和追求怎样的目标来谈这堂课的。向浩老师今天上的是一堂提炼出来的作文指导课，是用写作来教写作的写作指导课。"

德国教育家第斯多惠曾说："教育不在于教给学生多少知识，而在于唤醒、激励和鼓舞。"写作教学的首要任务不在于教给学生多少写作的知识，而在于唤醒他们用笔说话的愿望，鼓舞他们用笔说话的热情，激励他们用笔说话的意志。特级教师黄厚江老师提出，作文教学要"用写作教写作"，要在课堂上看到学生的整块时间的写作，要能在课堂上指导学生进行整篇文章构思的写作，总之，既要看到学生的写，又要看到学生写的效果呈现。楚老师一语中的地点明了这节课的主要特点。

"九年级从应试的角度来说，提升学生谋篇布局的能力是很重要的，我们备课组发现学生的谋篇布局往往比较零散，所以要请向老师上作文指导课。在这种情况下，我们发现向老师的作文教学真的就是问题解决式的。他研究的是学生的写作思维，让学生了解一篇文章原来是这样开头、这样过渡、这样联想、这样来照应，自然也让学生感觉到写作本来就是一个一气呵成、完整构造的过程。"

的确，写作是一个思维过程。"写作是一个流动的、递进的思维过程。人在写作文章时，有时是依靠表象进行感性的形象思维，有时是依靠概念、判断和推理进行理性的逻辑思维。思维贯穿文章生成的全部过程。"（《作文与思维训练》，陈钟梁、张振华著）写作教学，不立足于学生写作思维的训练，就很难形成写作自觉，也就无法形成高水平的写作能力。

楚老师接着说：

"从对话来看，向浩老师的语言是不疾不徐的，就像他自己所说的那样，不是矫情，而是真的享受学生写作时的沉淀，而向浩也在不断用他的倾听和等待来呼应学生的沉淀。特别喜欢他说的几句话：'你相信吗？我总能发现你的优点。'我很喜欢这一句话。想象着如果在课堂上有个老师这样跟我说：我总能发现你的优点。我会想：我也应该换一个角度看待自己。这个就是重构学生的思想世界，重构他的精神理念。我觉得这对于学生来说就是教了一些技巧之外的东西。"

我和楚老师有着一致的思考：师生情感世界的构建，是顺利高效完成教学任务的重要保障，或者是重要催化剂。在语文教学的过程中，丰富的积累是基础，是知识与技能层面；深度的思维训练，是高层次的训练，是关乎过程与方法的；而有温度，甚至有情感热度的课堂，是教学的至高境界，是关乎情感态度和价值观的，是美的体现，是诸元和谐，是精神的享受，这样的课才是真正意义上的好课。

"在向老师的课上，教师用自己的话语体系去搭建和学生相互理解的桥梁，去建构学生的自信，给学生一种能够无防备地进入课堂的精神状态。学生为什么在我们的一些课上'打不开'呢？因为我们老师端着架子。我们老师的架子端得高，让学生感觉：你什么都知道，我什么都不知道，你就是来教训我的。他就会感觉很紧张，他的戒备心理一强，就没有办法发现自己的优点，而人的潜能是越紧张越没有办法发挥出来的。所以今天的课，可能就是因为向浩给了学生足够的等待，有足够的倾听，有充分的鼓励，所以我们看到（6）班的学生在自我小宇宙的爆发上，能量惊人。"

楚老师的这些话让我领悟到了沟通的重要意义。教师的教学语言是重要的课程资源之一，它不仅可以示范语用形式，还能更好地搭建师生交往的桥梁，尤其面对陌生的群体时。课堂教学，从某种意义上讲，是一种有目的、有计划、有组织、相对封闭的沟通场域，因此注重沟通的意义和技巧，也是每位教师要重点思考的课题。在课堂教学中，提高沟通效率，我们首先要弄清楚学生想听什么，通过认同、赞美和询问需求的方式实现，并以对方感兴趣的方式表达，如幽默、热情、亲和、友善。其次，在倾听时，用学生乐意的方式倾听，积极探询学生想说什么，设身处地，不要打断，并积极回应、鼓励表达。再次，教师要控制情绪，适时回应与反馈，最后确认理解。有必要的话，听完后澄清异议。这样的沟通，或者师生对话才能是健康、有效度的课堂教学对话。

楚老师还结合自己的阅读经验说道：

"前段时间我读了一些心理学的书,里面有一个观点:人获得知识和技能有三个区域,第一个区域叫作舒适区,第二个区域叫作学习区,第三个区域叫作恐慌区。我们往往觉得学生不能待在舒适区,所以急不可耐地把他拔高到恐慌区,结果一整节课学生都会很紧张。舒适区会让很多想要学得更多的孩子、想要往前走的孩子觉得好像吃不饱,他们在这节课里就很容易出现精神和思想的涣散。要真正提高一堂课的有效程度,要让学生在学习区学习。今天向老师所讲到的东西对于我们省实(广东实验中学)的学生或者对于其他九年级的学生来说真的是闻所未闻吗?不是的。向老师所讲到的有关灯的联想,有学生下课的时候跟我说他们小学的时候也接触过。向浩今天没有给他们任何一个生疏、生僻、高深的理论知识,但是学生会觉得自己在成长,因为他把学生从舒适区带出来,让他们在学习区学习,就是换一个角度重新去架构他们的知识体系。这个写作构造的'房子'搭建在学习区里,他们既不会觉得很老旧,也不会觉得很恐慌。不是只有写作特别有天赋的孩子才能这样想,而是每个孩子都觉得'我有事可做,我可以学好,我能够学得更好',学习效能就大大提升了。我觉得这是今天我在听向老师上课时获益匪浅的一些感受。"

美国心理学家Noel M.Tichy(诺尔·迪奇)的这一心理学理论,为我们研究教育原理、观测教育现象提供了非常好的依据。

如上图，最里面一圈是"舒适区"，对于自己来说是没有学习难度的知识，或者习以为常的事务，自己可以处于舒适心理状态。中间一圈，"学习区"或"最优焦虑区"对自己来说有一定挑战，因而会感到不适，但是不至于太难受。最外面一圈，"恐慌区"，超出自己能力范围太多的事务或知识，心理感觉会严重不适，可能导致崩溃以致放弃学习。

对于一个人来说，最理想的状态是处于"学习区"，学习具有适当挑战性的东西。一段时间后，"学习区"会慢慢变为"舒适区"，"舒适区"越变越大，而一部分的"恐慌区"也会相应变成"学习区"。楚云老师对这一理论的介绍，打开了我建构课堂的一扇窗：我们的教学起点应该建立在学生的"舒适区"，让他们在舒适区里获得兴趣，获得成功体验，然后在老师的帮助下，慢慢进入"学习区"，让学生们感觉似曾相识，但又有新的挑战，在各种挑战中收获新知，体验新知，从而获得成长。在设计教学活动时，要提防把学生带向"恐慌区"，进入"恐慌区"的孩子会不自信，会焦虑，这些非智力因素会严重滞碍学生的学习主观能动性，会激活学生的消极情绪。回过头来看我们的很多课堂，要么在"舒适区"里和学生重复他们本来就懂的东西，要么在"恐慌区"里贩卖老师自己的研究成果或者"剽窃"成果，这些都是不科学的。

评课到最后，楚老师这样说：

"我们看向浩老师的课，引导得非常细致了，但是刚开始的时候，老师的引导和学生的答案其实有点脱节。学生的答案不是在朝我们希望的方向走，也就是说课前的铺垫其实是稍微有点遗憾的。所以我也在想：在共生作文教学过程中我们可以怎样做，让学生入境的时候可以不知不觉进来，不会发现刻意牵引的痕迹。另外，我很喜欢向浩到课堂最后的一个回应。他说，今天的这盏灯，下次可能就是笔袋或者什么东西。这其实也是在告诉学生，今天我们学会了'灯'的写作思路，那么下一次写作时也同样要找一个情感的触发点……向浩在结课时所说的一番话，就好像把学生的思维带进苏州园林一样，看了一景又有了另外一景。学生会突然发现原来我掌握了这篇文章的谋篇布局，我就知道其他文章也是这样先找个触发点，然后慢慢地展开思路的。这样其实很管用，学生有的时候就是想不通这一点。"

楚云老师说到的这个问题，的确是一个值得深思的问题："共生原点的选择是需要精心设计的，它既需要科学性，还要兼具开放性和生长性。"如果我们不注重其科学性，那么它的学科价值和教学价值就无法彰显；如果不注重其开放性，它就不能激活师生共同思考、共同发现、共同感受和共同创造，也就失去了作为共生课堂的基本意义；如果它不具备生长性，那它就不是生长点，更遑论"共生原点"了。所以，这类课堂的"共生原点"，一定要兼具科学性、开放性和生长性等特点。楚老师的这点质疑，让我更深刻地去关注"共生原点"的选择问题，为我继续思考和丰富"共生教学"理论打开了另一条思路，很有意义。

从一位老师的阅读经验中可以窥探他的精神世界，从一位老师的话语系统中可以窥见他的综合素养，从一位老师的教学观念中可以窥见他的学科理论素养。从楚云老师评课议课的字里行间，我窥见她的广博、深邃与专业，同时也更深一层窥见她的勤奋、专注与执着，或者更深一层窥见她的淡泊、慎独与达观，这不仅是一位优秀语文老师的优秀品质，更是一个幸福人的美好品质。

### 三、她的精致，分立在跟岗培训的两端

楚云老师是一位做事非常讲究的人，甚至可以说讲究到"精致主义"。刚开始的时候，我简单地将跟岗学习理解为无非是跟着听听课而已，但是当我看到《广东省"楚云名师工作室"（第六期）跟岗培训计划》的时候，第一次感受到了她的用心备至——这是一份安排

非常周密、详尽和完整的课程设计表。课程丰富，角度多样，专家云集，实践频密，活动有趣，目标明晰，主题集中，安排妥当，人情满溢……一张小小的表，传递出了一个人对一群未见之人的用心备至，让人感动。

楚云老师组织的学生读书活动很精致。初三（5）班的学生在读书汇报课上这样交流着读书心得：

一位女生读《孔乙己》，她在"茴"字的写法中，读到了鲁迅的孤独。她说，跟咸亨酒店的酒客说"茴"字，谁懂？谁和？孔乙己的孤独，就是鲁迅自己的孤独。这个女生读《而已集》，读到了鲁迅的幽默、戏谑、讽刺、风趣、智慧。教育最大的功能之一就是激活和唤醒，学生的表现就是教师智慧和耕种的投射。学生读书的深刻与专注，又何尝不是教师读书的深刻与专注呢？楚云老师说，她经常和学生进行读书比赛，学生读过的书，她都得读。试想，一百多名学生，且学生的阅读兴趣各异，能读完所有孩子都看过的书，这不仅仅是凭兴趣和激情能达成的啊，那必须是真爱和毅力做支撑才行。第二个女生喜欢王小波。她慢慢地叙说自己由不知道王小波到痴迷王小波的历程，让我们看到了一个学生的一段阅读成长史。她读王小波，不是为了读而读，而是随心所读。她通过自己的读，读透了自己，读透了自己的世界。她是典型的通过阅读来发现生活和理解生活的。楚老师这样评价："杨绛曾说，年轻的时候以为不读书不足以了解人生，直到后来才发现如果不了解人生，是读不懂书的。读书的意义大概就是用生活所感去读书，用读书所得去生活吧。"这样的评价，筋道，评得真筋道！这样的对话，是高于教学的，是人与人之间"灵"的契合。真的，我们的语文，如果能跨越彼此教与学的关系，而时时追求"灵"的交流和契合，那该多好啊！一位老师在九年级的时候还能带着学生安安静静、扎扎实实地读书，这不仅是一种智慧，更是一种学科定力，或者说是一种学科信仰，践行海量读书是提高学生语文综合素养的不二法门。读什么书，怎么读，读得怎么样，楚老师都有自己的规划和评测，设计非常完整和周密，说明这是有计划、有组织、有策略的群体读书研究，很有借鉴价值。就当下的环境来看，"精致的利己主义"的语文老师很多，而楚云老师无疑是一股清流。

楚云老师的语言表达是非常精致的，听过她上课或者讲话的人，一定有这样的感受。楚老师的讲话是非常精练的，每一句话的收音短促且有力量，让人听起来特别清晰和真切。楚老师的每个吐字也非常讲究，字正腔圆，利利索索，让同为湖南人的我，汗颜不已。楚老师表达的内容也是极其讲究的，观点提出，论证推理，旁征博引，辩证逻辑，即使是即兴发言，也能做到滴水不漏，浑然天成。能做到这点，要么是天赋，要么是下了苦功夫练就的。写到这里，我想起于漪老师在《岁月如歌》里的一段回忆来：

"当时，年纪轻，有劲儿，追求完美。我把上课的每一句话都写下来，然后自己修改，把不必要的字、词、句删掉，把不合逻辑的地方改掉，然后背下来，然后，再口语化。这样一来，啰嗦、重复、语病大大减少。每天到学校，我要走20多分钟路才乘到公共汽车。这20多分钟里我就把上课内容'过电影'，在脑子里放一遍，怎么开头，怎么展开，怎么发展，怎么掀起高潮，怎么结尾，这个问题下去，学生怎么回答，回答不出，怎么引导，怎么铺垫……"

看到这段文字，我总感觉楚云老师是不是也时常这样严苛地要求自己呢？好像这又是一种必然。这样一推论，我们似乎又看到了楚云老师背后的付出和勤奋。

这种精致，在她身上多有体现，甚至包括她的举止、她的微笑等。

跟岗学习15天，万言感激在心间，不如趁此赋诗一首，聊作鄙人对导师的真诚谢意：

楚天阔处彩云追，
言辞语尽文再随。
晨兴踏露学艺去，
暮霭携风掖旨归。
蜜意浓情课生趣，
低吟浅笑羞上眉。
劝君再执一生念，
语文殿上添芳菲。

（向浩，深圳市龙华区初中语文教研员，全国"三新"作文研讨会副秘书长，全国第二届"中语杯"赛课第一名获得者，曾获深圳市"我最喜爱的老师"奖，第六届全国"语通杯"教改新星，被原中语会理事长苏立康教授誉为"很会讲课的老师"）

# 前　言

## 语文如此美好

　　语文究竟是一门怎样的课程呢？

　　与其他学科相比，语文最大的特点在于完全直指心灵。语文要培养的是鲜活的生命和有趣的灵魂，所以会多了些山的厚重、水的灵动、海的深沉、火的热情、云的纯粹和风的情趣。那些我们触目所及的语言文字如同黏合剂，将如此之多的元素调和在一起，凝聚成一盏神奇的灯，引领着孩子们的成长，照亮他们的心灵，给他们的精神投以最明亮的底色。

　　如同我们的世界中空气无处不在一样，语文深深地扎根在我们的每个细胞之中。语文水平是衡量一个人的素质与能力的第一标准，从某种程度而言，每个人的人生的境界就是他的语文素养。所以，学习语文是很浪漫的，学习语文是很有品位的，而学好语文则是终身受益的，这种益处关乎的不仅是150分的中考分数或180分的高考分数，更是我们生活与生命的质量。

　　英国诗人惠特曼曾经写道："有一个孩子每天向前走去，他看见最初的东西，他就变成那东西，那东西就变成了他的一部分，在那一天，或者那一天的一部分，或者几年，或者连绵很多年。"

对于学生而言，老师和父母一样是他人生之路的引领者，其中语文老师的引领往往决定着一个孩子一生的文学品味和情怀。于是，从第一次站上三尺讲台起，我就在想：我应该让我的学生"最初"看见什么呢？

那天，教学都德的短篇小说《最后一课》，读到韩麦尔先生的话"法国语言是世界上最美的语言——最明白，最精确"时，我的思绪忽然滞住了。凝神思索了一会儿后，我放下书本，非常认真地告诉讲台下的孩子们：

"都德的意思是对于每个人来说，自己的母语都是世界上最美的语言。同样的，在楚老师的心目中，汉语才是世界上最美的语言——她美在读音字正腔圆：抑扬顿挫又柔婉低回，平仄和谐又回环往复；美在形式千变万化：端庄大气又空灵飘逸，含蓄蕴藉又情意隽永；美在涵义博大精深：简明精准又层次细腻，雅俗共赏又亦庄亦谐。"

然后，撞上他们澄澈的眼神，我又继续说：

"我们何其有幸，能以汉语为母语！诗人郑敏说：'汉字每个字都像一张充满感情向人们诉说着生活的脸。'我们的语言文字就是一个个跃动着的鲜活生命，撇捺横折之间激荡着丰富的情感、沉淀着厚重的文化。它们有音、有形、有义，还有情；它们有血肉、有骨骼、有思想，还有灵魂。"

你瞧，若要表示心情不好，汉语有多少种表达啊：先看词语。简单点儿，可以说难过、伤心、难受、伤感；复杂点儿，可以说情绪低落、黯然神伤、愁绪满怀；按照程度由低到高，大致可以说沮丧、惆怅、忧郁、悲哀、心碎、痛苦、沉痛、绝望；表达得形象一些，可以说萎靡不振、凄凄切切、痛彻心扉；把想象的空间留给读者，可以说痛不欲生、如丧考妣……尤其是九回肠断、肝肠寸断之类的词语，不需描摹，不用比较，不必解释，单是看着它们，一阵阵揪心的痛楚就会从腹中油然而生。

倘若用诗文表达愁苦，那更是让人望洋兴叹了。从"抽刀断水水更流，举杯消愁愁更愁"到"衣带渐宽终不悔，为伊消得人憔悴"，从"问君能有几多愁，恰似一江春水向东流"到"夜来幽梦忽还乡，小轩窗，正梳妆"……无论是直抒胸臆还是含蓄委婉，无论是触景伤情还是寄情于物，每一种表达都是"才下眉头，却上心头"，轻轻吟诵顿觉齿颊留香。

而且，正是这样的语言文字，铸就了浩瀚的文化典籍，传承着深远的中华文化——机妙深刻的寓言，意境幽远的诗词，机辩磅礴的策论，委婉曲折的小品，无不积淀着中华民族共同的风俗习惯、伦理道德、历史记忆、民族情感等深层次的精神财富；也正是这样的语言文字，让我们发现丰富多元的生命痕迹，在浩茫的历史长河里遇见那么多伟岸而高贵的心灵，感受到人类精神的自豪、尊严和希望。

汉语如此美丽而精深，怎么可能不让人热爱呢？然而，没有想到的是，生活中还是有人在看见汉语时会无动于衷。

2010年12月28日，我曾写过这样一则教学日记：

Y正遭遇着一个不小的语文学习障碍，而这个障碍我从未从以前所教的任何一个学生口中鲜明地听说过。她是一个有思想、有主见的孩子，她的语言表述并不拗口，可惜相当平淡，句式单调，缺乏变化。那天，我原本打算针对她的随想给她提些建议。不过我有些举步维艰。

她本能地拒绝我的指导，不断地说着："我为什么一定要让读者理解我的想法呢？……我实在没有什么材料可写……那有什么可写的？"最出乎我意料的是随着交流的艰难推进，她竟然失声痛哭起来了。

然后，我无比清楚地听见她说："老师，小学以后就再没有任何语言文字能感动我了！我的感情早就已经麻木了！"她略微低着头站在我的面前，眼泪在脸上纵横地奔流，声音里是长期压抑着的痛苦。我突然想起了她曾写过的类似的一句话："当老师和同学们在课堂上朗读和讨论时，我常常觉得莫名其妙！"

长时间的沉默……

作家鲍吉尔·原野在《让高贵与高贵相遇》中写道："有泪水在，我感到自己仍然饱满。"Y的眼泪是发自肺腑的，所以她的心灵并不像她担忧的那样僵化。

可是，我还是产生了深深的危机感。语文是一门人文性极强的学科，理应深入学生的内心，调动学生的情感，激发学生的生命。假如我的学生从来没有对语言文字发出由衷的赞叹，从来没有感受到汉语言文字的魅力，从来没有被语言文字感动，从来没有借助语言文字走进丰富而美好的精神世界，那么，我给予他们的就是虚假浮夸的"伪语文"教育。这是一件多么可怕的事情啊！

不，我不能容忍我的学生心灵麻木，也不能容忍我的语文教学变成金玉其外败絮其中的假冒伪劣产品！

众所周知，语文学科是以口头语言和书面语言来负载文化信息的，语言文字是语文教学的基石，是语文教育教学的起点和归宿。北京师范大学文学院王宁教授说，语文课"要通过语言文字的成品和丰富、鲜活的语言文字现象，在学生自主学习的过程中，随时关注母语的特点，提升他们对母语特点感受的锐敏性，在他们心里注入爱国的情怀，养成一个中国人对自己民族文化的自信"。（《语文核心素养与语文课程的特质》，《中学语文教学》，2016年第11期）

我心目中的语文正是如此：贯通古今，融汇中外，纵情山水，快意人生，赏自然之景，感生活之悟，关注和悲悯着人类共同面临的困境。用语文的视角看世界，一个眼神、一句低语、一本小说、一部电影都散发着馨香，一个汉字、一朵野花、一条小溪、一片晚霞都书写着芳华。

这样的语文多么美好！

她有温度，温暖着我们自己和学生的生命；她有韧性，终将让我们的心灵不死、情感不枯、思想不老；她有磁力，引领着我们发现文学、文化、灵魂、生活和自然之美；她有重力，牵引着我们不断沉淀，放慢脚步、向下扎根、向内生长。

不接地气不能走心，不育情怀不能长远。真正的语文教学，就应该由喜欢语文、喜欢读书写作、能看到语文妙处与威力的语文老师，带着孩子们结合生活体验感受到一词一句的内在生发力，使他们在日积月累的熏染中也爱上并学会运用祖国的语言文字，从而和老师一起在五彩缤纷的语文天地中共生共长、互相成全。

俗话说："萝卜白菜各有所爱。"生活中，各人的喜好都会有所不同，学生对语文的初感体验其实也是大相径庭的。

2014届九年级（12）班的林煜焜同学刚上初中时曾坦言：

"在那么多科目中，我比较不喜欢的就是语文了，不是对语言不感兴趣，我对英语就很感兴趣。我只是觉得学语文很麻烦而且作用不大，自己会说不就行了吗？哪还有那么多麻烦事……"

然而，同样是他，一个学期后，却在随想本上写下了这样的心声：

"我在上楚老师的课之后，虽然对语文的感觉还是差不多，但在悄悄地、慢慢地改变。我发现语文是一种美，我们正在学习怎么表达美——虽然这种美我挺驾驭不了的，但这种要感受美的感想全来自楚老师。"

追本溯源，我好像并没有刻意去做什么，只是带着一届又一届的学生一起静心阅读、坚持写作而已。作家威廉·萨默塞特·毛姆说："有时候，做事的动机越纯粹，就越会生发出强大的力量和意想不到的收获。"引导学生感知生活中的真善美，帮助他们成长为更好的自己就是我教学生涯的纯粹追求。

生活没有辜负我的努力。从教二十余年来，像林煜焜一样，很多很多的孩子用自身的经历告诉我，成长是一个渐渐累积的过程，在日常的读读写写中被语文的美好所触动和改变可能不会一蹴而就，却也可能真的发生在一夕之间。

教育无痕，浸润有根，或许就在老师用心培植的语文土壤中，一粒种子已经留在孩子们的心里，若干年之后会发芽，会长叶，然后会开出美丽的花，再结出丰硕的果。

生活在，语文在；语文在，诗意便在。德国诗人荷尔德林倡导人要

"诗意地栖居",眼前是荒芜的原野,远方却是魅力无穷的天地。凭借语文这方天地,我们可以修养出宁静、深沉而富有感知力的心灵,打败时间,战胜一成不变的平庸生活。

那么,就让我们重新出发吧——以语文的名义,以阅读和写作的方式,我们一起,走向人生中芳草鲜美的桃花源!

## /第一辑/

语文·课堂：一词一句一世界/1

藏在文字背后的秘密/6

一堂家常课的进化史
　　——《智取生辰纲》教学叙事/15

这节课，我们聊聊爱情
　　——《关雎》教学叙事/26

雪野中孤独的舞者
　　——《雪》教学实录/37

有些人生比你想象的更加沉重
　　——《秋天的怀念》教学实录/51

总有一些灵魂不会屈服
　　——《华南虎》教学实录/71

《繁星·春水》阅读交流会/86

"百家微讲坛"之读书发布会
　　——初三（5）班阅读交流会实录/91

未经凝视的世界，是毫无意义的
　　——"味道"专题阅读活动教学案例/106

## /第二辑/

语文·思考：一言一文一天地/119

父亲呵，父亲/124

探幽林海音笔下的烟火味儿
　　——换个角度看《窃读记》/133

用联想和想象与诗词对话
　　——《古代诗歌四首》的教学思考与实践/138

读出文本中想说而没有明说的话
　　——语用学视野下的文本解读策略/144

课外阅读也需要经营/154

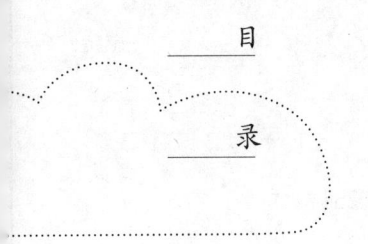

教育就是解放心灵/166
从《论语》中参悟"因材施教"/172
不要人夸好颜色，只留清气满乾坤
　　——新课标下语文课堂教学活动的反思/177
每个孩子都可以成为语文学霸
　　——我的语文式育儿心得/183

/第三辑/
语文·生活：一弦一柱一华年/187
我的平凡语文路/190
痛苦中的坚守/199
有一种草也许不会开花/205
叛徒/209
活着/213
一路收获一路感动/218
最难的从来不是开头/225
走吧，楚云/230

/附录/
来自心灵的回响/235
一场触碰灵魂的修行　郭迅/251
亲爱的"楚妈妈"　俞伊阳/255
那些年我们追求的美　夏紫珊/258
省实感性老师楚云：教育是一场"拔河"
　陈晓璇　蒋琳莉/261
最美的教育境界　张花/266

# 第一辑

# 语文·课堂：一词一句一世界

语言文字是有生命力的，
每一个词句都是蓄势待发的小宇宙。

## 2　从此爱上语文

　　一名能欣赏不同种类的文学作品和珍视文字的力量的读者；一名通过写作展示个性思想的作者；一名气定神闲的演说者；一名总能察觉身边人和事之美的博爱者。如果把所有的这些特征糅合在一起，就构成了我的初中语文老师——楚云。

　　"让阅读成为你的习惯。"楚老师经常教导我们，"每天要花半小时阅读来强化你的写作和思维。"每次我走进楚老师的办公室，她总是书不离手。我偷偷地瞥一下她看的书的书页，上面密密匝匝布满了彩色批注——楚老师相信做笔记能够帮助读者追踪自己的思想并强化自己对文章脉络与主旨的理解。

　　我学着楚老师这样去做，也养成了读书的习惯。渐渐地，我发现自己开始感受到了汉语言文字的美。通过在文本中做旁批，我能更多地注意到情节和人物的发展；通过揣摩文学作品的写作特点，我开始把所学的技巧刻进脑中并把它们融汇在我的写作中。正如一把钥匙，阅读解开了我的思维之锁，使我得以敞开心扉迎接新鲜词汇、描写技能和其他写作策略，更重要的是我由阅读开始爱上写作，而且经常文思泉涌。

　　除了把我们引进文学的大千世界，楚老师还总是鼓励我们在公开场合演讲要自信。她组织学生小组讨论，甚至在全校演讲，她总是镇定自若、自信满满，用适宜的讲话节奏和舒展的手势有效地感染她的听众。每每听到她的演讲，我的敬佩之情便油然而生！

　　我发现自己在小组发言的时候总在模仿她的表情和声调。可以说，楚老师就是把我改造为成功演讲者的神秘推手。迄今为止，楚老师令人信服的演讲技巧仍然不断地影响和鼓励着我。

　　除了教会我自信地表现自我，楚老师还教会我感受生活的美。无论走到哪里，她总是能找到她遇到的人与物的闪光点。她写诗赋文，她通过博客分享与女儿的亲子快乐时光，她向我们讲述对街上偶遇的老妪的敬佩之情……尽管世界很喧闹，她似乎总是能找到生活的平静。我以她为榜样，开始珍惜蜂群快乐的嗡鸣、春天拂面的微风和朋友们的关怀之心。我惊喜地发现自己比昔日更加享受和热爱生活了！

　　我亲爱的朋友，如果你有一点喜欢我的文章，喜欢我说话的方式，认同我和其他人的交往方式，那都是因为我曾经是楚云老师的学生。

　　现在，尽管我已经有好几年不曾见到楚老师了，但她对我的谆谆教导仍然伴随着我。楚老师的阅读习惯、演讲技巧以及她对生活的热爱给了我巨大的影响和动力。这种影响陪伴了我的初中、我的高中，在中国、在美国。

　　即使在未来，我亦会将恩师所授的中华文化之雅、文字之美、文学之醇扎根于心，传播于世界。

——2014届初三（1）班　张钰婧

每次听女儿意犹未尽地描述楚老师美妙的语文课堂、楚老师丰富的思想情感、楚老师优美动听的声音、楚老师气质得体的衣着、楚老师对调皮同学的"温言调侃"……我总是很羡慕女儿，能遇上一位近乎完美的老师；同时，我又很羡慕楚老师，能拥有那么多学生的喜爱。从女儿三年来在语文的学习上来看，我觉得楚老师的教学是不带功利性的，她给孩子们布置的作业总是很"随性"：初一、初二是写随想，想写什么写什么，以及引导孩子大量阅读；初三是写中考倒计时日记；还有一项贯穿三年的作业：练字，从田英章到唐诗宋词。她从不会为了考试而布置大量作业。而从孩子的语文学习效果来看，楚老师的教学又是功利的，正是从阅读中、从课堂上、从书写中让孩子们真正感受到了语言的美、文字的美，从此爱上语文。这种收获，不仅仅体现在考试的成绩上，更重要的是体现在对长远的学习和生活上，让孩子们受益终身。

——2018届初三（6）班　蔡睿婕同学的妈妈

楚云老师的课堂思路是艺术的。

每一堂课像等着揭开一块大幕布，幕布下是每一篇文章埋藏最深的奥秘。匪夷所思的小问题开篇，循循善诱的讲解逼进，再而又从文章里挑些奇特字眼儿考问，待把大家都带进让人纠结的矛盾里，再以激昂之调把我们的思想汇聚、推进成黑板上的一个词语、一种情感又或是一套架构，登时所有内容都明朗了、丰富了、恍然大悟了，这一课的意义也充实了。

楚云老师的课堂语言是艺术的。

什么是"出口成章"？每堂课我们都可以领教到。"字字珠玑"的形容毫不为过。她的语言让我们所有人每时每刻都能感受到中国语言文化的精深魅力，不论词汇、句式、条理、内容，都丰富多变，似精工雕琢。每节课让我情不自禁记下的笔记真多得夸张，每种形容都那么贴切。

楚老师的语文课，从不为讲知识点而讲知识点，总是在波澜起伏之时，又从不使气氛有一丝脱离文章感情色彩的气息。语言表达之艺术，她诠释得很完整。

总而言之，楚云老师是一位很有语文气质和韵味的老师，是一位懂得引导、懂得语文的老师。她的课堂，理所当然地成为——至少是学生心目中的——经典。

——2014届初三（1）班　戴思婷

## 藏在文字背后的秘密

一粒沙里一个世界，一朵野花里一个天堂；手掌盛住无限，刹那便是永恒。

——题记

在国外阅读学研究中有一种"杰克现象"：一个名叫杰克的学生，在学校里被老师评定为缺乏阅读兴趣，因为他常常觉得课文乏味、不精彩；但在家里，父母却反映他迷恋阅读，一有时间便书不释手。一位阅读学家把这种现象形象地概括为"课内的海明威没有课外的海明威精彩"。这种现象在国内的学生中也常有体现。

身为老师的我们又何尝不是如此呢？很多备课时"于我心有戚戚焉"的内容，一上课就变成了食之无味弃之可惜的鸡肋，这样的经历对我们而言也如鲠在喉。能不能对阅读教学进行一些删繁就简、增情添趣的变化呢？我总是忍不住陷入思索……

就这样，"一字立骨法"的教学理念走进了我的阅读课堂。

一字立骨法，也称一字经纬法，或称安设文眼法。它原本是指以一个字、一个词或一个炼语（经过提炼而含义深长的语句，如谚语、俗语、格言、警句等）作为艺术构思的焦点，并以之贯通全文的写作构思方法。阅读、写作向来不分家，循着"一字立骨法"的引导，我开始尝试着在素读课文时挖掘关键的"一字"（即一个字、词、句或标点符号），然后围绕这"一字"来设计问题、组织教学。这种做法如同揭秘，可以在兴趣正浓时直刺文本解读的"痛点"，揭示一些容易被读者疏忽、表面看来不合情理或是意味深处的"盲点"，也可以将文本引人入胜的"亮点"放大到人人可见、可感、可模仿的境地，一番咀嚼反刍后，阅读教学仿佛刹那间变得豁然开朗、风光无限，师生皆喜洋洋者矣。

## 一

"一字立骨"，我们的阅读揭秘首先着意的是标点符号。

人教版七年级上册语文教材中的《盲孩子和他的影子》是一篇感人至深的童话。作者金波是位诗人，因此这篇童话的语言颇具诗意，非常适合朗诵。不过在朗诵的过程中，很多同学对一个细节的处理存在分歧。关于这个细节，原文是这样写的：

他似乎又听见了翅膀扇动的声音。声音越来越大。

"是你吗？萤火虫？"盲孩子向夜空大声问着。

……………

在这美丽明亮的灯光里，影子又回来了。

盲孩子望着他的影子惊喜地叫起来：

"啊！我的影子，是你吗？我好像看见你了！真的，我看见你了！"

这个片段中画有波浪线的两句话句式结构相似，标点符号却略有不同。很多同学对它们的朗诵在处理方式上一模一样，结果失之毫厘谬以千里。相对而言，"我的影子，是你吗？"这一句比较好把握，只要注意语气的先抑再扬即可，但是"是你吗？萤火虫？"一句则容易读错，究其根本，是朗读时没有注意到中间的问号。我们都知道，问号一般用在疑问句的结尾，也就是说要把意思说完了才能标注问号。那么，金波为什么要在

第一句话中连续使用两个问号呢？

听到这里，同学们的眼神里流露出了浓浓的好奇。

要理解这一点，我们先解决了两个问题：第一，"你"指的是谁？第二，这两个问号问的是同一个问题，还是不同的问题？当我们让自己代入盲孩子的心境中时，会发现：当盲孩子在暗夜当中，在风雨交加当中能够感受到光亮的存在时，他情不自禁地发出了这样的呼喊："是你吗？"这就等于在说："是你吗——我熟悉的那只萤火虫？"又因为他是一个盲童，他只是曾经模糊地感知过萤火虫那一点点米粒儿大小的光点罢了，不能准确地判断出他所听到的翅膀扇动的声音是否是萤火虫发出来的，所以在孤独落寞、无依无靠的时候，他在忐忑不安中怕自己弄错了，必须得追问一下对方："萤火虫？"意即"你是萤火虫吗？"这样的追问才符合盲孩子看不见光亮，只能凭借自己的听觉去感知世界的情境。故而，"是你吗？萤火虫？"这两个组合在一起的问句应该采用连续上扬的语气来朗读。

是你吗？↗萤火虫？↗（"是你吗，那只萤火虫？↗哦，你是萤火虫吗？↗"）

研讨至此，同学们再进行角色演读时，明显更入情入境了。

与此类似的还有人教版语文七年级下册中的《最后一课》。作家都德笔下的小弗朗士是一个淘气调皮、不爱学习的孩子。故事开篇处，他想要逃学到野外去玩。作者这样写道：

天气那么暖和，那么晴朗！

画眉在树林边宛转地唱歌；锯木厂后边草地上，普鲁士兵正在操练。这些景象，比分词用法有趣多了；可是我还能管住自己，急忙向学校跑去。

同学们在赏析文章时，多半不会注意到这几行文字中所用的标点符号——特别是分号。可是，一旦我们联系分号主要用于表示并列关系的作用来分析，便会恍然大悟：此时小弗朗士心里对侵略者入侵一事尚未有正确的认知，更加不会产生即将成为亡国奴的悲愤与沉重。在他看来，普鲁士兵操练与画眉鸟唱歌一样"有趣"得让他心情愉悦。由此可知，第一处分号属于同质并列，将小弗朗士逃学路上的所见所感——写来，也将小弗朗士的纯真、无知与稚气不动声色地传达出来。而第二处分号是异质并列，将两种矛盾纠结的心理放在同等比重的位置上，可见小弗朗士虽然贪玩，但又懂事上进，不属于不可救药者。基于小弗朗士的人物特点，在上最后一节法语课时他的思想改变便显得水到渠成，这个人物形象也因此显得丰满、立体了。

## 二

"一字立骨"，我们的阅读揭秘着意于一些举重若轻的汉字。

人教版《语文》九年级下册第一单元中的《我爱这土地》是我国著名诗人艾青所写的诗歌。诗歌篇幅很短，用词造句也别有特色，尤其是虚词"也"字的使用让人过目难忘：

假如我是一只鸟，
我也应该用嘶哑的喉咙歌唱
．．．．．．．．．．．
——然后我死了，
连羽毛也腐烂在土地里面。

这两个"也"字的背后有什么秘密呢？简单地交流后，同学们纷纷开始查阅词典，了解"也"字作为副词时的义项："也"可以表示同样，例如，"我高兴，你也高兴"；"也"可以强调两事并列或对等，例如，"他会打篮球，也会打网球"；"也"可以表示转折或者让步，例如，"即使失败十次，他也不灰心"；"也"还可以表示委婉或强调；等等。大家在辨析中发现，"也"字含义丰富，但是无论如何，当它用作副词时，总会在前面隐含其他内容。于是，我们接下来便做了两个关于语言还原的练习：

1. 假如我是一只鸟，（　　　　），我也应该用嘶哑的喉咙歌唱。
2. 然后我死了，（　　　　），连羽毛也腐烂在土地里面。

孩子们沉思片刻后，开始各抒己见：

1. 假如我是一只鸟，（我要不知疲倦地去爱这片土地，即使嗓子哑了/即使同伴纷纷倒下/即使生命已经危在旦夕/即使知道自己力量微小），我也应该用嘶哑的喉咙歌唱。
2. 然后我死了，（我的一切都要毫无保留地献给这片土地/我要葬身在土地之中），连羽毛也腐烂在土地里面。

说着说着，大家的声音低沉下来。我们感受到了，艾青正是借着鸟儿这样一个饱受磨难、拼尽全力用整个生命去奉献的形象，象征性地表现出了自己决心生于土地、葬于土地并与土地生死相依的强烈情感，而这种情感正是作者对于这片生育养育自己的土地、这片历史悠久却灾难深重的土地、这片正在燃烧着抗战烽火的土地刻骨铭心且至死不渝的最伟大、最深沉的热爱之情。从"用嘶哑的喉咙歌唱"到"腐烂在土地里面"，这是鸟儿的一生，也分明是诗人为自己选择的一生啊！

认识到这一点，我们顿悟：一个真正的诗人会把其痛苦和幸福的根系深深地扎进社会与历史的土壤，为时代发声，为人民代言——譬如杜甫，也譬如艾青。

接下来，孩子们由此及彼，瞬间读懂了艾青的其他诗句：

中国的苦难与灾难/像这雪一样广阔而又漫长呀！/雪落在中国的土地上，/寒冷在封锁着中国呀……/中国，/我的在没有灯光的晚上/所写的无力的诗句，/能给你些许的温暖吗？

也领悟了艾青说过的名言："伟大的诗人是时代的代言人，最高的艺术品是生活真实的记录，而叫一个生活在这年代的忠实的灵魂不忧郁只能是属于天真的一种奢望。"

解读"也"字，我们进行了深度挖掘，不由感叹：中国的土地多么不幸，承受过如此多深重的灾难，中国又多么幸运，有像艾青这样"忠实而忧郁的灵魂"！

再来看另外一个案例——人教版九年级上册语文教材中选用的讽刺小说《范进中举》。作者吴敬梓对得知中举消息后的范进有两句非常精当的语言描写：

范进不看便罢，看了一遍，又念一遍，自己把两手拍了一下，笑了一声，道："噫！好了！我中了！"说着，往后一跤跌倒，牙关咬紧，不省人事。老太太慌了，慌将几口开水灌了过来。他爬将起来，又拍着手大笑道："噫！好！我中了！"笑着，不由分说，就往门外飞跑，把报录人和邻居都吓了一跳。

范进说的这两句话用词大同小异，标点符号也一模一样，不是阅读的有心人不会意识到第一句话比第二句话多了一个"了"字。这里面又有什么秘密呢？一个男生说："用'了'字，就好像英语的完成时态。"这个新奇的赏析角度让人耳目一新，于是我马上趁热打铁："那么，大家顺着这个思路来分析一下范进第一次说'好了'是什么意思，就以'好了！我中了！我不用再……'为开头句接着说。"孩子们的课堂发言热烈得超出我的想象。他们说：中举之后终于可以不用再挨饿了，可以不用再以昏花的老眼看"四书""五经"了，可以不用再四处借钱作为赶考的盘缠了，可以不用再忍受岳丈胡屠户的百般奚落、万般嘲讽了……接下来，顺理成章地，他们也简单辨析了范进说的第二句话：中举"好"，好在可以获得张乡绅等人送来的银子和房子，好在有众邻居开始给他们送米送酒送油，好在社会地位可以大大提升……如此种种，不一而足。

透过原文中的"了"字和"好"字，我们仿佛听到了范进的一声长叹，那是他放下心中数十年积压的巨石所发出来的感慨，难怪接下来会喜极而疯！结合后文来看，发疯这一幕正是范进人生的一道分水岭，既结束了他穷愁潦倒的前半生，又开启了他趋炎附势的后半生。难怪文学批评家葛红兵会感叹："小说这东西，人人都能读，但是，要真的读出点韵味却又是非常之难，作家真要说的话是从字缝里渗出来的。"

## 三

"一字立骨",我们的阅读揭秘还会着意于意味深长的语句。

《孔乙己》作为鲁迅先生的经典作品,出现在人教版《语文》九年级下册第二单元。文章中有一个承上启下的句子令人读来内心十分沉重:

孔乙己是这样的使人快活,可是没有他,别人也便这么过。

孔乙己是怎样"使人快活"的呢?他给大家提供了很多谈资,例如,偷东西、被吊着打、没有进学、没有获得功名等,只要他一出现,酒店里的气氛就会变得非常的活泼热闹,所有人都找到了开怀一笑的理由。读着这样的内容,连教室里隔着文字津津有味地听故事的孩子们都发出了此起彼伏的笑声。

那么,"使人快活"的孔乙己是否被所有人惦记呢?没有。没有人关心他听到大家的嘲笑声后如何自处,没有人关心他被打折了腿之后如何生存,唯一提及他的掌柜也是因为想到孔乙己还欠他19个钱。所以,"使人快活"的孔乙己不是大家喜爱的开心果,而是一个玩物、一块笑料,是一个挣扎在"短衣帮"与"长衫主顾"两大社会群体边缘的可有可无的多余人。他在人们心目中的地位或存在的全部价值几乎就是19个钱。可以这么说,当19个钱从粉板上拭去时,他便从那个冷酷的社会上消失了。

心理学中有个观点:人在关系中,有两种恐惧,一种是被抛弃的恐惧,另一种是被吞没的恐惧。孔乙己虽然迂腐,却并不愚蠢,他很清楚自己既不能被他所向往的长衫客们所接纳,又不能被轻视他的短衣帮们所喜欢,因此为了融入群体关系,他只能通过各种方式创造一些属于自己的心理空间。例如,穿着长衫,"总是满口之乎者也"及被大家笑话时借助茴香豆向小伙计套近乎等,无一不是他受到孤立后努力排遣被抛弃的恐惧的方式。

可悲的是,长衫主顾们视他如草芥,他又丝毫不安心于做短衣帮,他的那些做法注定会毫无收效,因为在那样一种阶层分明、等级森严的社会制度下，以他的出身和性格根本不可能如鱼得水、游刃有余。他的社会关系早已千疮百孔，他也终究逃避不了被吞没的命运。从这个角度来说，孔乙己的悲剧不是一般意义上的个人悲剧，而是一出深深的社会悲剧，而像孔乙己这样的悲剧人生又岂止是特定时期的偶然现象呢！

悟到这一点，再读"孔乙己是这样的使人快活，可是没有他，别人也便这么过"一句时，没有人再感到轻松，孩子们发现孔乙己的孤独和落寞已经成了大家心中共同的痛，而一个孩子怯怯地红着眼眶说的话"我害怕没有我，别人也便这么过"则让整个教室里的气氛都变得凝重起来。

当然，很多时候，阅读课堂中所抓的"一字"也会由孩子们自己挖掘出来。师生寻找这"一字"的过程总让我想到华佗点穴。

传说中名医华佗给人治病，扎了好几个穴位，都无济于事，于是华佗随意地按摩，摸到一个地方，病人大喊"啊是……"，华佗便在此处实施针灸。从此，凡是穴位图上没有标注的随机穴位就叫阿是穴。用中医的眼光来看，阿是穴一般随病而定，没有固定的位置和名称，简单地说"有痛便是穴"，哪里有病就针对哪里治疗。与此类似，文本的解读和切入点也没有固定的位置与模式，不同角度的切入可能挖掘并构筑出迥然不同的世界。

文学艺术往往会借着微妙而难以把握的形式来表现作家的匠心，这不是常人所注意，也不是常人所能了解的。对于一个小小的标点、一个字词、一个句段的背后隐藏的诸多的奥妙，我们必须以迥异于常人的眼光去关注它们，才能触摸到语言文字背后的灵魂。如此，我们读的是一行一行的文字，看见的却是一个一个的人（包括自己），感受到的则是一种情感状态、一种人格特征或一种情怀气象。文字不同，组合方式不一样，其背后的喜怒哀乐、人情世故等等便也随即发生变化。

海明威曾把一部作品比作一座冰山，认为作者所写的只是露出水面的1/8，水面之下的7/8则需要读者自己去理解。只要聚焦能激发学生阅读兴趣并触及人物性格、作品主旨的语言文字——无论是一个标点、一个字、一个词还是一个句子，就能牵一发而动全身，犹如找到了能撬动地球的支点。在此基础上，再调动体验，放飞思想，展开联想和想象，我们手中的文本就能芳华初绽，变成资源丰富、取之不尽用之不竭的宝藏，我们和孩子们就都能感受到语文的精彩与美好了。

而当我们围绕着依据它们设计的主问题，化身柯南或福尔摩斯潜入文本深处探秘再跳出文本冷静思考时，阅读不就变得情趣盎然了吗？

# 一堂家常课的进化史

## ——《智取生辰纲》教学叙事

"怎么还是找不到一点儿灵感呢?"我长叹一声,终于推开桌上已经被勾画得密密麻麻的课本,从静坐多时的桌边站了起来。

又到了教授《智取生辰纲》的时候了!

这篇情节曲折的白话小说,字数繁多,语言拗口,线索复杂,要读通读懂本就不易,还偏偏是精读课文,又有名著傍身,虽说只是上家常课,也实在不能敷衍了事。

其实,这已是我第四次教这篇课文了。有过前三届的授课经验,再加上近期的时时翻阅,在上下班路上琢磨,在茶余饭后沉吟……课文内容早已烂熟于心,然而我还是感到茫然无措,因为我没有找到一个能触发学生心灵的教学切入点。

任教这些年来,我越来越清晰地认识到:语文这门人文性极强的学科,不是高挂在枝头随风摇摆的红灯笼,而是一条浸润在师生灵魂中的鲜活的河流。

在语文的世界里,一个个文字就是一个个生命,而生命是不能被漠视的。所以，我没有理由不让我的学生对语言文字进行咀嚼、发出赞叹，没有借口不带着他们走进由语言文字构筑的丰富而奇妙的精神世界。

　　回想第一次教学《智取生辰纲》时，因为任务重、时间紧，我只是简单地叙述了一下情节，对课后习题进行了点拨，就开始组织学生做练习册了。虽然比较"高效"，却自觉寡淡无味，辜负了施耐庵的创作，也辜负了讲台下渴求知识的童心。

　　第二次教学时，我选择了一种学生喜闻乐见的形式，在课堂上播放电视剧中的相关片段，紧接着让同学们讨论文章与电视剧的表现方式有什么不同。孩子们兴趣盎然，在"指点江山"中旁征博引，教学氛围很是欢快活泼。

　　第三次教学时，我想让学生多接触课文，于是摒弃视频，回归教材，围绕小说的三要素来进行设计，先让学生用自己的语言概述故事内容，再结合言行描写分析杨志的性格特征，最后由金圣叹的点评"看他写天气酷热，不费笔墨，只一句两句，便已焦热杀人"作为过渡，带领学生讨论文章浓墨重彩地描写天气之"热"的作用。整堂课内容充实且有条不紊，学生的思考与交流也可圈可点。

　　然而时过境迁，重温原先的设计，我却发现第二次的教学重活动形式而轻文本品读，第三次的教学条理清晰却无心弦拨动。这两次教学除了让学生对电视剧版的《水浒传》产生兴趣，对小说的三要素人物、情节、环境耳熟能详外，似乎并没有更多的收获。

　　那么，这一次我又该如何处理这篇文章呢？

　　要重复以往的思路吗？不行！教学还是常上常新好，因循守旧的做法虽然能减轻负担，却无法契合不断改变的学情。新的尝试即使失败了又有什么关系呢？面对这样的挑战，我宁愿做扑火的飞蛾，也不想做只会在原地转圈的苍蝇。

　　要照搬别人的教法吗？不，我拒绝！先入为主的照搬容易让人思维懈息。如同女人不愿与人撞衫一样，渴望教出个性的我，又怎能容忍自己与他人"撞课"呢？一想到可能成为他人思想的复读机，我便不由得心生怯意，好像变成了不劳而获的小贼。

要借助手中的教学参考书吗？不可以！教参上面的确有很多经典的解读，有我可望不可即的高度，但它们最初不是发自我的肺腑，打动不了我，当然也打动不了我的学生——因为中间隔着一条叫"共鸣"的鸿沟。

所以，还是静下心来，把自己当成学生、当成普通读者，认真地素读课文，细心地在语言文字中寻找教学兴奋点吧。

我又坐回桌边，重新拿起了课本。

首先看单元提示。这是人教版初中语文教材九年级上册第五单元，主题为"走近名著"，选编了《智取生辰纲》《杨修之死》《范进中举》和《香菱学诗》四篇明清时期富有代表性的白话小说。在这几篇课文后面，屹立着的依次是《水浒传》《三国演义》《儒林外史》和《红楼梦》四部经典著作。单元导学中提示我们要披文入情，体会作品的语言特色，把握人物的个性特点，从而丰富情感体验、获得审美享受。由此可知，从人物分析深入人物品评，从人物经历窥见时代风貌，从所选片段领略整部作品应该是教学趋势，而借助课堂内的丰富交流唤起学生对古典名著的阅读兴趣，则是本单元教学的终极目标。

其次看课前导读。里面注明这篇文章所述的是一场"英雄与英雄之间的斗智斗谋"，吴用一方巧设妙计，志在必得；杨志一方费尽心机，力求平安。作品中双线结构的运用既使得内容玄机四伏、步步为营，又使得人物形象饱满立体、特色鲜明，不过却给教学增加了整合取舍的难度，稍不注意，人物个性的分析就会因为面面俱到而流于肤浅空洞。

再次看课后习题。文章后面的"研讨与练习"共有三道题目，分别涉及人物性格分析与评价、白话文言词语辨析和变更视角改写故事三个方面。很明显，第二题可以放在教学进程中随机解决，而依据原作鉴赏人物形象必然要作为教学的重点来展开。这与其他语言形式的小说是完全一样的。

然后看文中插图。粗略一翻，教材给这篇小说所配的插图仅有一幅，简洁的勾勒仅能显示众人比较祥和的端碗饮酒场景，与课文中暗流涌动、一触即发的内容并不吻合。如果不联系原文，由于人物的身份特征表现不鲜明，我们几乎可以想象成是一群庄稼人利用劳动的间隙在田埂边休憩的画面。很遗憾，因为相差悬殊，它似乎不像七年级教材中《天净沙·秋思》的插图那样，能够马上成为引领学生揣摩内容的主要抓手。

最后看课下注解。有关作品的推介文字不多，除了对《水浒传》的简介、故事背景的补充、作者的粗略介绍、"生辰纲"的阐释之外，能吸引我注意的只有一句话，即本文选自《水浒传》第十六回。一番推敲后，我决定追本溯源，重新阅读《水浒传》中的相关章节。

没有想到的是，正是这个决定，让我在山重水复疑无路时，竟然发现了柳暗花明的新天地。

《水浒传》是我国一部经典的长篇章回体小说，位列中国古代四大名著。打开书本，很快便找到了施耐庵拟写的句式工整的第十六回（注：有些版本是第十五回）的回目"杨志押送金银担，吴用智取生辰纲"。正想细读故事内容，一种出自语文老师的语言敏感使我蓦然一怔："这个'押送'有问题啊！它根本无法与后面的'智取'形成对仗，两者的结构形式不一样。"

可是，应该把"押"改为什么字呢？如果说作者对吴用的评价是"智"，那么，他对杨志特征的概括又可以浓缩在哪个字里呢？

带着疑惑，我读完了《水浒传》的相关章节，又回头翻看课文。一遍又一遍，每一个字、每一个标点都不放过……

终于，一个全新的教学构思在我的脑海里形成了！

上课前一天，考虑到文章的长度，我先布置学生对课文进行了预习。具体任务有二：1. 标注段落序号和陌生字词的注音；2. 写一则短文，以吴用的口吻讲述梁山好汉们智取生辰纲的详细过程，字数要求在200字以上。晚上备课时，想到孩子们为了弄清故事的原委而不得不耐住性子读课文，我都有些忍俊不禁了。

第二天上课铃响，我微笑着步入教室，简单地导入后便立即进入了教学的第一步，即"换角度讲故事"环节。在毛遂自荐与彼此推荐相结合的氛围中，四位同学先后上台以"我是吴用……"为开头句，向大家津津有味地讲述了巧施妙计、成功智取的故事，有一个孩子甚至邀请同桌扮演杨志，一边表演英雄之间的较量，一边用播音腔调进行解说，赢得了全班同学的大声喝彩。

看着他们的精彩演绎，我知道大家的学习热情被触发了，于是顺势推出《水浒传》第十六回的回目"杨志押送金银担，吴用智取生辰纲"，同时还提供了另外五个对仗工整的回目给他们比较。待反应敏捷的学生率先发现"押送"与"智取"的不和谐之后，我朗声说道："同学们，你们的感觉很正确！'智'是修饰'取'字的，表明吴用的计谋好，很聪明；不过，'押'可不是修饰'送'字的，它们两个是并列关系。这可是别人从来没有关注到的细节呢！孩子们，请你们帮帮施耐庵，尽量从原文中找一个可以替换'押'并能修饰'送'的字吧！我们来比一比，看谁更换的字最符合文章的内容、最能表现杨志的特征、最能引起大家的共鸣，好吗？"

话音刚落，我便看见前排的学生已经拿着笔在课文中勾画了。呵呵，这对于教学的第二步——"改回目悟形象"而言，其实只是吹响了竞争的号角而已。

果然，七八分钟后，班里的气氛变得有些紧张了。在我的要求下，近十个孩子依次上台板书自己选中的字，并结合文本阐释了理由。他们的答案真可谓是五花八门呢，例如急送、热送、燥送、错送、巧送、暴送、慎送……选择这些字均有道理，也各有各的拥趸。孩子们一下子兴奋起来了，争论得热火朝天，静立于教室一角的我还在微笑着等待，等待某个孩子能和我心意相通，推荐那个极容易被读者忽视的字。

　　时间一分一分地过去了，眼看着这个环节就要结束时，一位男生从座位上站了起来，疾步走到讲台前，在黑板上写下了一个大大的"苦"字。台下一片哗然，他告诉大家，他的理由是看见文章后面在写好汉们把生辰纲往黄泥冈下推去时，出现了"杨志口里只是叫苦"的句子，感觉杨志在整个押送的过程中都很身不由己，很苦，很可怜。教室中间的几个同学发出恍然大悟的"哦"声，第一时间接受了他的答案。不一会儿，又有不少同学冲着他点头赞许。很明显，这个字的推荐获得了较高的支持率，也让很多孩子陷入了沉思。

　　我的心里一阵窃喜，等待许久的机会终于来了！

　　我表扬了发言的男生，说他看文章很仔细、很用心，并热情地握了握他的手，说他与我"英雄所见略同"，因为"苦"字未必最出彩，但是却极为贴切。伴随着全班同学的欢呼声，我在屏幕上显示了文中三个含有"苦"字的语句，组织大家细细品味：

　　1. 时值六月，天气炎热，挑着生辰纲的军汉在崎岖小路上行走，个个气喘嘘嘘，汗水淋漓，苦不堪言。

　　2. 杨志说道："苦也！这里是甚么去处，你们却在这里歇凉！起来快走！"

　　3. 杨志口里只是叫苦，软了身体，挣扎不起，十五个人眼睁睁地看着那七个人把这金宝装了去，只是起不来，挣不动，说不得。

　　全班齐读后，我又出示了"苦"字的字形演变图片，解释道：苦，篆文苦=艹（植物）+古（古，古老），表示古老的植物。这个字的造字本义是一种古老的味似黄连的茶草。"苦"字后来引申为"令身心艰困难忍"之意，在佛教教义中则意味着"苦难、不满或痛苦"。

我问学生："正所谓哑巴吃黄连——有苦说不出。请大家结合原文词句，仔细想一想：杨志到底有什么难言之苦？或者说：杨志到底'苦'在什么方面呢？他有什么不满，又承受着怎样的痛苦？"

短暂的小组交流后，讲台下举起来的手如同森林一般。

同学们思考和讨论的结果如下所示：

1. 杨志的身体在忍受着煎熬之苦：

酷热的天气挥汗如雨，行走在发烫的石板路上脚疼不已，顶着烈日不敢放慢的脚步，委实难忍的口渴……随着情节的推进，程度越来越重的炎热让杨志与他的押送队伍一样备感煎熬。

2. 杨志的心理在承受着折磨之苦：

（1）虽然很谨慎很老练，智变行踪，智改行辰，智选小径，而且时时处处高度警惕，但没有料到吴用他们更精明、更练达，计谋更加天衣无缝。

（2）智勇双全，但性格粗暴，一意孤行，刚愎自用，又过于急功近利，不顾及军汉们的感受，不善于处理人际关系，以致押送队伍不团结，没有人相信他、支持他，他成了被众人孤立的人，也必定会成为内部矛盾激化的牺牲品。

（3）忠于职守，面对老都管的蔑视和训斥，虽据理力争却不得不隐忍求全，可惜终究还是丢失了生辰纲，作为统领，他对此负有不可推卸的责任。

交流至此，教室里已是一片唏嘘之声，课堂氛围因为"时运不济的倒霉的杨志"变得有些凝重了。

我瞥了瞥手表，发现离下课仅有五分多钟的时间，于是赶紧带领孩子们进入教学的第三步——"依原作明背景"。我扫视了一下全班，说："孩子们，课文写到杨志一行人中招、梁山七好汉得胜就收笔了，但是故事并没有结束。你们猜一猜只喝了半瓢酒，应该最先恢复的杨志清醒后会说些什么、做些什么呢?"

讲台下叽叽喳喳的声音又响起来了,有说施展轻功去追逐的,有说想方设法救其他人的,还有说回去见梁中书报告的……但都立即被身边的同学以"不符合人物性格与当时的现实"为缘由理智地否定了。

我请所有同学看屏幕上的幻灯片,那里显示了《水浒传》中第十六回的剩余部分:

原来杨志吃得酒少,便醒得快;爬将起来,兀自捉脚不住;看那十四个人时,口角流涎,都动不得。杨志愤闷道:"不争你把了生辰纲去,教俺如何回去见梁中书,这纸领状须缴不得。"

——就扯破。

——"如今闪得俺有家难奔,有国难投,待走那里去?不如就这冈子上寻个死处!"

撩衣破步,望着黄泥冈下便跳。

所有的同学都愕然了,他们没有想到会是这样的结局。我追问道:"杨志难道真的就此告别红尘了吗?"一个熟悉《水浒传》的孩子嚷嚷起来:"没有,没有!他还没有上梁山呢!"教室里回荡着欢快的笑声,我也微微一笑:"那么,他为什么会说出'有家难奔,有国难投'这样绝望的话呢?"

顿了一顿,我本想请那个提到梁山的孩子讲讲他所知道的杨志的故事,却还是顾虑时间而放弃了。

我继续点击着幻灯片,同时娓娓述说起杨志的故事来:

我谈到了杨志的将门家世和武举出身;谈到了他渴望出人头地的求官梦;谈到他押送花石纲翻船,谋求复职时在高俅处碰壁,结果堕入穷困潦倒之地;谈到他被迫卖刀,不幸遇到泼皮牛二,在牛二的苦苦相逼下杀人获罪;谈到梁中书起用他,但对他信任不足、怀疑有余,只用他的"艺",而非他的"人";谈到押送生辰纲本来或许可以成为他命运的转机,但结果还是失纲落草,后来在梁山一众好汉里排名第十七,由于脸上有一块青色胎记，故绰号叫作"青面兽"……

　　我正讲得投入时，下课的铃声响起来了。
　　讲台下有学生在摇头，有学生长叹了一口气，紧接着又有学生叫道："难怪说是被逼上梁山啊！"我来不及进行更多的阐释与总结了，只能简要地回应："杨志的生平经历可能正应了那句话'造化弄人'，但又何尝不能说是'时势造英雄'呢？毕竟，因为丢失了生辰纲，他的求官之梦彻底破灭了，但是作为一位起义英雄，他却从这里开始崛起了！同学们，如果你们对杨志、吴用的故事感兴趣，想知道还有哪些英雄好汉是被逼上梁山，又是被什么所逼迫的，那就去看看——"
　　我有意拖长音调停下来，聪明的学生们马上接过了话题："《水——浒——传》！"默契的配合让我们相视一笑。我毫不犹豫地又补充了一句："本周末的作业是做读书笔记，查找资料了解施耐庵为什么会写水浒故事，同时对书中你感兴趣的梁山好汉进行点评——别忘了要结合原文语句啊！"

　　收拾好教具，走出教室，回想起刚才上课环环相扣的教学过程，以及下课后孩子们争先恐后地来向我打听押送生辰纲的另外十四人的结局的场景，聆听着身后传来的此起彼伏的"苦啊——苦啊——"的叫声，我的脚步逐渐变得轻快起来。我开始期待他们将要完成的课后作业了。
　　果不其然，接下来的三周里，在收上来的每日随想与读书笔记中，我读到了很多有关《水浒传》的个性感悟。孩子们的潜力是巨大的，他们以真诚的心灵去接近作品，以热情的态度去查找资料，了解施耐庵创作"官逼民反"这一主题小说的时代背景，琢磨梁山好汉们与施耐庵本人英雄梦的关联，为小说最后一百零八将的结局感到痛心和惋惜……也许文笔略显稚嫩，思考不太深刻，但不能否认的是即使身为初三毕业生，他们也愿意亲近《水浒传》，并且乐于细读文章了。

我终于如释重负。我知道这次尝试成功了！

一转眼，这堂课早已变成了历史。现在回想起来，心中还是有很多感慨。

尽管那只是一节普通的家常课，和以往的任何一节语文课似乎没有什么不同，但是在那节课上，有些什么在悄悄地发生着改变。我和我的学生们全身心地投入其中，在语言文字里"出生入死"，穿越时空与文本对话、与作者交流，与作品里的人物同呼吸、共命运，我们的心灵被点燃了，思想和情感都被激发了。这不就是我一直以来想要追寻的语文教学的意义吗？

著名特级教师王君老师说："新课上出新味道，是当然；老课上到了新境界，才算超越。"我不敢说这节《智取生辰纲》上到了新境界，因为毕竟还有很多遗憾，如教师的引导多于学生的自学等，但是相比起前三次教学来，的确实现了自我超越，而这种超越随着我教龄的增加和阅历的丰富，必将不断地进行下去。

从教这么多年来，我上了很多的公开课。坦白地说，我乐意上公开课，并且享受上公开课的过程。或许很多老师会拒绝或害怕上公开课，可是对我而言，每上一次公开课都是一次反思与提升。虽然备课的过程很辛苦，推翻自己原有的构思另辟蹊径尤为艰难，更"惨烈"的是最后实践的效果也不一定理想，但一次次"如切如磋如琢如磨"的高强度挑战总能推动我不断地钻研和超越，使我向着优秀走近一步，再走近一步。

然而不可否认，对于我们一线老师来说，公开课毕竟只占极少数，绝大多数的课还是家常课。佐藤学在《静悄悄的革命》中提醒我们：要"从一年做一次法国大菜的教师，变成每日三餐过问柴米油盐，并能做出美味佳肴的教师"。这句话的言外之意是教师要以高度的责任感投入日常教学，让学生每节课都能享受到学习的"美味"。

每一节家常课都不可重来，每一节家常课都很重要，每一节家常课都值得记录，每一节家常课都应该教史留名。在这方面，我还有很长的路要走。

（本文发表于《课程教学研究》2016年第6期，收录时有改动）

# 这节课，我们聊聊爱情

## ——《关雎》教学叙事

上课音乐刚刚停止，初三（6）班的一体机屏幕上便浮现出一张图片：

简单地猜测后，我告诉讲台下的学生："这是'求'字的金文，它的左上方是动物的尾巴，右下方是一只手，本意是紧紧地抓住。"接着，屏幕上又出现了由"求"字衍生出的成语"求之不得"。我笑意盈盈地询问讲台下的学生："知道它是什么意思吗？"

"想要得到，却怎么也得不到……""很渴望，很想要得到""不对不对，反正就是没有得到！"上节课的余热还在孩子们的心胸中奔涌——哪管周边环坐着的几十位听课老师，那种热烈地争抢着回答问题的景象让我有几秒钟的恍惚，仿佛他们又从初三毕业生变成了什么都想说、什么都敢说的初一新生。

我仍是一笑:"一般情况下,它表示一个人想要追寻某种东西,却始终得不到,有时也专门用来形容一个人非常迫切地希望得到某样东西。你们知道吗?这个成语出自一首美丽的诗歌,而这首诗歌诉说了一个非常古老又动人的爱情故事。这首诗是《关雎》,我们今天的学习任务就是围绕着《关雎》来好好地聊聊爱情这个话题。"

台下发出一片惊讶之声,隐隐地有些躁动。孩子们没有想到我会跳过一个没有教学的单元直接带着他们学习《〈诗经〉两首》,更没有想到我会当着那么多来自全省各地市的听课老师的面和他们谈论爱情这个敏感的话题。

古琴幽幽,应和着孩子们自由而轻快的诵读声,教室里洋溢着的青春气息,美好得让人心醉。直到他们开始用含有"求之不得"这个成语的句子述说诗中的爱情故事,这份宁静才被打破。

男生的版本简洁明了:"一个文静美好的女子,在船上挑选、采摘荇菜,我看见了就日夜思念她,想追求她但又求之不得。"

女生的版本则带有浓浓的情感:"君子喜欢上了一位文静、美好的淑女,看见她在船上采摘荇菜,弹琴鼓瑟想要对她示好,击鼓奏乐想要让她快乐,可惜还是求之不得,所以日日夜夜都在思念她。"

话音刚落,马上就有人提出了异议:"我感觉应该是先对淑女有好感,接着思念她,觉得求之不得了,才想到要敲锣打鼓讨好她。"众生大笑,仿佛已经置身于"敲锣打鼓"的热闹现场。可是,笑着笑着,问题来了,一个声音如石破天惊:"老师,敲锣打鼓不是结婚才能见到的景象吗?君子和淑女最后是在一起了吗?"

呵呵,"在一起",这可是这个年龄段的孩子最喜欢在课间嚷嚷的热门话语啊!

我抿嘴一笑:"你们说呢?请从文本中找出依据来分析一下。"

没有等待多久,教室里响起了发言声,阳光、率性而真诚。

"'辗转反侧'之后,就'琴瑟友之''钟鼓乐之'。课下注解说'友'字、'乐'字是表示亲近、使淑女感到快乐。我想君子肯定是'悠哉悠哉',想啊想啊地想出了一个好办法,先努力亲近淑女,讨她开心,想让淑女也喜欢上自己。但是诗歌中没有写明白结果怎么样。"

"老师,我感觉君子一直在单相思呢!因为我发现不管他想什么、做什么,淑女的眼里都只有荇菜。他们没有交流过。君子好可怜啊,他听着雎鸠鸟的叫声一定很心酸!"

"我也觉得他们还没有在一起。从'左右流之''左右采之'到'左右芼之',淑女挑荇菜、捞荇菜、摘荇菜……诗歌反复这样写(我顺势补充了一句:这是重章叠句的写法),嗯,看来淑女应该花了不少时间吧。君子的追求好像效果不大。"

…………

很显然,大部分同学都从字里行间读出了一个事实:君子对淑女用情很深,淑女却对君子无动于衷。君子在"求之不得"的情况下寝食难安,但依旧没有气馁,仍然在琢磨着、幻想着要用琴瑟和钟鼓来博取淑女的欢欣。

揭开了这个爱情故事的真相,孩子们脸上的神情都有些悻悻然的,上课伊始的热烈氛围也在渐渐地冷却。

我环顾了一下全场,轻叹一声,说:"看来,同学们没有见到有情人终成眷属的幸福场景,都有些不开心啊——你们真是一群善良的孩子!"这句话如同一阵和煦的春风,刹那间吹开了一室微笑。

我也笑了:"那么,大家喜欢这首诗中的君子吗?我们先分男女声朗读一遍诗歌,再来交流自己的感想。注意,朗读时,每一行的前两句话由女生齐读,后两句话由男生齐读,所有同学在朗读时语气要舒缓,采用'2——2——'的节奏,最后一个字要适当延长声音,以便凸显出韵脚。"

接下去的交流没有辜负我的期待:

"他会琴瑟、钟鼓，看起来挺多才多艺的。"

"我觉得这位君子很勇敢。他喜欢淑女就去追求她、思念她，而不是一味地暗恋她。"

"君子好痴情！'悠哉——悠哉——'，这四个字我读起来觉得君子很可怜，又觉得他好像很享受这种日思夜想的状态。"

"我也觉得君子很好。他知道自己喜欢什么样的人，喜欢了，就拿出热情和真心，拿出一定的实际行动，就算暂时求之不得，他也在坚持。"

…………

我一边听着孩子们的侃侃而谈，一边忍不住想诗歌中的君子若知道几千年后的这群年轻读者这么赞赏他，一定会备感欣慰吧！于是，情不自禁地询问一位笑容灿烂的男生："如果你某一天也遇上了自己喜欢的淑女，会像君子一样去追求她吗？"

此言一出，所有孩子嘴角的弧度都加大了——也许，这正是他们早就想打探的小秘密呢！

被采访的男生叫列俊艺，是班上一个因为成绩好而被众人仰望的学霸。听完我的话，他的脸上迅速泛起了红晕，他挠了挠头，又揉了揉鼻子，然后把双手撑在桌面上，沉默了。就在我们大家都以为他要拒绝回答时，他突然说道："我也会这样做的。"教室里"哗——"的一声响起了热烈的掌声。列俊艺受到鼓励，似乎找回了勇气，继续清晰地说："我也会像君子那样……如果她实在不接受我，也没有关系，我还是可以想办法让她快乐的。"

后排的一位同学有点儿调皮，大声问道："想什么办法呢？"列俊艺毫不犹豫地说："就像君子那样，做一些淑女喜欢的事情呗！""即使淑女最终不会接纳你，你也愿意这样做吗？"我好奇地追问。"是的，只要淑女开心就好。她开心了，我就快乐了。"我怔了怔，直到听到又一波掌声，才绽开笑容。"他真的只是一个十四五岁的孩子吗？怎么会比很多成年人更懂得爱情的真谛呢？"这个念头，如同春燕裁开水面，在我的心里激起一串涟漪，延伸到很远。于是，我便把内心的疑惑直接说了出来，换来的是所有同学和听课老师善意的大笑。列俊艺当然也在笑，带着一脸的自豪与坦荡。

我由衷地发出了感慨：

"孩子们，在时下街头巷尾都在热议的江歌事件中，凶手陈世峰因为'求之不得'而对前女友刘鑫不断骚扰，最终残忍杀害了想要保护刘鑫的江歌。我们在痛惜为救闺蜜而死的江歌时，不能不思考一个问题——陈世峰说他爱刘鑫，可是他所谓的爱是真正的爱吗？如果他读过《关雎》，如果他听到了刚才列俊艺同学的回答，就会明白真正的爱不是控制，不是占有，更不是毁灭，而是呵护与成全，是勇于为对方承担责任、乐于为对方提升自己，是'只要你开心，我就快乐；只有你快乐，我才会幸福'。可以这么说，相比起陈世峰，《关雎》中的君子和我们的列俊艺同学才是可爱、可敬、可信任、可依靠的！"

掌声又如期而至，这一次仍然是送给列俊艺的。

稍稍平复了一下情绪，我又把眼光投向了女生们："女同学们，楚老师也非常好奇你们的想法。如果将来有一天，有这样的一位君子出现在你的面前，你会接受他的爱意吗？"

在我的想象中，女生们应该会很害羞，需要老师的鼓励才敢说出自己的真实想法。因此，我有意等待了一会儿，然后才开始点同学的名字。出乎我意料的是，接二连三发言的女孩一点儿都不扭捏，而且，她们的回答完全在我的预设之外。譬如首先站起来的女孩郭莉青说的是：

"我不会接受君子的，因为他从早到晚都不干活儿。人家淑女一直都在采摘荇菜，他怎么都不去帮忙呢？"

身边一片清脆的应和声。

我的天啊！我得坦白，读过《关雎》无数遍的我从来就不曾想过这个问题！这一瞬间，我实在有些汗颜了，而从同样惊愕的面部表情来看，今天来听课的老师们想必也没有人产生过这样的想法。再看教室里的近二十位男生也都是一脸茫然。他们刚刚才赢得众口称赞，孰料"一招打回解放前"。

我赶紧圆场："男孩们，你们听到女孩的心声了吗？原来心动不如行动，说了那么多的甜言蜜语还不如在女孩辛苦劳动的时候伸手帮她一把呢！"大家纷纷笑了，有些腼腆，可是紧张的气氛毕竟稍微缓解了一点儿。

然而，一波未平一波又起。接下来发言的女孩也不愿接纳君子，理由则是："因为君子没有钱。如果他有钱，淑女就不用那么辛苦地采摘荇菜了。"

这些孩子真是什么都敢说啊，比起当年的我可大胆多了！我嘴角一扬，不打算对她的观点直接发表意见，直接放手让全班讨论："哦，原来君子是没有钱才不招这位淑女喜欢啊！——同学们，你们对此有什么看法呢？"

"我觉得君子是有钱的，因为他忙着追求淑女，每天不干活也不用担心温饱问题。"

"就是就是，如果君子没有钱，家里怎么可能会有琴瑟和钟鼓呢？"

几位同学站起来之后都是侃侃而谈，我的心里却不由得"咯噔"了一下，孩子们讨论的焦点怎么变成君子是不是有钱人了？记得张志公先生曾经指出：语文教学要走一个来回，从语言文字出发，到思想情感，再从思想情感出发，重新回归语言文字。为何不让孩子们回归得更直接、更彻底一些呢？于是，略一沉吟，我退回到黑板前，一边板书一边温和地说：

"大家分析得很有道理，这首诗里的君子看来很像是富二代，家里的经济条件想必是不差的，社会地位应该也比较高。为什么这么说呢？我们来看看'君'字。

"'君'是一个会意字，从尹，从口。'尹'，表示治事；'口'，表示发布命令。它俩合起来的'君'字意思是：发号施令，治理国家。至于'君子',原本指的是国君之子。这表明'君子'的本意是有权势又有财力的人,而在《诗经》的时代,'君子'的确是对贵族的泛称。后来是孔子给'君子'的含义增加了道德因素,人们才把'君子'界定为品行高尚、德才兼备的人。所以,同学们,你们的争论很有价值啊,竟然在解读君子对淑女感情的同时发现了'君子'一词的原生含义呢!"

讲台下一片欣欣然,刚才发言者的眼睛中分明闪现着星星的光芒。

有意停顿了几秒,我接着说道:"可是,新的问题又产生了。孩子们,社会上有很多女孩爱做灰姑娘似的美梦,幻想着某一天有个高富帅突然出现在面前,对自己一往情深,然后带自己脱离平凡无奇的生活。那么,为什么当高富帅的君子出现在淑女面前时,她却没有接受呢?也请大家畅所欲言。"

教室里顿时安静了下来,一位听课老师压抑的咳嗽声清晰可闻。

这是一节影响面甚广的公开课。可是,我不怕这样的"冷场",因为我知道,此时的安静不是思维的凝滞,恰恰是思想火花迸发前的积蓄。窗外绿意融融,满目清新明朗,丝毫没有冬天固有的萧索与寒冷。就在这个瞬间,我想起了2010年江苏卫视《非诚勿扰》节目中的那个出格的女嘉宾,想起了她发表的"宁愿坐在宝马车里哭,也不愿坐在自行车后笑"的言论……我需要向孩子们复述这番话以引发他们的欢笑吗?不,我不愿干扰他们的思路。即使生活如履薄冰,我依然相信赤子之心的美好,而所有的美好都是值得等待的。

终于,有几只手相继高高地举了起来。

"淑女没有接受君子,我想是因为她知道君子和她是不同阶级的,门不当户不对,可能不会有共同语言。"

"我猜是因为淑女不喜欢君子……就是说君子再有钱,淑女对他没有感觉,也不愿意接受他。"

"也许是淑女已经有喜欢的人了,所以怎么都不肯接受君子呢!"

"会不会是淑女觉得自己的爸爸妈妈不想女儿高攀君子呢？"

"我觉得淑女是因为君子和她没有共同爱好才不接受君子的，要不然，君子早就能找到话题和淑女说上话了。"

聆听着这些回答，我情不自禁地露出了会心的微笑：

"孩子们，你们发现了吗？诗无达诂，我们的猜想不尽相同，唯一可以肯定的是淑女选择另一半的标准不是财力和权力，而是自己的内心。如果内心不能接受，就算君子家财万贯又痴情执着，淑女仍然不为所动，而且绝不给对方任何暧昧不清的希望或暗示。这样看来，这首诗里面塑造的君子和淑女是两个多么生动又可爱的形象啊！

"从君子的角度来说，相爱是两个人的事，而爱情却是一个人的事。你拒绝或者接受，我的爱都在这里，绝不减少。君子对淑女的爱就是这样真诚率真，毫不掩饰，却又发乎情止乎礼。更加珍贵的是，他是一个乐于担当的人，愿意为了爱而改变自己，在不知道淑女的喜好之前，他只知道以自己的方式去讨得对方的欢心，发现淑女不能接受，于是就想到了琴瑟和钟鼓。这几句话让我们猜测他可能是观察到淑女对音乐的爱好了，因此才想到要用淑女喜欢的方式去亲近她。从这里我们可以推断出君子是愿意为了爱淑女而提升自己的人。这样一想，这位君子可谓是有地位和德行双重意义的人物形象啊，难怪两万多字的《论语》当中，曾经有一百多次提及'君子'这个词，足以看出'君子'正是孔子心目中理想的人格标准；也难怪孔子评价《关雎》这首诗'乐而不淫，哀而不伤'了。

"再从淑女的角度来说，面对多金又多情的君子，淑女端庄、含蓄、矜持、自重，一点儿都没有因为君子的追求而忘乎所以或者矫揉造作。'窈窕淑女，君子好逑'，从课本下面的注解当中，我们了解到'窈窕'的意思是文静美好的样子。而从刚才的探讨来看，'淑女'其实是兼有体貌之美和德行之善的，确实值得君子苦苦追求。虽然他们的故事没有结局，但是他们都是坚定不移地遵从自己内心的人，都很清楚地知道自己需要什么、适合什么。关于爱情，《关雎》中的这一点最值得我们深思和借鉴。"

讲台下陷入了沉静，上课伊始的热烈和躁动荡然无存，可是我们都知道有些东西相互碰撞后穿透文字一直渗入了每个人的心底。

村上春树在《世界尽头与冷酷仙境》中说："我不能抛弃心，我想。无论它是多么沉重，有时是多么黑暗，它还是可以时而像鸟一样在风中漫舞，可以眺望永恒。"叶嘉莹也曾说："人生要有一种持守，不管落到什么地步，经历什么样的事情，你要有自己的持守，不能够失去自己。"而阅读《关雎》的意义正在于帮助我们沉淀下来聆听自己的心声，使我们在面对诱惑和挫折时都能够坚守自己。

再一次诵读了《关雎》后，我微笑着抬高语调，说道："刚才我们讲述了一个与'求'字有关的爱情故事，《诗经》中这样生动而隽永的形象与故事还有很多，譬如我们接下来要对比阅读的《蒹葭》。它里面有一个字与'求'字意思接近却意味不同，看哪位同学最先找到。"

幽幽的古琴声再次响起，琅琅的诵读声也不绝于耳。很快就有同学挑选出了"从"字作为鉴赏点，我在屏幕上展示出"从"字自甲骨文到篆文的字形演变过程，然后和孩子们一起又踏上了新一轮的学习征程……

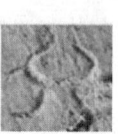

从 從 𠂉 𠂉 𠂉

下课后，一位来自广州市的同行第一时间给我发来QQ信息："我真喜欢您在课堂上的从容，2个字带出2首诗！我感觉学生无论给出怎样的回答，您都接得住，带得回！好厉害！非常喜欢您对君子的解读。江歌案的对比，更凸显了这份情感的美好与真挚，令人怦然心动。这真是一节深深地打动了我的课！是啊，对于《诗经》，真的不需要老师过多解读，一个字、一句话可能就足以让孩子们感受到那份美好了！"

后来又有老师告诉我："楚老师，太遗憾了，今天在门口愣是没有挤进去，想看网络直播发现没有及时打开……没有听成您的课，错失了学习的机会。我们学校有其他科的老师幸运地听到了您的课，都在大赞说听完爱上了《诗经》呢！"

"爱上《诗经》"？我莞尔一笑，这也是孩子们下课后簇拥在讲台边对我说的话。毫无疑问，这是此刻我最喜欢也最期待得到的听课反馈。

在众多的经典著作中，《诗经》传达的是一种古老的美好。两千多年前，孔子曾概括其宗旨为"思无邪"，并告诫自己的儿子孔鲤说："不学《诗》，无以言。"两千多年后，被喧嚣和浮华浸染过的人们却不再习惯《诗经》和风细雨式的表达，甚至遗忘了《诗经》中那些质朴而纯粹的情感。

有没有什么方法可以让喜欢快餐文化的学生爱上《诗经》呢？我一度很迷惘。

后来读简媜的《下午茶》，蓦然被一句话点醒："有时，生活没什么惊天动地的目的，只化约到还活着这么个简单的念头。"其实，往深处细究，让学生爱上经典也没什么惊天动地的根源，大概也可以化约到"兴趣"上吧——只要激发了阅读兴趣，唤醒了生活体验，让孩子们发现经典与生活密不可分，他们自然会愿意亲近经典的。

这就像葡萄酒需要慢慢发酵一样，老师和学生都以享受阅读的心态沉入经典，简单一点，好玩一点，如此，无论是独自安静阅读还是群体分享阅读，每分每秒都会有丰厚的回馈——因为受到感召的孩子们自然而然地会在放松的状态下走进经典，集腋成裘，聚沙成塔，并逐步获得从量变到质变的提升。

所以，在这堂课的前半部分，我有意不谈《诗经》六义，也不刻意进行道德教化，只是和孩子们敞开心扉，愉悦地聊君子、聊淑女、聊爱情，在浓郁的生活化气息中零距离接触《诗经》，让孩子们徜徉在活泼的语言溪流中流连忘返，不知不觉地体验到文学这种语言艺术特有的审美本色。

陶行知先生说:"生活即教育。"这样轻松地聊文学,从一篇文章聊到一群人、一本书,犹如经典阅读中的一次清新郊游,怎能不让师生双方都心旷神怡呢?

进而又想,一直以来,我的语文教学不都是如此吗?

很多时候,我不是教课,而是聊课,在轻松自如的氛围中用深入浅出的话语和孩子们聊语文、聊生活——无论阅读教学还是作文教学,都是这样进行的。苏联著名的教育实践家和理论家苏霍姆林斯基指出:"教育的艺术首先包括谈话的艺术。"巴西教育家保罗·弗莱雷也说:"没有对话,就没有交流;没有交流,也就没有真正的教育。"时至今日,十多年前的学生仍对我以聊天的口吻解说的"意象"一词印象深刻:"'讲台上有一支粉笔',这句话里的'粉笔'没有情感,只是物象;而'一支粉笔孤零零地躺在讲台上',这句话里的'粉笔'有了情感,就变成了意象。"孩子们说这样接地气的例子一听就豁然开朗了。这,就是聊课的妙处。

《学记》曰:"君子之教,喻也。道而勿牵,强而勿抑,开而勿达。"从成为语文老师的第一天起,我就向往着"教师教得从容,学生学得快乐"的语文课,期盼着把我的语文课凝练成有温度、有深度、有情趣又有个性的学习天地,孩子们用语言和文字告诉我,他们也喜欢这样的语文课。这种现象用巴甫洛夫高级神经活动学说的观点来解释最为合适:积极的情感是人的一切活动的强有力的鼓舞者和发动者,相反,消极的情感则阻碍压抑人的活动。

课堂的和谐愉悦在师生对话中共创共享,课堂的灵动美好由师生互动生成。这样的语文课堂,不完美,但却真实;不深奥,但却贴心。我要再接再厉,用这种接地气又充满情趣的语文课激发学生内心美好的情感,使学生产生积极主动地交流和探索的热情,从而使语文教学达到更好的教学效果。

# 雪野中孤独的舞者

## ——《雪》教学实录

**【教学背景】**

在人教版初中语文教材中，鲁迅的名字出现的频率较高。在《风筝》《从百草园到三味书屋》《社戏》《阿长与〈山海经〉》《藤野先生》《雪》《故乡》《中国人失掉自信力了吗》《孔乙己》这9篇鲁迅的文章中，最能触动我心的便是人教版八年级下册第二单元的《雪》了。

在左翼作家群体中，鲁迅因文笔辛辣犀利且不留情面，爱憎分明又善于攻击而被称为是"骨头最硬"的人，一提起鲁迅的名字，人们很容易联想起横眉冷对、金刚怒目的模样，又因为文白夹杂的语言、总也啃不透的思想，坊间便流传起了那句"名言"："中学生有三怕，一怕文言文，二怕写作文，三怕周树人。"但事实上，鲁迅也是一个真性情的普通人。

五四运动后，新文化阵营一再分化，很多貌合神离的场景让鲁迅有了"荷戟独彷徨"的悲哀。这种悲哀无法向人诉说，也无法被人理解，所以，他只能踽踽独行，如朔方的雪那样，在苍茫的天地间悲壮地生光发热。这样的鲁迅，我们读懂了他的坚毅，却忽视了他的悲伤；领悟了他的抗争，却忘记了他的孤独。网络上曾有人把他比作漫威宇宙中的钢铁侠，我想可能正因为鲁迅和钢铁侠一样拥有超强的战斗力与号召力，也和他一样具有悲情的一面吧。

基于这样的背景，《雪》更像是鲁迅的深夜独白，里面的期待、向往——特别是忧郁和孤独之情，以及在忧郁和孤独中坚守初心的信念几乎无法藏匿，毫不掩饰地呈现在读者面前，每每让我情不自禁地一读再读，最后几欲落泪。所以，我一直渴望带着孩子们走进鲁迅的精神世界，用文字去还原一个真实的鲁迅。

2011年12月15日，广州市中学语文教研会组织的第四届"广州市中学十佳青年语文教师"优质课展示活动在广州市第三中学举行。当主办方通知我们上课内容可以自定时，我毫不犹豫地选择了《雪》——这篇深沉严峻，理解起来有一定难度，但却充满了诗情画意的文章。

## 【教学准备】

美国当代认知教育心理学家奥苏伯尔在《教育心理学：一种认知观》的扉页上写道："假如让我把全部教育心理学仅仅归结为一条原理的话，那么，我将一言以蔽之曰：影响学习的唯一最重要的因素，就是学习者已经知道了什么。要探明这一点，并应据此进行教学。"为此，我希望我一切的教学设计都能够建立在学生"已知"的基础上，引导他们探究"已知却不深知"以及"未知"的知识。

因为是异地教学，执教的学生又刚上初二，为了让学生"学"在"教"之前，我在上课前印发了课文，布置了几道预习题：

1. 作者在文章中重点描写了哪两个地方的雪景？根据这个信息，你能准确地给文章分出层次吗？

2. 文章中所写的哪一个地方的雪景主要是作者的联想？你是依据哪

些词句做出这个判断的？

3. 请勾画出原文中能够引起你的触动和联想的语句（至少三句），并在空白处写明你所感受到的和联想到的内容。

4. 请写下你认真阅读完文章后最想提的问题。

## 【教学过程】

### 一、通读交流，导入新课

师：同学们，在这节课上，楚老师想带着各位同学一起来和我们熟悉的鲁迅先生进行一次心灵对话，我们对话的话题就是他写的文章《雪》。先看一段前言，请一位女同学来朗读一下。

生1：（朗读）"1924年12月30日，北京下了一场大雪，鲁迅先生在他当天的日记里写下了一句颇富诗情的话：'大风吹雪盈空际'，并由此萌发了创作冲动，思绪在联想与现实中不断变幻……18天之后，一篇题为'雪'的精美散文诗便诞生了。"

师：谢谢，请坐下！同学们，听了她的朗读，你发现这段前言中告诉了我们哪些信息呢？

生2：这段话告诉了我们他写这篇文章的起因、时间和地点。

生3："大风吹雪盈空际"，这使他萌发了创作冲动。

生4：我知道了《雪》是一篇精美的散文诗。

师：他从最后一句话中捕捉到了有关文章体裁的信息。简单地介绍一下，散文诗是介于散文和诗歌之间的一种文体，它往往既有诗歌的韵味，又有散文的气势和形散神不散的特点。

师：好了，同学们，了解了这篇文章的创作起因和文体之后，我们现在进入课文的学习。先请大家听老师诵读一遍课文，一边听一边回忆在预习的过程中自己懂得了什么，不懂的又是什么，做好交流的准备。

（教师在配乐中背诵完课文，学生自发鼓掌）

师：谢谢同学们！你们刚才都听得很认真。有了如此专注的态度，再加上课前的预习，相信我们接下去的交流会十分精彩。请看大屏幕，我们一起进入"通读交流"环节。这里有几个话题，大家任选一个发言。你可以说一说通过预习你所知道的，可以说说预习文章时触动了或者感动了你的内容，或者提出预习时你特别感到疑惑的问题。当然，你也可以只说你觉得《雪》是一篇怎样的文章。好，哪位同学愿意先说？

生5：我想问一下，文中的描写对象是雪，但为什么文章的开头结尾要提及雨呢？

师：嗯，非常好！有同学能回答吗？

生6：我觉得很有可能是因为雪是雨凝固而成的。

师：所以，就要把雨和雪放到一块儿来说，是吗？（很多同学点头、微笑）

师：老师也在这补充一下。说到雨和雪的关系，许慎的《说文解字》中对"雪"字的形象介绍能帮助我们理解。（一边讲解一边板书）"雪"字最初是一个会意字，这个字的上面是雨，下面是雪花，正像刚才这位同学所说，雪就是雨凝结而成的，所以文章讲"雪"会先从"雨"说起，当然本文可能还有更多的内涵，我们读得越透理解得会越深刻。还有其他的同学要发言吗？继续交流。

生7：我是有问题要问。文章中为什么会三次写到雪在"旋转而且升腾"呢？

师：是啊，为什么要这样写呢？有没有同学能回答？

生8：我想作者三次写到雪在"旋转而且升腾"，是强调了雪不畏寒冬的磅礴气势。作者当时的生活环境是黑暗的社会，这样写应该是反映了他对黑暗社会的不满与反抗。

师：作者不仅要反抗，而且要持续反抗，对吗？很好，请坐下。

生9：我也有一个疑问。文章最后一句话说"那是孤独的雪，是死掉的雨，是雨的精魂"，我不能理解。

师：你不能理解的是哪个部分？

生9："死掉的雨"和"雨的精魂"，还有"孤独的雪"。

师：想一想，刚才老师和同学们分析雨和雪的关系时讲到的内容是不是可以帮助你理解呢？（生9若有所悟）那么，接下来我们重点来谈谈为什么说朔方的雪是孤独的。

生10：因为他们永远如粉，如沙，绝不粘连，所以我认为他们是孤独的。

师：哦，这是作者在文中的描写带给我们的认识。还有没有其他同学要补充呢？

生11：文章前面写江南的雪时提到了腊梅花、山茶花等其他常见的景物，而写朔方的雪时只是说屋上、地上、枯草上都是雪，所以我想他们是孤独的。

师：呵呵，你的意思是说没有花花草草陪伴着他们，对吗？（众生笑）

生12：我觉得作者做了一个比较。江南的雪有孩子们围绕着堆雪人，他和孩子们在一起，所以他觉得很温暖，但是朔方的雪却只能独自在天空中盘旋，而人们都聚在屋里烤火，所以说他无法感受到人间的温暖，他因此而孤独。

师：这位同学能把人、景、情结合在一起进行比较，语言表达很有韵味，真不错！（稍停）同学们，通过前面的提问和交流，老师感觉我们初二（10）班的同学们对于语文学习是非常认真的，而且是真的静心品读了文章。只有思考了，才能质疑；只有思考了，才会有自己的见解。这就是做学问的根本。接下去我们将延续这样的学习精神，在预习的基础上对文章进行一番深入的探析。

**二、联读比较，赏析文章**

师：下面我们要采用的学习方法叫作"联读比较"。所谓"联读比较"，意思就是前后关联，进行比较阅读。这篇文章侧重写了江南的雪和朔方的雪，请同学们任选角度来对两部分的写作进行比较阅读（即比较文章的前三段与后三段），你可以比较写作内容、作者寄托的情感、写景的角度，甚至是作者使用的词语、选用的句式等等，只要具有可比性，你都可以说。老师给大家四分钟时间，请你快速浏览文章，静静地思考，任选一个方面做好交流准备。

（众生默读、思考、批注，教师巡视）

师：好了，同学们，时间到了。在大家发言之前，楚老师有两个要求，请牢记在心：第一，站起来发言的同学要注意你的发言要紧扣文本、言之有据，所有的分析要建立在对文中关键词句的品读上；第二，听别人发言的同学要注意手不离笔，笔不离文章，学会把同学的精彩见解随时记录在文章的空白处，这样我们才能共同进步。好，精彩的时刻到来了，哪位同学愿意首先站起来分析呢？

生13：我认为江南的雪是有生命力的，因为雪中会有单瓣梅花、腊梅花等等；而朔方的雪只能撒在屋上、地上、枯草上，没有生命力。

师：别着急，我们来把发言完善一下。枯草没有生命力，是否就表明朔方的雪没有生命力呢？

生13：嗯，应该是说朔方的雪的生活很单调。

师：换句话说，你认为"江南的雪的生活比较丰富，朔方的雪的生活相对单调"，是吗？（生13点头）请继续发言。

生14：我认为鲁迅的情感是稍微偏向于江南的雪的。因为在第1自然段的第5行写"但我的眼前仿佛看见冬花开在雪野中，有许多蜜蜂们忙碌地飞着，也听得他们嗡嗡地闹着"，这表现了江南的雪有生命力，很活跃，就如刚才那位同学所说；文章最后两行中写的内容却让我觉得朔方的雪比较伤感。

师：啊，她的发言糅合了很多信息呢！同学们听完后说说看，在她的发言中你最能够接受的是什么内容？

生（众）：（小声说）江南的雪有生命力。

师：大胆一些，说错了也没有关系。同学们普遍认为江南的雪比朔方的雪更有生命力，是吗？（众生点头）那么，刚才那位女同学非常肯定地说朔方的雪比较伤感，鲁迅先生的情感是更偏向于江南的雪的，所有同学都是这样认为吗？（有学生举手）哦，马上就有几只手举起来了，好像有质疑啊！

生15：我认为江南的雪滋润美艳至极，但是他却经不起晴天的消释；而朔方的雪却在惨淡和孤独之中得到灵魂的升华。

师：你的语言十分优美，很有诗意，非常棒！我们继续交流，同学们发言时要尽量避免重复前面同学的话。

生16：从堆雪人的场景中可以看出江南的雪是互相粘结的，而朔方的雪是绝不粘连的，他们会撒在屋上、地上、枯草上，显得非常有个性，很独立，也很自由。

师：很深刻的感受！还有同学有感受要抒发吗？

生17：我发现鲁迅在写江南的雪时基本上是用抒情句，会描写一些很美丽的景观，而在写朔方的雪时却喜欢用中句和短句，不用长句来抒情，给人一种奋发向上的感觉，更有气势了。

师：你很了不起啊，有非常强的语感！前面的同学都是着重谈雪的特征和作者的情感，这位同学关注到了作者句式的选用。老师重复一遍，大家记下来。她认为前面的文字重在描写，长句很多，所以读起来比较抒情、舒缓；后面是中句和短句居多，所以读起来有气势。还有没有同学要发言呢？

生18：在描写方面，我发现作者是通过写腊梅花等景物来显示江南的雪的生命力的，而在朔方呢，则是直接对雪进行描写，写他们如粉如沙来显现雪的独立和孤独。另外，前面写到了雪野中的很多景物，我能感受到作者对美好生活的向往；然而写朔方的雪时，只是写他们在空中不断地旋转和翻腾，这是对寒冷的反抗，我感受到作者处在当时的社会中对黑暗现实是充满了不满与反抗的。

师：一口气说了这么多，真不错！同学们，她说作者写江南的雪时是通过梅花、杂草这些东西来写的。我们来帮她表达得更加规范一些。像这样通过描写别的东西来表现主体，叫作什么表现技巧呢？

生：（齐答）侧面描写。

师：再说得准确一点，作者是在用这样的描写进行侧面——

生：（齐答）侧面衬托。

师：非常棒！当然，作者写朔方的雪时却是直接描绘。难得的是我们的这位同学还在作者侧面与直接的交替描写当中，感受到了作者对黑暗的社会生活的一种抗争。

生19：我感觉江南的雪是消释得比较快的，因为文中有这样的句子："晴天又来消释他的皮肤，寒夜又使他结一层冰，化作不透明的水晶模样；连续的晴天又使他成为不知道算什么，而嘴上的胭脂也褪尽了"。但是北方的雪，他是凝固成雪的，不会那么容易融化成水，有着坚定的信念。

师：很好！同学们，根据大家的分析，我们可以得出结论：江南的雪虽然美艳，但是却容易消释，所以他们的生命是短暂的；而朔方的雪绝不粘连，但是却奋发向上，所以他们展现出来的美和生命是——

生：（齐答）持久的。

师：嗯，换个词语。有什么词语比"持久"更贴切更有感染力呢？

生：（杂）永恒的。

师：非常好！原来一个是容易消释的短暂的美，一个是奋发向上的永恒的美。同学们，交流了这么多，我们还要回溯到前面的一个问题。老师记得有个女同学说鲁迅先生的情感是更偏向于江南的雪的，你们现在的看法有变化吗？

生：（杂）应该是朔方的雪。

师：其实，鲁迅先生在文章中用了一个非常明显的语言标志告诉了我们他的情感倾向。你发现了吗？大家一起来说，好吗？

生：（齐答）"但是"。

师：好极了！请同学们用方框号把"但是"这个词语标注出来。这个"但是"啊，是一个醒目的标志，也是作者情感的分水岭，传达出了作者对江南的雪和朔方的雪所表现出的柔美与壮美的不同理解。接下来，我们再深入一层，进行一种难度有些大的比较阅读——同中求异。请同学们找找看哪些词语是作者在写江南的雪和朔方的雪时前后都使用到的。请说出你的发现。

生20："洁白的"。

师：写朔方的雪时也用到了这个词语吗？……哦，没有！没关系，咱们听听后面那位同学的发言，好吗？

生21："生光"。

师：非常棒！第2自然段的第4行和第4自然段的第4行都用到了这个词语。请用着重号标明，我们待会儿要重点比较。还有什么词语吗？它可能在前后出现时是有一点点变化的。仔细找一找，看看鲁迅先生凝练的文字背后还有什么信息可以被我们抓住。

生22："粘连"和"粘结"。

师：这是两个意思相似，略有差异的词语，对吧？很好，请坐下。请同学们也把这两个词语标注出来。还有吗？

生23："消释"和"消化"。

师：啊，又是一组相似词。补充说明，"消释"在《现代汉语词典》中的意思就是"消融"。老师也来帮着同学们找一找。请关注第3自然段第1行的最后："但他终于——"。

生：（齐答）"独自坐着了"。

师：后面有什么词句能给你类似的感觉呢？

生24：老师，我发现了，后面写朔方的雪时，作者说他们是"孤独"的。

师：对，一个是"独自"，一个是"孤独"，都有"独"的意思。同学们，刚才我们一起找到了这么多前后照应的词语。今天楚老师想要和我们初二（10）班的同学们共同来揭开这些词语背后的秘密，这可是一个别人从来没有探究过的问题呢！我们着重探究两个词语，一个是"生光"，一个是"孤独"。请你先自己思考，然后与同桌交流，我们要品味的是江南的雪与朔方的雪分别因为什么而"孤独"，因为什么而"生光"，注意这里的"生光"意思是指"发出光辉"。

（一分钟后）

生25：江南的雪的"孤独"是因为刚一开始，那些孩子都在他的身边围绕着他，当兴奋期过去以后——或者说，在夜晚的时候他自己就会孤独了……

师：也就是说，孩子们不再陪伴他了，他缺少玩伴，就感到孤独了。

生25：然后朔方的雪呢，是因为人们都在屋里，他却要独自一人在屋外白茫茫的天宇下旋转、翻腾，所以会孤独。

师：人们躲避了寒冷，他却要在寒冷中蓬勃奋飞，他缺少战友，所以孤独。非常好！这和刚上课时有位同学的发言不谋而合。那么，我们再来思考：他们因为什么而"生光"？这个问题有点难度，想一想，别着急。跟同桌交流一下，把你的想法说给他听，看看他能不能接受。

师：有没有同学愿意来说？好，你说吧。

生26：我认为江南的雪"闪闪地生光"是经过装饰的，而朔方的雪"灿灿地生光"则是他自己那种精神所散发出来的光辉。

师：同学们觉得他说得有道理吗？

生：（齐答）有！

师：是啊，江南的雪是外在的"生光"，散发着表面装饰之后的滋润、美艳的光泽；而朔方的雪则是由内而外的精神的光辉，因为他自己的顽强抗争而"生光"。那么，同学们，我们经过刚才的这样一番深入的品析，就会感受到作者在这篇文章中的写作技巧实在高明。他描写江南的雪用了很长的篇幅，描写朔方的雪笔触看似简单。鲁迅的高明之处就在于他用一种似轻实重、看似简短实则意味深长的语调和语句描述了朔方的雪的独立个性和顽强抗争的精神。读完本文，我们感受到这已经不是普通的雪，它是有思想灵魂的，这也正是鲁迅先生更倾向于朔方的雪的原因。下面，就让我们用深情的朗读来表达我们对江南的雪和朔方的雪的体会。

（学生推选领诵者，男女生合作，在音乐的伴奏下有感情地诵读第3~6自然段。老师进行"但是"及全文最后一句话的朗诵指导）

### 三、回读感悟，小结课堂

师：同学们，通过刚才的分析、品读和朗诵，我们深切地感悟到在朔方的雪的背后，有很多可以挖掘的精神。正如当代著名作家、学者王蒙所说："在'雪'的后面，有更大、更深、更感人的形象和思想。"现在，请大家回味全文，以这样的句式来接着说几句话："在朔方的雪的后面，我看见了……"想一想，你看见了谁呢？可能是一个人，也可能是一些人的影子；这样的人，可能是古今中外的名人，也可能就是你身边的父母、老师、同学，甚至是你自己。

生27：在朔方的雪的后面，我看见的是一种精神，是一种对不幸命运的反抗，是一种不羁的精神。

师：能不能说说看，你印象中什么人最具有这种精神？

生27：我想到了鲁迅……

师：哦，他提到了鲁迅。楚老师这儿有些链接材料，或许能帮助大家理解。鲁迅写这篇文章的时候是1925年，恰巧是他参与创办的《新青年》杂志遭遇到瓶颈的时期，有很多跟他一起投身到新文化运动的同伴纷纷改变了自己的奋斗方向。所以鲁迅先生曾经在他的文章中写到他又一次孤独地站在了沙漠上。他说："站在沙漠上，看看飞沙走石，乐则大笑，悲则大叫，愤则大骂，即使被沙砾打得遍身粗糙，头破血流，而时时抚摩自己的凝血，觉得若有花纹。"这不正是一种顽强抗争的精神吗？所以，不光是这位同学透过朔方的雪看见了鲁迅，我们也都看见了。好，同学们，继续回想，还有没有看见别人的呢？

生28：我看见了"文化大革命"期间的一些人。虽然被人误解和冤枉，每天都被人打骂，但是他们仍然坚定地相信终有一天能获得真正的清白。他们就很像朔方的雪，会在痛苦中静下心来，给自己立下目标，更加坚定地奋斗。这样，辱骂他们的话语，殴打他们的拳头，就成了他们更进一步的阶梯。

师：说得精彩，你真是一个坚强、乐观又有思想的孩子！

生29：我看见了我们第三中学的曾雪莹同学。她在患白血病的时候，仍能够不屈不挠地和病魔战斗。我觉得她和朔方的雪一样，是那么坚强、勇敢。

师：真不错！我们班的同学不仅能够认真地学习课文，还能够密切联系生活。大家课后不妨继续思考，把自己的想法写成文章。

现在，让我们回忆一下这节课的学习内容。今天这节课，我们做了三件事情：我们通过预习和听老师的诵读，进行了通读交流，感知了文章的内容；我们通过联读比较、同中求异，对作者的写作技巧和字里行间寄托的情感进行了深入品析；我们又通过回读感悟，对作品进行了创造性的阅读。我们由课文联想到了现实生活。同学们不但感受到了"文化大革命"时期那些坚强者的精神，而且感受到了自己身边同学不屈不挠的意志。借此机会，我们还懂得了阅读这一类文章时要通过分析景物的特征来参悟作者寄寓其中的志趣和情感。

在这节课上，我们初二（10）班的同学思维活跃，展现出了良好的语文学习习惯和学习素养，表现得非常优秀。最后，让我们以这段话来结束这节课的学习。请全班同学齐声朗读。

生：（和老师一起齐读屏幕上的"后记"）"祝愿我们每一个人都能像朔方的雪那样在无边的旷野上、在凛冽的天宇下顽强抗争——即使痛苦也要灿灿生光，即使孤独也要蓬勃奋飞！"

师：衷心感谢每一位同学的热情参与！下课！

生：谢谢老师！老师再见！

（根据现场录像记录，个别语句略加整理）

## 【教学后记】

40分钟的一堂课所能承载的东西毕竟有限，不足以全然领悟鲁迅的内心，更何况孩子们十几年的人生之路基本上是一帆风顺的。

《中庸》有言："或生而知之，或困而知之。"钱理群先生也曾在《与鲁迅相遇》中说："人在春风得意，自我感觉良好的时候，大概是很难接近鲁迅的；人倒霉了，陷入了生命的困境，充满了困惑，甚至感到绝望，这时就接近鲁迅了。"我相信，某一天，当孩子们的生活经历变成阅历时，他们会真正读懂鲁迅想说而未能全说出口的话的。

仿佛冥冥之中早已安排好了似的，将近六年后的2017年11月8日，我在杨泽雨同学的随想本上读到了下面的文字：

从小学到现在，我的身边几乎没有人喜欢读鲁迅。

有的人厌恶他的琐屑，有的人费解他的自命清高，还有的人反感因他而有的"背诵全文"的作业……甚至包括我的妈妈，她也总认为鲁迅的文字太计较，曾无数次动员我去读胡适的作品。

鲁迅所教会我的，大概是他对待"孤独"的态度。"孤独"似乎是分成两个层面的：其一是被迫承受的孤独，其二是学会享受孤独。我曾见到过或听闻过无数人被前者困扰甚至被摧毁，便总能想起来以前读过的 Better Than Before（《比从前更好》）中写的句子："孤独感让人不断地变得更脆弱，更负面，更容易陷入自我批判，最终支离破碎。"

每每想到这里，我又总会想起来给我留下深刻印象的一位小学同学。他并不合群，但我曾见过他弹钢琴的样子，那是我第一次见到他的眼睛由黯淡变得有神。

再联系到鲁迅，我恍然大悟：原来被迫承受的孤独可能使人崩溃，而主动选择的孤独，却会让人享受其中。

后来，我也慢慢降低了使用社交媒体的频率，有意回避与外界某些事物的联系，却得以在内心世界感受到久违的充实和快乐。

这种状态大抵是如同正在读小说的人一般——得以进入一种似真似幻的世界里，想象和现实不断交互，时而感受到真实，时而又沉溺于幻想。我想大概人会在潜意识中寻找孤独吧，因为人生而孤独，孤独感是一个人的思想基石。

思索许久，我像是如释重负般在新买的《彷徨》扉页上写下了一句话："原来孤独的尽头是自由，而自由的深处是清醒。"

读着这篇文章，我陷入了遐想：这些话语，能否给予长眠于地下的鲁迅先生一丝慰藉呢？

# 有些人生比你想象的更加沉重

## ——《秋天的怀念》教学实录

**【教学背景】**

　　《秋天的怀念》篇幅简短，却弥漫着浓浓的忧郁气息。作者回忆了自己双腿瘫痪脾气变得暴怒无常后，母亲不顾身心的煎熬对"我"的理解、体贴与关爱，表达了自己对母亲深切的怀念和悔恨之情，文字朴实含蓄，感人至深，催人泪下。

　　这是一篇教读课文，按照教材要求，有必要教给学生一定的阅读方法和阅读策略。具体到本课，阅读方法方面，我希望能够强调多种朗读形式的综合运用；阅读策略方面，我想要着眼于一般阅读能力的养成，例如整体感知、词句品味以及课内外结合（由教材向作者的其他作品延伸、由课文向生活拓展）等，旨在带领学生从一篇课文了解一类文章，从一篇课文了解一个作者，从一篇课文了解一种人生。

　　每个文本都是独立的，又是期待与读者融合的。这篇情真意切的散文，内蕴的情感极富有张力。如果阅读的时候，只把它理解成史铁生的故事，我们对它就将是雾里看花终隔一层；只有把自己的经历、体验、情感和思考调整成与作者一样的频率，我们才有可能读懂作者，进而读出自己。

下面呈现的文字记载的是2016年9月13日，我在广东省统编版义务教育语文教材培训研讨会上借班教学此课的实录。这节课，从文本特质和学生实情出发，我拟定了两个教学目标：1. 以细节为支点，通过朗读品析，感受文章丰富的思想感情。2. 以本文为起点，通过关联延伸，体会作者文笔的独特风格。

【教学过程】

一、猜读题目，概述内容

师：同学们好！我刚才在电梯口已经见到大家热情的笑脸了，现在又见到你们，楚老师很开心。昨天布置大家预习《秋天的怀念》这篇文章，我想先了解一下，同学们读了几遍课文啊？

生1：三遍。

师：哦，不错。是班主任要求的吗？

生2：不是。

师：嗯，既然大家都这么认真地读了课文，那么我想你们看到这个题目一定就很有感觉了。"秋天的怀念"，这五个字突然出现在你的眼前的时候，你特别想知道什么呢？

生3：我特别想知道：为什么在秋天的时候，就会有怀念这种意境呢？

师：她想知道的是，为什么以秋天作为怀念的背景？

生4：我想知道，秋天的时候，想要怀念的是谁？

师：哦，怀念的对象。

生5：为什么在秋天要去怀念呢？

师：很好，孩子们，刚才大家提的几个问题能回答吗？

生：（齐）能。

师：说说看，为什么是在秋天怀念呢？

生6：因为那年秋天，他的母亲正准备带他去北海看菊花的时候，却病倒了，去世了。

师：原来母亲去世是在秋天。好，那位男生。

生7：他的母亲每个秋天都会带他去北海看花，还有吃东西，他很怀念那些日子，可是后来他母亲去世了，他妹妹带他去了，但是他依旧很怀念。

师：谢谢你。在那位女同学回答的基础之上，这个男生的回答更加具体细致。看样子同学们对于内容都掌握得比较好。可要是老师换一种问法，你是否能够答出来呢？孩子们，你们瞧。我想请大家以这样的话题来表达自己阅读文章之后的感受：你可以针对这篇文章的行文特点来说，这是一篇什么样的文章？你也可以针对文章的内容和情感来说，这是一篇写什么的文章？只用一句话来表达，你会怎么说呢？请任选一个话题。

生8：这是一篇写事的文章。

师：他是从文章内容的一个方面说的。

生9：这是一篇表达怀念母亲的思念之情的文章。

师：注意用词不要重复，就是表达对母亲的思念之情或者怀念之情的。还有没有不同的回答？

生10：我觉得这是一篇令人感动的文章。

师：老师读的时候，也觉得特别感动。

生11：这是一篇怀念母亲的文章。

生12：我觉得这篇文章记载着亲情的温暖又带着些许忧伤。

师：你看，她的表达就比较文雅了，有温暖也有忧伤。

生13：我觉得这篇文章不仅是他怀念母亲，更是他积极对待生活的态度，因为他在这篇文章里面写了好多次"要好好活"。

师：谢谢。相比起前面的同学，这个女同学的回答好像又和我们的角度不一样，她不仅是提到了怀念这个基调，而且能够感受到文章结尾那种积极的生活态度。同学们，概括文章角度是可以丰富多样的。但是，如果老师再让大家深入挖掘，我再换一个问法，你又会怎么答呢？

（稍作停顿）

师：我们先来看一下史铁生的生平经历，了解一下故事的相关背景。史铁生，中国著名的作家和散文家。为什么这篇文章要表达出这样的忧伤？除了母亲的去世之外，还跟史铁生的生平经历有关。请大家格外注意楚老师在屏幕上用红色和蓝色字体标注的文字，原来这么一位作家他的命运是多舛的。在他21岁的时候，就双腿瘫痪，以至于他自己都说，"活到最狂妄的年龄忽的残废了双腿"。他说："两条腿瘫痪的最初几年，我找不到工作，找不到出路，似乎什么都找不到了。"刚才那个女生又告诉我们说，就是这样的背景之下，这个作者他后面懂得了要积极乐观地生活下去，那到底是什么原因让他找到了这样的生活方向呢？知道吗？谁改变了他？

生（齐）：母亲。

师：所以老师刚才的那个问题啊，咱们（9）班的同学还可以尝试着这样说：这是一篇写母亲的文章，这是一篇写母爱的文章。

## 二、聚焦"忍"字，品人析情

师：孩子们，任何一种阅读，当我们接触到一篇文章的时候，都要读出这一篇文章在内容与角度等方面的与众不同之处——尤其是散文。也就是说，同样是写母亲，这一篇文章当中的母亲有什么特征呢？接下来，楚老师想让同学们从文本当中提炼出一个关键词，或者用一个词语来表述文中的母亲留给你的印象，一定要是这个母亲跟别的母亲不一样的地方。

生14：就是第3自然段第2行，他写母亲"憔悴"，因为文中写母亲得了重病，但是她还是很爱儿子，脸上露出憔悴的神情。

师：他斟字酌句地表达，非常标准，憔悴的母亲。

生15：我觉得是第3自然段最后一行，这个"敏感"二字，虽然不是形容母亲的词，但是这也可以表现出来这位母亲对儿子的病十分在意，甚至比儿子自己更加在意。

师：能够找到"敏感"二字的男生一定也有一个敏锐、丰富的心灵。

生16：我想说的是，第6自然段上面写着"艰难"，我觉得她是一个艰难的母亲，因为她的一生都很艰难，她虽然有个儿子，一般来说，儿子都是孝顺母亲的，可是她的儿子却残废了。她的生活应该也很困难，所以我觉得她活得很艰难。

师：谢谢，你的发言让我们纵览了母亲的一生。

生17：我觉得这位母亲是非常关心她的儿女的。第6自然段中就是这样说的：在她死之前，她还关心孩子，"我那个有病的儿子和我那个还未成年的女儿……"

师：同学们非常棒，刚才我们已经很快速地提取了几个关键词：憔悴、敏感、艰难、关心。不过楚老师还有另外一个字想推荐给大家。来，孩子们，把书本拿起来，咱们先坐直身体，一起朗读文章第1自然段，预备，起——

（学生齐声朗读第1自然段）

师：很好！这个自然段有一个字，好像可以把刚才所有同学推荐的那些字词都包含起来，你知道是哪个字吗？

生18："忍"字。因为她忍住自己身心的痛苦，她想传递快乐给文中的"我"——也就是她的儿子史铁生，她想让史铁生也快乐地生活着。

师：是的，这个字也是老师想要推荐的。来看一下这个"忍"字，你在生活当中什么时候会用到这个"忍"字呢？请说一说。

生19：比如说，我在遭受一些困难的时候，我会忍住想退缩的心情，继续迎难而上。

师：压抑住自己的恐惧。

生20：考试成绩差被妈妈骂的时候，忍住眼泪。

师：真不错，男子汉。

生21：当你愤怒的时候，你要忍着你的愤怒。

师：是啊，也许在我们失败的时候，忍住眼泪，是克制，是压抑，是期待；当我们说"是可忍，孰不可忍"的时候，这是一种愤怒之情。在咱们第一单元学的课文《济南的冬天》结尾段，有这么一句话，"就凭着这点绿的精神，水也不忍得冰上"。这个"忍"字又有什么情感呢？有一种舍不得、怜惜、关爱之情。那么这篇文章当中的"忍"到底是期待、怜惜、愤怒还是别的呢？孩子们，来看这个"忍"字的字形。有的时候，我们要读懂一些字词，或许可以借助我们老祖先的文化成果。请看屏幕：

屏显：

它的字形结构是上下结构，下面像一朵花一样的部件是什么呢？是"心"，是心脏。上面的那个呢，是一把刀。从字形来看，"忍"字传达的是"心如刀割"。孩子们，母亲忍住哭声，母亲的克制和压抑当中，心如刀割，那么母亲忍住的是什么——母亲心如刀割地忍住的是什么呢？

生22：我认为她忍住的是肝痛这个病，因为它在发作的时候，她就会很痛。

师：读出文中的语句，好吗？

生22：比如说，第5自然段："邻居们把她抬上车时，她还在大口大口地吐着鲜血。"

师：你刚才强调了一个四个字的词，是"大口大口"，为什么要强调这个词？

生22：因为"大口大口地"，说明她吐的血很多，也说明了她的病已经是很深的了，而且那么深的病，她还能忍住的话，确实是一件特别痛苦的事。

师：换一个词就更好，咱们不说很深的病，而是说很严重，很重的病。母亲当时是肝癌晚期。还有吗？母亲忍住了什么？心如刀割地忍住了什么？

生23：我认为，她知道了儿子悲观的心态之后，她也感到非常痛苦，同时她也想劝一劝儿子，但是她又想忍住自己的哭声。

师：换句话说，想要去劝慰，但是又不能说。还有没有？

生24：我认为母亲忍住了作者暴怒无常的脾气，还有他的固执。

师：这个也是要忍的啊，需要功夫。咱们找一个没有举手的同学，来，你来试一试吧。

生25：我觉得她忍住的是……（沉默了一会儿）我觉得她忍住的是对儿子的失望，因为儿子在腿瘫痪之后，一直都是十分悲观的。

师：嗯，谢谢。这位男同学不鸣则已，一鸣惊人。你的想法很贴近生活，要大胆地举起手来！全天下的父母都是望子成龙、望女成凤，儿子在这个时候脾气暴躁无常，母亲的确可能有失望之情啊！

生26：我觉得母亲忍住了她的痛苦，因为书里面说，"母亲就悄悄地躲出去，在我看不见的地方偷偷地听着我的动静。当一切恢复沉寂，她又悄悄地进来，眼边儿红红的，看着我"。我觉得她的内心一定非常痛苦。

师：内心的痛苦，如果你刚才读得慢一点会更好。好，孩子们，刚才几位同学已经从不同的角度来说了，我们知道母亲在忍，在拼命地忍，只不过这个拼命的过程是心如刀割的。那么这种"忍"呢，可以通过她的言行来理解。人们说，"言为心声"，一个人情感很外露，他的语言表达一定也是很直接的。如果一个人在压抑自己的情感，他的言语也会有所表现。孩子们，继续看刚才咱们齐读过的第1自然段，这个段落可是非常重要的，其中有几句话还不断地在后文出现照应，通过品读它们，我们可以更具体、更细致地体会到母亲的"忍"。

生27：我找到的是第1自然段的最后一句："母亲扑过来抓住我的手，忍住哭声说：'咱娘儿俩在一块儿，好好儿活，好好儿活……'"

师：它是跟什么地方相照应呢？我们先把它画记下来——我要表扬这个男生，刚才我递话筒给他的时候，他对我很有礼貌地说："谢谢老师。"这么有礼貌的孩子找出来的句子，同学们要画记得更清楚一些哦！还有没有其他的句子？

生28：请大家看第1自然段："听说北海的花都开了，我推着你去走走。"看看下文的第6自然段，哦不，是与第7自然段的第1句话相照应。

师：这个句子其实还在别的地方有照应的。来，孩子们，前面那位女生站起来的时候，她把这个句子读得比较慢，这样情感会更突出一些。咱们把刚才大家推荐的句子一起来细细地品读一下。这个句子出现在不同的段落，它们的表达有什么不一样呢？我们一起来读一读。先请所有的男生读第1句，再请所有的女生读第2句。

*屏显：*
- 听说北海的花都开了，我推着你去走走。
- 北海的菊花开了，我推着你去看看吧。

师：对自己刚才的朗读满意吗？欸，都不满意啊，为什么？

生29：我多说了一个字……（不好意思地笑了）

师：（微笑）他坦白从宽，读第1句话的时候多加了那个"吧"字。奇怪了，为什么第1句话不加一个"吧"字呢？"听说北海的花都开了，我推着你去走走吧。"这样表达挺流畅的啊！为什么第1句话没有这个字，第2句话却有呢？或者我把第2句话改为："北海的菊花开了，我推着你去看看。"你们以为如何？

生30：我认为第2句有了一个"吧"字，就说明母亲有一点点犹豫，因为书上说，作者不想去北海，而且他还暴怒无常。

师：能不能解说得更细致一些呢？

生31：我觉得第1句话没有"吧"字，是有一点肯定的感觉，第2句我觉得是多了一份央求，妈妈其实很想去，也央求着儿子一起去。（朗读）"北海的菊花开了，我推着你去看看吧。"

师：同学们赞同她的分析吗？（众人点头）那么，你们觉得她的朗读可以表达出央求的语气吗？

生（小声）：可以。

师：哈哈，那边有你的粉丝，也有你的反对者。你来找一个你觉得她有可能比你读得更好的同学，好不好？

生31：嗯，我选那位何雨婷同学。

师：何雨婷同学。旁边有话筒，请递给她好吗？

生32：（朗读）"北海的菊花开了，我推着你去看看吧。"（众人鼓掌）

师：比较一下你的读法和她的读法，你觉得有什么地方不一样？

生32：我放慢了一点点速度，因为她是在央求儿子，语气里是会有一点迟疑和忐忑的，就是说她内心里也在问"可以吗"。

师：好，谢谢你。所谓的犹豫，就是没有把握、不确定。那前面的同学，除了语速偏快之外，还有什么地方可以处理得更好一些呢？

生33：我觉得她的声音也不用那么响亮，因为央求别人的时候，声音不会那么自信、那么大气，也会有一些犹豫与不肯定的。

师：有道理。还有别的理由吗？大家到文本当中去找找看！

生34：我看到下文，他的母亲是出去了就没有回来，因为她生病了嘛，她大口大口地吐着鲜血，病情已经很重了，说话的时候肯定会有些虚弱的感觉，所以这句话要读轻一点。

师：读轻声一点，或者说音调逐渐降低会更妥帖。其实，就在这句话紧挨着的地方，有一个词语暗示了我们正确的读法。知道是哪一个吗？

生：（齐答）憔悴。

师：因为什么而憔悴？

生：（杂说）生病，痛苦。

师：还因为什么而憔悴？

生35：对儿子的担忧。

师：对儿子的照顾、担忧，对儿子的担心，自己的腹痛难忍——要知道肝癌晚期，她的身体是剧痛无比的，"整宿整宿翻来覆去地睡不了觉"。孩子们，第2自然段中的那个"整宿整宿"可不能忽视了。所以第2句话咱们不能读那么快。把我们的语气与语调调控好，我们再来读读这两句话。

（学生有感情地朗读）

师：孩子们，你们看，相似的内容，因为一个语气词的不同，甚至还可能是标点符号的不一样，它们的读法就不同了。而朗读是再现感情世界的最好方式。当然，老师还要提醒刚才的两句话中动词由"走走"变成了"看看"，这也是很有深意的（众人点头，发出应和声）。接下来，我们学以致用，再来看看另外两个句子，你又会怎么处理，怎么读呢？这两个句子除了主语不一样之外，还有什么不同？

屏显：

· 咱娘儿俩在一块儿，好好儿活，好好儿活……

· 我俩在一块儿，要好好儿活……

生（杂说）：上面多了一个"好好儿活"。

师：你们从这两句话中体会到什么了呢？哪位同学愿意给我们读一读第1句话？那个女同学的手举得最高，请把话筒传给她，谢谢！

生36：（朗读）"咱娘儿俩在一块儿，好好儿活，好好儿活……"

师：她的两个"好好儿活"，一个很明显的处理是什么？一个音调高，一个音调低。能不能告诉我们你为什么要这样读呢？

生36：我觉得母亲故意把"好好儿活"这两个词四个字强调了。从上文可以看出作者脾气变得非常暴怒无常，有时还有点神经质，不知道为何会发怒，母亲应该有种安抚之意，而且刚才大家都说过了，她忍住了自己的一切——生活的艰难、对儿子未来的担忧等的一切情感，她是不会读得特别高声调的。

师：（微笑）注意，母亲不是在朗读哦。刚才有一个词语，老师要帮你改一改，咱们不能说母亲故意这样做，那个时候，母亲一切的做法都是自然的。对不对？没关系，来，坐下来。孩子们，谁愿意再来读？那个女生，这节课第一次举手，期待你的精彩表现啊！

生37：（朗读）"咱娘儿俩在一块儿，好好儿活，好好儿活……"

师：你想要表达的是什么？

生37：我在"好好儿活，好好儿活"这两个词的处理上和刚才的同学差不多，第一个比较大声，第二个小声一点，因为我觉得如果说第一个"好好儿活"是说给儿子听的，那么第二个"好好儿活"就是说给她自己听的。（场内传出惊叹声）

师：哦，这种观点很有新意，为什么这么说？

生37：因为母亲一开始就想儿子好好地活，不要放弃，但是，她自己已经到了肝癌晚期了，很痛苦的时候她可能也想要放弃，生活那么艰苦，她也需要安慰和鼓励，所以我觉得第二个"好好儿活"她是说给自己听的。（全场师生热烈地鼓掌）

师：你的感悟很独特，老师很欣赏你。你叫什么名字？

生37：袁佩珊。

师：一个非常有悟性的女孩！她能够很鲜明地从反复使用的"好好儿活"当中读出两个"好好儿活"分别是对儿子和自己说的，而且第二个"好好儿活"是对自我的勉励，如同内心独白，很敏锐的语感！好，孩子们，我们一起来根据佩珊的分析，把第1句话朗读一遍。

（学生有感情地朗读）

师：真好！那第2句话，我可不可以也这样读呢？（深沉地朗读：我俩在一块儿，要好好儿活……）

生（杂）：不行。

师：为什么？

生38：我觉得这句话应该读得自信一点，因为这句话是作者理解了母亲的心意后说出来的，所以作者应该对这个"好好儿活"有很深的感触，我们要读得自信、坚定一点。

生39：我觉得第2句话要读得大声一点，因为它表明作者现在乐观的生活态度，同时，我觉得他也是对远在天国的母亲有所承诺，所以应该响亮一点。

师：非常好！孩子们，原来这两句话出现在不同的位置，遥相呼应，里面隐含着母亲很多没有说出来的意思，也把作者很多放在心里慢慢酝酿的情感和对生活的热爱之情表达了出来，这就是原文没有明说的东西啊！那么，同学们，如果再让大家看这样的句子呢？看着这张史铁生小时候和母亲的合照，来，读一读母亲临终之前没有说完的话，在那个省略号后边又有什么是母亲心如刀割地忍住了，没有说出来的话呢？请你用自己的语言把它补充完整。

屏显：
我那个有病的儿子和我那个还未成年的女儿……

生40："我那个有病的儿子和我那个还未成年的女儿，我希望有人能好好地照顾他们。"

师：你是想把儿女托付给别人照顾，是吧？

生41："我那个有病的儿子和我那个还未成年的女儿，你们一定要好好照顾自己，要对生活充满希望。"

师：殷切的期望，充满力量。嗯，这位男生，你也来试试，好吗？

生42：（犹豫了一会儿）老师……我觉得后面的话是说不完的，因为这是一个母亲饱含深沉的母爱对她的儿女说的话，她在临终之前一定有很多很多想说的话，一句话是根本表达不了的。

师：（拍拍学生的肩膀）他拒绝了楚老师的语言还原练习，可是，我感到由衷的开心！（和学生握手）你说得很好！是啊，母亲的心思永远都是说不尽的，怎么可能用一两句话就传达完整呢？孩子们，其实这种深沉的爱，不仅仅是表现在语言当中，母亲的很多行动也是值得我们揣摩的。来，看一看，这样的几句话中，母亲有没有什么动作也让你感到别有深意？

屏显：

- 1. 母亲就悄悄地躲出去，在我看不见的地方偷偷地听着我的动静。当一切恢复沉寂，她又悄悄地进来，眼边儿红红的，看着我。
- 2. 母亲扑过来抓住我的手，忍住哭声说
- 3. 她高兴得一会儿坐下，一会儿站起

生43：我觉得第2句的"母亲扑过来抓住我的手，忍住哭声说"，那个"扑"非常恰当，因为"扑过来"，明明可以换成别的动词，譬如说，"走过来"，还有"飞过来"，而她"扑过来"不仅是身体扑过来，还有把她无私的母爱都扑向了儿子。

师：他笑得很腼腆，但表达却是语惊四座。孩子们，他认为这个"扑"比"走"，甚至那个比喻词"飞"更好，因为这里有一种全身心的爱扑向儿子。这种说法，真棒！

生44：母亲很憔悴，她还有病在身。如果扑过来，她的身体就会很痛。这一行为证明了她非常爱她的儿子。

师：谢谢。他又告诉我们，作为一名母亲是不顾自己的病痛，不顾一

切地扑过来的。

生45：我想说一下第3句。"她高兴得一会儿坐下，一会儿站起"这里写了母亲的手足无措，非常激动，因为第1自然段写了"母亲喜欢花，可自从我的腿瘫痪以后，她侍弄的那些花都死了"。母亲第一次求儿子的时候，儿子拒绝了，但她第二次央求儿子时没有被拒绝，所以她就很兴奋了。

师：从"一会儿坐下，一会儿站起"当中读出了母亲的兴奋。好，小姑娘！不过刚才有一个字音没有读准，对，"侍弄"，把字音发标准就更好了啊——你们当中谁刚才没有发过言？咱们把机会给没有发过言的同学，好吗？谢谢！

生46：我想说一下第1句话。第1句话中"悄悄地躲出去"说明母亲比较体谅"我"，因为"我"的腿瘫痪了，心情很糟糕，所以她就体谅"我"，让"我"发泄一下。然后，一个人在陷入绝境的时候，容易做一些傻事，母亲偷偷地听着"我"的动静，说明她一直在暗中关注着"我"，怕"我"做出伤害自己的行为，这又说明母亲非常细心。"当一切恢复沉寂，她又悄悄地进来，眼边儿红红的"就是说明她也是非常伤心，内心也很疼痛，说不定躲在外面偷偷地哭了很久。

师：说得真好，他一口气把第1个句子当中好几个细节都点评了一下。我相信你一定跟爸爸妈妈相处得非常好，有你这么善解人意的儿子，你的爸爸妈妈很幸福哦！

生47：我想补充一下第1句，就是"她又悄悄地进来，眼边儿红红的"，这说明她不想让儿子看到自己哭了，因为她不想再刺激儿子了，儿子已经很伤心，又很愤怒了，如果她还再哭的话，儿子一定会更加难受，所以她要走出去。

生48：我想说的是第2句那个"忍"字。刚才已经说过了，"忍"字是心头一把刀刃，母亲当时心如刀绞……文章里写儿子刚瘫痪不久，在那个时候说了一句悲观的话："我可活什么劲儿！"我想补充的就是：母亲她为什么要忍住哭？因为儿子已经非常悲观了，但是作为一个母亲，她是儿子的表率。作为表率的母亲，她不可以哭，母亲不哭就意味着她的坚强，而且她也要用她自己的行动来告诉儿子，她自己是个坚强的人，也希望儿子可以成为一个坚强的人。（全场师生热烈鼓掌）

师：真好！孩子们，你们看，重病在身的母亲，她也有发泄的权利，她也有理由暴怒无常，她当然也能够号啕大哭，但是，她知道，她不能哭，不能情绪失控。刚才这位女生告诉我们，母亲知道自己存在的意义是什么，是要给儿子做表率，所以能哭的她不哭，能闹的她不闹，她只是静静地站在旁边，关注着儿子。那么，母亲对儿子这一番复杂而微妙、深情而温暖的关爱，他都懂了吗？史铁生写这篇文章的时候，母亲去世已经有七年了，他回忆起七年前的一切，心里做何感想？来，我们一起来读这些句子，预备，起——

屏显：
- 1. 可我却一直都不知道，她的病已经到了那步田地。
- 2. 我没想到她已经病成那样。
- 3. 看着三轮车远去，也绝没有想到那竟是永远的诀别。

（学生朗读，但感情不到位）

师：把这三个句子都放在心里琢磨一下，看看哪些词语应该要重读。（稍作停顿）再试一次，"可我"预备，起——

（学生重读"一直都不知道""没想到""绝没有想到"，充满感情）

师：孩子们，作者"一直都不知道"，"没想到"，"也绝没有想到"，等到想到并领悟的时候，母亲已经去世了，这就是咱们所说的"子欲养而亲不待"啊……

（全场静默）

### 三、拓展延伸，关联自我

师：孩子们，我们再来听一听史铁生其他作品中能与本文的情感进行呼应的片段。

屏显：

我有一个凄苦的梦……在梦里，我绝望地哭喊，心里怨她："我理解你的失望，我理解你的离开，但你总要捎个信儿来呀，你不知道，我们会牵挂你，不知道我们是多么想念你吗？"但就连这样的话也无从说给她，只知道她在很远的地方，并不知道她在哪儿。这个梦一再走进我的黑夜，驱之不去。

——史铁生《有关庙的回忆》

师：（深情朗读后）哪位同学愿意再给咱们朗读《合欢树》中能够照应本文的片段？

生49：（深情地朗读）"我摇着车躲出去，坐在小公园安静的树林里，想：上帝为什么早早地召母亲回去呢？迷迷糊糊，我听见回答：'她心里太苦了。上帝看她受不住了，就召她回去。'我的心得到一点安慰，睁开眼睛，看见风在树林里吹过。"

师：还有一段话，是出自史铁生《我与地坛》中的，也是感人至深的语言，谁愿意来读一下这段很长的话？

生50：（哽咽着朗读）"在那段日子里——那是好几年长的一段日子，我想我一定使母亲做过了最坏的准备了，但她从来没有对我说过：'你为我想想。'事实上我也真的没为她想过。那时她的儿子，还太年轻，还来不及为母亲想，他被命运击昏了头，一心以为自己是世上最不幸的一个，不知道儿子的不幸在母亲那儿总是要加倍的。她有一个长到二十岁上忽然截瘫了的儿子，这是她唯一的儿子；她情愿截瘫的是自己而不是儿子，可这事无法代替；她想，只要儿子能活下去哪怕自己去死了也行，可她又确信一个人不能仅仅是活着，儿子得有一条路走向自己的幸福；而这条路呢，没有谁能保证她的儿子终于能找到。——这样一个母亲，注定是活得最苦的母亲。"（全场师生长时间地鼓掌）

师：非常感谢刚才两位同学的真情诵读！孩子们，时过境迁，当秋天再次来临的时候，史铁生终于懂得了一切。来，拿起书本，我们来把文章最后一个自然段齐读一遍。

生：（齐读）"又是秋天，妹妹推我去北海看了菊花。黄色的花淡雅，白色的花高洁，紫红色的花热烈而深沉，泼泼洒洒，秋风中正开得烂漫。我懂得母亲没有说完的话。妹妹也懂。我俩在一块儿，要好好儿活……"

师：孩子们，最后一句话再读一遍，读出自信和坚定，"我俩在一块儿"预备，起——

生：（朗读）"我俩在一块儿，要好好儿活……"

师：要好好儿活！懂得这一切的史铁生，终于从一个遭受挫折后暴怒无常的青年成长成了一个从容乐观的人。看着书本上这张史铁生的插图，看着他脸上的笑容，此时此刻，你想帮他补上一句什么旁白？他会说什么呢？

生51：他会说：母亲，谢谢你，是你给了我乐观的心态！

生52：我觉得他会说：母亲，你看看我，看看儿子，我现在活得很好、很坚强，您安息吧！

生53：我觉得他可能会想：我真幸福！——因为他之前是双腿瘫痪了，可是他拥有了母亲无私的爱，还获得了乐观面对生活中的困难的好心态。

师：因为母亲，他的世界没有崩塌，他的世界更加灿烂。

生54：我觉得他可能不一定是开心地笑，他可能在苦笑啊，他可能是因为在秋天，想到了自己的母亲，想到自己身边再也没有母亲的陪伴了，想到了自己当年对母亲不够关心……

师：（摸摸学生的头发）是啊，想到母亲的他，就不可能不难过和遗憾……所以，最后这一段话，面对着烂漫盛开的菊花，作者的心中有对母亲的感激和热爱，有浓浓的愧疚，还有永远道不尽的怀念之情，更重要的，还有精神上的成长。我们再来看一下，史铁生在他的《病隙随笔》当中，通过回顾自己的人生，留下的一个振聋发聩的语句，请全班同学齐读。

生：（朗读）"我终于醒悟，其实每时每刻我们都是幸运的，任何灾难前面都有可能加上一个'更'字。"

师：孩子们，同样是生活，有些人生远比我们想象的更加沉重。当你觉得自己生活不幸，当你觉得自己是世界上最痛苦的人的时候，想一想那些关心你的人，他们可能为了你而忍住了痛苦，忘却了自己；当你觉得自己的人生灰暗的时候，想一想，与那些在绝望中忍辱负重或挣扎前行的人相比，自己是不是会稍微幸福一点呢？我们还在茫然，因为我们的生活比较顺心，而从痛苦和绝望中走出来的史铁生懂得了这个道理，你看，在母亲去世之后，史铁生所创作的《我与地坛》，被公认为中国近50年最优秀的散文之一。2002年，他获得了华语文学传媒大奖年度杰出成就奖，是现在中国最令人敬佩的，或者说最令人铭记的、最令人感动的作家之一。他的母亲可以含笑九泉了，儿子终于以自己的方式在跌倒的地方爬起来了！更让人感动的是，史铁生59岁去世的时候，把自己身上的绝大部分器官捐献出来。

孩子们，阅读就是对话。读着课文和这些文章、这些书，我们仿佛在史铁生的人生里走了一回，与史铁生就他的人生经历进行了一番对话，而他的人生、他的感悟当然也会促使我们去思考我们自己的生活。

最后，让我们小结一下这节课所用到的阅读方法。

屏显：

我们这样读文章

猜读题目生兴趣，概括内容明主旨。

一字立骨析人物，多样朗读品情感。
咬文嚼字懂作者，关联延伸读自己。

师：课后，请大家回忆自己与父母的相处经历，想一想他们因为对自己的爱而忍耐了什么，然后把你的发现和感受写成一篇500字左右的随笔；同时，推荐阅读史铁生的《我与地坛》，相信大家会和楚老师一样被这本书深深打动的。很高兴和初一（9）班的同学们共度了一节课的美好时光。孩子们，再见！
生：老师再见！

（根据现场录像记录，个别语句略加整理）

## 【教学后记】

一般来说，教育有两种基本的功能：一种是显性教育功能，另一种是隐性教育功能。显性教育功能主要是指一些看得见的知识的传播，而隐性教育功能则泛指在学习的过程中形成的个人品格、心智模式和生命境界。能够兼备显性和隐性教育功能的教育才是完整的教育。

语文教育尤其应该这样，既要教给学生文字、文章、文学、文化的知识，更要切入生命意识，培养他们对各种生命的敏感和尊重。而只有当孩子们经过语文的涵泳与积淀，滋养出柔软的内心时，语文教育的效果才算是达到了。

对于《秋天的怀念》这类写人叙事的回忆性散文而言，最好的阅读方法是披文入情、循文入义。南朝的刘勰在《文心雕龙·知音》中有言："夫缀文者情动而辞发，观文者披文以入情，沿波讨源，虽幽必显。"在这节课上，我们沉入词句，缘事明情，由情悟理，探究了"这一篇""这种情""这个人"的独特魅力，更重要的意义还在于"用一棵树摇动另一棵树，用一朵云推动另一朵云，用一个灵魂唤醒另一个灵魂"。

譬如2015年9月22日，黄清华同学在学完《秋天的怀念》后，也在随想本上写下了自己和母亲的故事：

记得那次羽毛球比赛，我首轮出局。对手并不强，我是被自己打垮的。下场时，母亲递来一条毛巾，一旁的父亲一脸阴暗，用质问的语气对我说："怎么打的？这都打不赢，还打什么球！"我低着头，很失落。他满脸怒气，眼神里似乎满是火焰。我衣服没换，慢慢地往球场外面走。周围似乎很阴暗，汗水附在背上、脸上。汗珠从脸上滴落。父亲也跟了过来，不依不饶继续对我骂道："像你这样打，以后不要打球了。这种处理逆风球的能力都没有，以后怎么面对挫折，真是失败！"父亲骂得越来越离谱，他的话语像是几把尖刀，直插我的心头。母亲见此，一边拍了拍父亲的肩膀，像是示意父亲要克制，一边对我说："没关系没关系，好好总结。"父亲火气正旺，连着我和母亲一起骂："真是，慈母多败儿！"依旧不依不饶。父亲这么愤怒是情有可原的。这是总决赛，是我拿成绩的最好时机。我为此训练了很久，父亲也陪着我付出了很多。

母亲听了很激动，父亲的话语接连不断地刺激着母亲，母亲突然转过头对着父亲。她刚要张开嘴，突然像是意识到了什么，扭头瞥了我一眼。然后，她闭上了嘴巴，眼睛红红的，咬着牙转过了头。我的眼泪迅速地流下了脸庞，她的眼泪却迟迟没有从眼眶中流出来。

父亲的怒火很快消了。他也是一时之怒，冲动之下说了很多伤人的话，但一向受不了委屈的母亲，为了我，忍住了。

阅读和写作的归宿都是我们自己：阅读让我们先忘记本我，继而找回自我；写作则让我们先发现本我，然后再释放自我。孩子的心灵总是如同清晨的露珠那样澄澈通透，一旦被美好的事物点燃，就会下意识地唤醒思想深处最本真的自我。我们有责任呵护好他们对自我、对他人、对世界的敏锐觉察力。

# 总有一些灵魂不会屈服

——《华南虎》教学实录

**【教学背景】**

2016年5月20日，初一（6）班。作为广东实验中学"楚云名师工作室"的主持人，我给前来跟岗的第三期学员们上了这节示范课。整堂课综合运用了猜读、比读等多种阅读策略，学生的学习兴趣浓厚，获得了听课老师的一致好评。

**【教学过程】**

师：上课之前，请同学们配合楚老师做一件事，把你们的语文书全部收起来放进抽屉里，没有楚老师的允许，不要拿出书本。好，同学们，知不知道我们这节课要学什么内容？

生：（摇头）不知道。

师：别着急，我们先来做一个有关联想的游戏。说到联想，大家知道有这么一句很著名的宣传语:"人类失去联想,世界将会怎样?"认为自己联想能力很丰富的同学请自豪地举起手来。嗯,好多同学自评不够理想。没关系,我们来检测一下。

屏幕上有一个图形,请看着这个图形,30秒之内,你会想到什么呢?不能跟别人商量,只能自己想。计时开始。

屏显:

师:好,孩子们,我们来交流一下。看着这个图形,你想到了什么?

生1:我想到了黑洞。

师:黑洞?为什么?

生1:因为就目前研究来说,黑洞有很多形状,有可能就是方框形的。

师:换句话说,你觉得屏幕上这个图形是未知的东西,所以联想到了黑洞,对吗?(生1点头)

生2:我想到有一个人,那个人叫方方,因为这个图形是方方的感觉。

生3:我想到了方形机器人的板块,还有书本和相框,它们的样子就是这样的。……哦,我还想到了欧文老师,他给我们介绍过方形机器人。

生4:刚才有一阵子我感觉那个边好像动起来了,像虫子在爬行。

师:非常好,宝贝们,你们的发言让人惊叹!我原本以为你们只会想到四边形的东西,没想到我们的同学已经联想到了这么丰富的内容。我们来梳理一下刚才这些同学的联想是怎么产生的。其实,联想是有几种方式的,有的时候是相似联想,譬如刁俊文想到黑洞、黄可盈想到方形的物品,这是直接的相似联想;接着会有相关联想,陈汉聪想到叫方方的人,黄可盈由方形想到方形机器人，然后想到给我们解释方形机器人的欧文老师，这些都是相关联想；更加神奇的是白晋㷆，他看着静止的图形，想象它动起来是什么样子，已经跳到了物品的对立面，产生了相反的联想。你们看，原来我们的联想是有思路可寻的。刚才的挑战对于我们（6）班的同学来说好像是小菜一碟，下面这个挑战课就有一定难度了。

请大家看着屏幕上的这只老虎，盯着它的眼睛看，然后告诉我们，它的眼睛，让你想到了什么？

生5：它的眼睛看起来像琥珀色一样，让我想起了琥珀。

生6：我感觉从它的眼神中流露出一种忧伤的感觉。

生7：我觉得它的眼神一直在变化。

生8：我想到玛雅的一种蛇，因为之前在学习玛雅文化的时候，有资料介绍他们那里有一种蛇的眼睛是金色，所以我看到它金色的眼睛就想到了蛇。

师：说得不错！那么，孩子们，这样的老虎——有着这样眼神的老虎，你曾经在哪里见过呢？能分享一下当时你见到老虎的一些感受吗？

生9：我在动物园见过老虎。

师：你当时见到的老虎是什么样的？

生9：它就坐在那里，有时候会站起来到处看，它看起来好凶残。

生10：我也是在动物园看过，但是它不会像那样子趴着，我看到它在那奔跑，没这么恐怖。

师：谢谢你们，分别给我们展现了静坐不动和自由奔跑的老虎的景象。

生11：我在梦里见到过这样的老虎。

师：为什么会在梦里见到？

生11：因为我梦到我在草原上吃东西，然后看到老虎盯着我看还追我，接着我就醒了。

师：（微笑）有人说日有所思夜有所梦，不知道白晋㷆那一天是不是

做过什么追逐打闹或偷吃东西的事情啊。（全班大笑）

生12：我在画展的一幅画上面见过一只老虎，那幅画是《虎啸群山》。

师：真喜欢你说的这幅画的名称——《虎啸群山》，有气势！刚刚几位同学所描述的老虎的形态，让我们的印象深刻了很多。可是孩子们你们知道吗，有一个人啊，他也见到了老虎，但是他是在这样的动物园里。请齐读屏幕上的三句话，预备，起——

生：（齐读）"在桂林，小小的动物园里，我见到了一只老虎。"

师：老师不太满意，因为你们刚才的朗诵没有重音的处理，如果想要突出强调某些词，你们会重读什么呢？

生：（杂说）：小小，一只。

师：我能采访一下你吗？为什么你会想要重读"小小"？

生13：因为老虎给人的感觉是需要一个很庞大的空间的，但是作者说是"小小"，就是约束了它的活动范围。

师：小小的，有约束感。谢谢，你请坐。

生14：我觉得要重读"小小"，因为老虎象征着一种自由的感觉，动物园感觉就是监禁动物，要给人参观，被禁锢了自由。

师：他从"小小"这个词提炼出了"禁锢"这层意思，"小小"的背后有压抑、有禁锢、有束缚。所以，我们可以这样扩充："小小的动物园里，我见到了一只（　　）的老虎。"怎么样才能把这种束缚、压抑感传达出来呢？请添加一个你认为合适的词语。

生15：可以加"孤独"这个词，因为是一只老虎在小小的动物园。

生16：我想加"悲愤的"，因为它不仅是孤独，它被禁锢了，是很悲伤地被关在笼子里的，也很愤怒。

生17：我觉得它是"忧郁"的，因为当别人去参观它的时候，别人都是很开心的，而它却被困在笼子里。

师：同学们的感受都很细腻。我们来看一下这个人，他所见到的景象究竟是怎样的呢？他见到了铁笼，见到了很多的观众，他也许会见到这样的场景，当然，也可能会见到这样的场景。（一边说一边用PPT展示观众围观老虎的图片）所以，这个作者写下了这样的诗句。我请一位同学来给咱们朗读一下。

生18："在桂林，小小的动物园里，我见到了一只老虎。我挤在叽叽喳喳的人群中，隔着两道铁栅栏，向笼里的老虎，张望了许久许久。但一直没有瞧见，老虎斑斓的面孔，和火焰似的眼睛。"

师：好，请坐下来。注意这个词语，"栅栏"，要读轻声，还有这个词语怎么读？

生：（齐答）似的。

师：似的，"似"一旦跟"的"放在一块是翘舌音，如果跟"乎"放在一起就是读平舌音。我们来瞧，这个人在看到老虎的时候，老虎的眼睛让他想到了什么，你能快速地找出来吗？

生：（齐答）火焰。

师：嗯，火焰。注意，这是和我们刚才的联想完全不一样的。问题来了，这个人见到这只老虎时，感觉应该是要有火焰似的眼睛和斑斓的面孔的，但是他却说"张望了许久许久，但一直没有瞧见"，怎么回事？大家猜一猜。

生19：老虎被强行关在笼子里，它失去了自由，它的内心不能像以往一样那么自由、随意了。

师：那它的眼睛……？

生19：它被关了，它的眼睛里充满了抑郁。

师：噢，她觉得是内心的忧郁使得这个人所见到的老虎不是他平常见到的老虎，所以说他"没有瞧见"，是这个意思吗？谢谢你。

生20：这只老虎被关起来了，失去了自由，时间久了，就害怕了。

师：你的意思是老虎在害怕，诗人见到这样的老虎感到很失望，对吗？我们继续往下看，这个诗人说他没有看见心目中的老虎，那他看见了什么呢？大家一起来读，预备，起——

生：（齐读）"有人用石块砸它，有人向它厉声呵斥，有人还苦苦劝诱。"

师：好，再来看这几句话，"有人用石块砸它，有人向它厉声呵斥，有人还苦苦劝诱"，"砸""呵斥"，好像还合理，怎么会"劝诱"呢？

生21：可能想向这只老虎喂食之类的，老虎不想理他，"来呀，过来吃一下啊"，劝诱它来吃东西，然后就可以给它照相了。

生22：我觉得可能是有些人想看老虎发怒的样子，就故意去惹它生气。

师：嗯，你们印象中有没有见过有人用石块砸老虎、呵斥老虎、劝诱老虎啊？

生：（齐答）没有——，不可能——

师：你们在动物园没有见过这样的人？——噢，我想起来了，咱们（6）班的同学还曾经到动物园里面当过义工，专门劝说别人文明地喂食动物，对吧？所以这个问题对我们（6）班的同学来说，问得不太妥当。那么，结合刚才读过的几个诗句，再回读"一直没有瞧见，老虎斑斓的面孔，和火焰似的眼睛"，你有什么感触？

生23：他没有看见火焰似的眼睛，"火焰似的"应该是凶猛动物原有的那种野性，但是它没有了，这说明这只老虎已经和平常的不太一样了，它习惯了在笼子里，它淡漠了，它不在乎了。

师：前面说得很精彩！她说"火焰似的眼睛"应该传达出一种生命，一种原始本能的、野性奔腾的感觉，真好！但是，这只老虎是不是真的已经习惯待在笼子里，对什么都不在乎了呢？我们读完后面的诗句再来探讨。现在，还有同学有话要说吗？

生24：我觉得"火焰似的眼睛"应该象征着无拘无束，自由的、天真的、勇猛的，好像要向你扑过来的感觉。

师：老虎真的会扑过来吗？

生24：不会，因为它已经失去了本能的对自由的追求。

师：啊，听完你们的发言，楚老师觉得心里拔凉拔凉的。（全班大笑）因为你们的语言给我的感觉就是，老虎本应该自由奔腾，充满原始的、野性的激情，但是因为被关在笼子里，所以这只老虎已经麻木了、习惯了，忘记了自己是谁，真的把自己当成了一只病猫。我们来看作者后面怎么写。一起来读这句话，预备起——

生：（齐读）"它都一概不理！"

师：再来一次。我们这一次读的时候变换一下，首先"有人用石块砸它"楚老师读，"有人向它厉声呵斥"，请我左边的四个小组的同学读，"有人还苦苦劝诱"请右边的四个小组读，最后全班一起读这句话，明白了吗？好，我们一起来试一试。

师："有人用石块砸它，"

生："有人向它厉声呵斥，"

生："有人还苦苦劝诱，"

生：（齐读，语气加强）"它都一概不理！"

师：大家都重读了"一概不理"这个词，因为这是出乎我们意料的，"它都一概不理"，那么老虎在干什么呢？老虎的心态是怎样的呢？请看屏幕。

屏显：

笼里的老虎，背对（　　）的观众，（　　）地卧在一个角落。

这括号里面又有可能填什么样的词语呢？譬如说，背对（　　）的观众，你觉得这些观众是怎样的？

生：（杂说）无礼的——，疯狂的——

师：还有别的词语吗？

生：（杂说）粗鲁的——，幼稚的——，滑稽的——

师：嗯，反正这些观众在咱们（6）班动物园小义工的心目中，就是幼稚、滑稽、粗鲁、无礼的，甚至可能是庸俗的。那么，在你的想象中，老虎要怎样卧着，才能体现出对这样一些观众的看法呢？

生25：我觉得是"静静"地卧着，和前面的"一概不理"相呼应。

生26：平静地。

师：有什么不同吗？

生26：因为它卧在角落，平静地，能体现出老虎心里是很平静、平和的，情绪都藏在心里。

生27：我跟她的用词差不多，不过我觉得是老虎把它的兽性和无言藏在心里，所以它的脸上和眼睛是表达不出来的，然后它背对着那些滑稽的、无理取闹的观众，就好像一个皇帝霸气侧漏一样。

生28：我觉得它是"悲哀地"卧着，因为它没有办法活泼快乐地生活，只能卧在一个小角落里，百兽之王落寞成这个样子，心里一定很痛苦。

师：你真的不愧是我们班语文学习的领头羊！她刚才说到一个词语——"落寞"，这让我想起了一个成语，叫英雄迟暮。就是有这么一种感觉，因为老虎被禁锢在一个小小的笼子里，实在是英雄无用武之地啊。

生29：老师，我不是很赞同"平静"，因为平静表示平和宁静，可是老虎的心情并不平和，毕竟它还是有点愤怒的，所以我觉得"平静"不是很恰当。

师：你的分析也有一定的说服力。我们再往下读。诗人这样写道："又长又粗的尾巴，（　　　）在拂动。"这个括号里填什么词语好呢？请猜测一下。

生30：不屑地在拂动。

生31：无力地在拂动。

师：（停顿一会儿）暂时没有别的答案了，是吗？好，那我们来讨论一下，如果要从"不屑"和"无力"这两个词语当中进行选择，你会挑选哪一个？

生：（部分学生齐答）不屑地——

师：为什么？

生32：我觉得它是不屑吧，因为"一概不理"就是很不屑的表现。

师：对他们的行为感到不屑？还有其他同学要说吗？别着急，咱们再想一想，或者有没有其他更适合传达出老虎心情的词语。你可以跟同桌商量一下，看看他有没有新的看法。

生33：慢悠悠地。

生34：我觉得还是用"无力"更好一点，因为"慢悠悠"和"不屑"都有一种傲视，我感觉老虎是麻木了，就是我不理你，我做我的。

生35：我想填"无聊地"，因为我觉得"无聊"这个词更可以表现老虎在漠视这一切。

生33：我想修改一下我刚才的答案，把"慢悠悠地"改成"悠悠地"……因为"悠悠地"有种逍遥感。

师：啊，孩子们，你们每个人都言之成理，楚老师很发愁啊。（全班笑）这样吧，我想请刚才没有发过言的同学来帮我做决定。

生36：我选择"不屑"。

师：说说你的理由。

生36：因为它看不起那些砸它、呵斥它、劝诱它的人，所以不屑于去理睬，这可以看出老虎内心的高傲。

生37：我觉得还是应该用"无力"，因为前面就已经说了，作者没有瞧见老虎斑斓的面孔和火焰似的眼睛，说明老虎已经失去了原本的兽性和野性，它现在已经是充满着抑郁，还有害怕、愤怒、哀怨的感觉，然后后面有人用石块砸它、厉声呵斥还有苦苦劝诱，它不理他们是没心情，对他们很失望，不想再理他们了。

师：嗯，没心情。

生38：它不是不屑，"不屑"就说明它还有着那种兽性，还有那种傲视群雄的感觉，所以我觉得是"无力"。

生39：我认为不能填"无力"，"无力"给人的感觉是命都快没有了；也不能填"无聊"，"无聊"给人的感觉是它没有什么追求，挺消极的。

（又有几个同学举起手来，想要辩论。）

师：孩子们，别着急，珍贵的东西总是慢慢展现的。老虎的心情究竟是怎样的，咱们过一会儿自然会领悟到。请继续看屏幕，诗人接下去会写什么呢？

屏显：
哦，老虎，笼中的老虎，
你是梦见了（　　）吗？
还是想（　　）？

现在就以老虎的口吻来想，假如你是笼中的老虎，你梦见了什么？还是在想什么？请同学们独立思考，可以两个空都填，也可以只填一个空。别忘了我们刚才学过的联想方式。

生40："哦，老虎，笼中的老虎，你是梦见了那遥远的草原吗？还是想回到昔日的风光？"

师：这个"风光"，好像不太好，用"辉煌"似乎更好一些。

生41：我的是："哦，老虎，笼中的老虎，你是梦见了草原上驰骋的你吗？"

生42："哦，老虎，笼中的老虎，你是梦见了辽阔的天空吗？"

生43："哦，老虎，笼中的老虎，你是梦见了辽阔的大地吗？"

师：有意思！渴望天空的是鸟儿，向往大地的才是老虎。

生44：我觉得"辽阔"可以改成"无边无际"，因为"辽阔"是有边界的，"无边无际"就更自由了。

师：心有多大，世界就有多大。来瞧一瞧屏幕，看看我们的诗人是怎么说的。我找同学试着读一下吧。

生45："哦，老虎，笼中的老虎，你是梦见了苍苍莽莽的山林吗？是屈辱的心灵在抽搐吗？还是想用尾巴鞭打那些可怜而可笑的观众？"

师：谢谢你，请坐下来，你读得稍微欢快了一些。现在你是老虎，这些东西都是你暂时没有办法实现的心愿，所以，要用稍微低沉、抑郁一点的心情来读。"哦，老虎"，预备，起——

生：（全班齐读）"哦，老虎，笼中的老虎，你是梦见了苍苍莽莽的山林吗？是屈辱的心灵在抽搐吗？还是想用尾巴鞭打那些可怜而可笑的观众？"

师：（竖起大拇指）特别喜欢听咱们（6）班的同学朗诵，不知不觉地就把情感融入进去了。诗人为什么会想象老虎在做这样的梦呢？（老师配乐朗诵下面这段话）"你的健壮的腿，直挺挺地向四方伸开，我看见你的每个趾爪，全都是破碎的，凝结着浓浓的鲜血！你的趾爪，是被人捆绑着，活活地铰掉的吗？由于悲愤，你用同样破碎的牙齿（听说你的牙齿是被钢锯锯掉的），把它们和着热血咬掉……我看见铁笼里，灰灰的水泥墙壁上，有一道一道的血淋淋的沟壑，像闪电那般耀眼刺目！"

（稍微停顿了一会儿）孩子们，注意刚才楚老师朗读的这几个词——"趾爪""血淋淋"和"它们和着热血"的正确读音。想一想，当这段话出现在你眼前的时候，你有什么感觉？

生46：我的感觉是，老虎并不是无力的，它是被那些禁锢它的人残害的。

师：被残害的，它是一个被摧残的生命，是这个意思吗？请坐下。

生47：我感觉它很苍凉，因为它的身体上有很多伤痕。

生48：我的感觉是有一种悲愤。这只老虎表面上看上去是无力的，那是因为那些观众把它威严的感觉抹杀了，它表面上看上去很平静，可是内心很悲愤很想恢复曾经的辉煌。

师：再看后边，孩子们，我们的诗人在目睹这样的场景之后，他也有跟大家一样的感受啊。诗人这样来写："我终于明白……我（　　）地离开了动物园。"孩子们，你们觉得这个时候加什么词语最妥帖？

生：（杂说）悄悄地——默默地——

师：我悄悄地离开，默默地离开，还有呢？我羞愧地离开。哎呀你看，作为观众之一的我，可以是悄悄地，默默地，还有可能是羞愧地离开。这种感受太复杂了。再看我们诗人结束部分的这几句话，来，我们一起来读。孩子们，诗人也跟我们一样，展开了联想和想象，"恍惚之中听见一声"，预备，起——

生：（齐读）"恍惚之中听见一声石破天惊的咆哮，有一个不羁的灵魂，掠过我的头顶，腾空而去，我看见了火焰似的斑纹和火焰似的眼睛，还有巨大而破碎的滴血的趾爪！"

师：孩子们注意这个字"血 xiě"，滴血，滴血的趾爪。孩子们，你们来瞧，诗人他感受到的是什么？这一节中最打动你的是哪个词语？

生：（齐答）不羁的。

师：不羁的灵魂。我们再来读"不羁的灵魂"，预备，起——

生：（齐读）"不羁的灵魂——"

师：用你们所能想到的词语替换"不羁"，这是一个（　　　）的灵魂？（学生七嘴八舌地回答）高贵的灵魂，高傲的灵魂，还有吗？自由的灵魂，无拘无束的，还有吗？潇洒的灵魂。你看，潇洒，无拘无束，这样的不羁感传达在纸面上，特别能引起读者的共鸣。

孩子们，你们能理解吗，写这首诗的诗人，他为什么会跟我们产生完全不一样的联想和想象？他怎么就会想到这些，你有什么感到好奇的？

生49：我认为可能诗人跟老虎有同样的经历，都是那种虎落平阳的感觉，可能原来是比较风光的，又或者原来是个健全的人，突然残疾了。

生50：我觉得这个诗人是想让我们去保护生命、保护老虎。

师：你感觉是关于动物保护的主题？（部分学生发出笑声）孩子们，我们来瞧一瞧真相。写作这首诗的诗人叫牛汉，这首诗创作于1973年6月，牛汉当时正在干校劳动改造，以他羸弱的身躯，要背起七八百斤重的东西，所以他的身体被严重地摧残。有一次去桂林见到了这只趾爪破碎、鲜血淋漓、被囚禁的老虎，于是展开了他的联想。他用联想、丰富的情思和不羁的情怀创作了这首《华南虎》。大家很容易发现，这首诗展现的是一个混乱的特定时代，这是一个囚禁生命、伤害灵魂的时代，而在诗当中，这只老虎就成了谁的代言人？

生：（齐答）他自己。

师：仅仅是他自己吗？

生：（杂说）所有像他那样的人。

师：那个时代所有的被囚禁的灵魂——不，这句话不能这么说。那个时代所有的被囚禁的却又在追求——

生：（杂说）自由——

师：自由和——

生：（杂说）梦想——

师：梦想以及有尊严的灵魂。孩子们，这样想呀，《华南虎》这首诗，真的会带给我们深深的撼动。我们会发现，诗人以华南虎作为象征，表现的是在困境中不屈的人格和对自由的渴望。我们一起来读这句话，"在悲怆"，预备，起——

生：（齐读）"在悲怆和困厄中，人应该超越苦难，拒绝庸俗，抵抗堕落，奋然前行。"

师：孩子们，今天，我们以猜读、比读的方式学习了《华南虎》这首诗。我们发现"诗人在动物园见到老虎"这个主体内容，就好像一棵树的树干，那么诗人怎么把它变成一棵繁茂的大树呢？他用了丰富的联想和想象，这些如同一棵树的枝叶。（一边说一边用PPT展示）这是我们创作诗歌或进行其他文学创作的重要技巧之一。

屏显：

联想与想象
主要内容

好了，现在，请同学们打开你们的语文书，第212页，让我们一起来朗诵《华南虎》这首诗，注意一边读一边回忆刚才我们的猜测，尤其是某些我们没有争论出结果的内容，课后比较一下，想一想作者这样写的妙处。预备，起——

（学生齐读全诗）

师：孩子们，人生而不自由，别忘了：一个人的身体可以被囚禁，但灵魂是永远束缚不住的！这节课上到这，下课。

生：（齐答）谢谢老师，老师再见！

（根据现场录音记录，个别语句略加整理）

【教学后记】

"楚云名师工作室"第三期跟岗结束后，学员之一严小玲老师（广东省江门市华侨中学语文高级教师）曾撰文《一节有情怀的课》，详细回顾了这节课带给她的触动：

在楚云老师《华南虎》的课堂上，我三次泪湿眼眶。

第一次是在楚老师对学生说"宝贝，你可不能翻书哟"时。（按老师要求，此环节不能翻课本）自始至终，楚老师对学生发自内心的激励和爱意让整个课堂暖意融融,"孩子们""宝贝""谢谢你的分享""我很喜欢你的答案,因为……",她关注未发言的学生,给他们机会,她耐心等待,引导后进生发言……课堂上,她的眼中、心中装着每一个学生,"我们没有权力轻视任何一个学生"(楚老师评课时这样说),一个多么有情怀的老师呀!我自愧不如!

第二次是在楚老师范读文段时,楚老师轻柔却不乏力度的声音:"你的健壮的腿,直挺挺地向四方伸开……"字字句句传达出华南虎无限悲怆和苦难,字字句句叩击着我的心扉。我的眼前仿佛看到昔日强健的华南虎而今只能困于铁笼的不甘和无奈。"三分文章七分读",一段多有情怀的诵读呀!我泪盈于睫!

第三次是在课堂尾声,楚老师联系作者在"文化大革命"时期所遭受的迫害,带我们一起走进那个囚禁生命、戕害生灵的年代,感受一个有血性的中国人不屈的灵魂和挣脱禁锢、向往自由的顽强斗争精神。最后楚老师动情地说:"一个人的身体可以被囚禁,但灵魂是永远束缚不住的!"我的心久久不能平静,是什么冲击着我的心扉?是被囚禁的华南虎?是遭时代迫害的诗人?还是眼前这位在读者和作者之间搭建心灵桥梁的睿智老师?

这节课上,我不时忘了拍课件,不时忘了写笔记,任性地自失在楚老师行云流水、大道无形的课堂魅力中。课堂上,楚老师巧妙运用选词、换词、猜词、质疑、朗读、想象等多种教学策略引领学生"在文字中来来回回地行走",反反复复对文字进行字斟句酌的咂摸品味,让学生充分地与文本对话。学生由初读的生涩,情感的隔离,到渐入佳境的体悟,情漫文字的朗读,从而水到渠成地理解作者情感、文章主旨。多么巧妙的品析,多么智慧的牵引!

那一刻,我忽然读懂了楚老师博客上的一段话——"拥有丰富而单纯、快乐而生动的教学风格,在快乐生动的氛围中激发学生对语言文字、文学艺术和社会生活中的真善美的单纯热爱,希望把学生培养成'有温度、有情趣、有个性、有深度'的人。"这节课,不就是对这段话的解读吗?

# 《繁星·春水》阅读交流会

**【教学背景】**

萨特说："阅读是一种被引导的创造。"阅读的意义在于学生运用自己的头脑，带着自己的独特个性参与阅读，自行发现、自行构建起知识、能力的体系。在这一过程中，文本给予一种创造的基础，一个思维的引导，而老师则是在文本的引导不能激活学生的思维时，给予指导、帮助，使学生与经典作品对话，思维能活跃而富于创新，从而实现通过阅读提升能力、陶冶情操的目的。

为了能提升学生的语文素养，帮助学生养成好读书、善读书的学习习惯，从2006年开始，我就有意识地在语文课上定期召开阅读交流会，给学生提供一个展示阅读收获和成果的平台，期望学生在迷恋视图享受的同时，能真切地感受到语言文字带来的美感与洗礼，从而以更大的热情投入阅读，和书本成为永远的朋友。

以下呈现的课例是2007年10月25日，我和入学初中不足两个月的初一（2）班的孩子们一起上的一节区教研公开课"《繁星·春水》阅读交流会"，孩子们对比阅读的发现和创作的小诗获得了与会者一致的赞赏。

【教学过程】

（课前用幻灯片形式展示同学们在国庆假期制作的《繁星·春水》手抄报图片）

### 一、导入

以"腹有诗书气自华""读书的孩子是最美丽的"等语句导入课堂，展示莎士比亚和冰心关于读书的名言，简介"争当省实书香少年"的阅读活动，引出国庆期间阅读的《繁星·春水》一书的交流。

*屏显：*

生活里没有书籍，就好像没有阳光；智慧里没有书籍，就好像鸟儿没有翅膀。

——莎士比亚

多读书，读好书，读书好。

——冰心

### 二、确定交流内容

师生讨论决定这节课要交流的内容与步骤。

### 三、《繁星·春水》的阅读交流

1.《繁星·春水》知多少？（教学目的：借助前言、后记了解创作背景）

2. 七嘴八舌谈感受。（教学目的：借助多种交流丰富阅读感受）

（1）不同学生阅读《繁星·春水》中不同诗歌的感受。

（2）不同学生阅读《繁星·春水》中同一诗歌的感受。

（教师随机与学生一起交流自己的阅读感受）

（3）学生分组上台诵读、展示课后比较阅读冰心、泰戈尔相同主题（"自然""母爱""童真"）诗歌时的感受与发现。

以下为学生的分享：

a. 自然专题的感悟：冰心、泰戈尔两位诗人的诗都蕴含一定的哲理，但冰心的诗语言浅显，表达的感情较为丰富，注重细节，常常以小见大；而泰戈尔的诗则是语言简练，情感含蓄，喜欢把自然与人类联系在一起，立意更加高远。

——余舜哲小组

b. 母爱专题的感悟：冰心和泰戈尔两位著名诗人，对于母爱，有说不尽的赞美。虽然泰戈尔和冰心的诗歌有结构上的相同，但是诗的内容与感情仍是各具特色的。冰心以"母爱"为主题的诗歌，多是描绘了孩子对母亲的依恋与母亲对孩子无微不至的关怀，用词优美，感情细腻丰富。泰戈尔的诗歌则是多角度地刻画母爱，有的从孩子的角度描写，有的从母亲的体会叙述，展开多方面的联想。想象空间自由宽广，能产生不同的感悟。

——杨韵琦小组

c. 童真专题的感悟：《飞鸟集》多是赞颂纯洁的童真，抒发了泰戈尔渴望单纯的心境的思想感情。泰戈尔写得比较大气，比较客观。《繁星·春水》中冰心十分喜爱心思单纯的孩子，她视纯真为神圣，在诗中她把这种纯真抬到很高的境界，从小处入手，写得比较细腻。

——林绮泓小组

3. 我的妙笔能生花——展示学生受《繁星·春水》中诗情的感染而创作的小诗。

以下为学生创作的小诗：

雨声——/滋润了大地了！/它自己可曾要过酬劳么？

——罗杰夫

当我看见朝阳升起的时候，/我的心欣慰又忧愁了/可爱的朝阳呵！/可记得昨晚落日黯淡的离别呢？

——林绮泓

人们只能看见滔天的大海/却不曾想过/默默流向大海的/河流
人们只会看到盛开的花朵/却没有注意/默默支撑花朵的/根茎

——叶宇中

我们是一只只小蚂蚁/在这个世界上/不住地徘徊着。

——李浚民

聪明的人！/你心思单纯时，/生活便简单了。

——刘惠婕

无形的时间/消磨着我们有限的生命/人们惊恐地问：/它来自何方？消失何处？

——杨韵琦

一朵曾经艳丽的花/饱含着希望/流露着欢笑/在春光下无忧无虑地成长/但是直到今天/它凋谢了/才受到我的注意/这朵花/叫童年

——苏逸扬

4.布置课后作业：要求学生课后给几米的两幅漫画配上小诗。

## 四、三言两语说收获

教学目的：借助总结反思，了解学生的收获

1.学生简要总结自己在这节课上的收获。

2.教师以"我们这样读书……"为话题小结学生的发言。

3.总结：学生齐读"阅读是一种旅行，最美的风景在路上"，教师鼓励学生到阅读中发现更多亮丽的风景。

**【教学后记】**

　　经过下午这节阅读交流课，我心里有了很多感触。交换了阅读《繁星·春水》的感想，使自己感悟到了更多；写了一首小诗，使自己情感更丰富了。我真想再上一次这样快乐的阅读课！

——叶宇中

　　今天，我好兴奋，因为我有了重要的发现。

　　在语文阅读交流课上，楚老师表扬了许多写诗写得好的同学，并把他们的诗投影在屏幕上。我阅读着，而且是惊奇赞叹地读着。这些结构精巧、语言优美、含义深刻的诗歌，竟出自一些平时挺调皮的同学的笔下。他们的作品使其他同学刮目相看，我不禁赞美他们，真是太厉害了！没想到平时表现平平的同学原来有这样闪光的一面。

　　确实啊，我们评价一个人，是应有深入的了解的。藏在沙子下的金子，只有细心的人才能发现。每个人都是闪烁的星星，只是有的星星不是锋芒毕露，隐藏起了耀眼的亮光，似乎不显眼。但他们只要不藏起来，便会让所有人惊叹不已。我们班的这些同学也一样。这让我不由得想起了《史记》里的典故："不鸣则已，一鸣惊人。"

——杨韵琦

## "百家微讲坛"之读书发布会

——初三（5）班阅读交流会实录

【教学背景】

"百家微讲坛"是我的语文教学中一个非常重要的活动项目，包括"课前三分钟演讲""课中微讲座""即兴口头作文""随想英雄榜"等，其中，"读书发布会"是我和孩子们都非常喜欢的阅读分享活动，即走上讲台，向所有同学讲述自己喜欢的或是正在读的书。这于孩子们而言如同走上奥斯卡颁奖台发表获奖感言，不同的是，这些获奖者多半是毛遂自荐或同学推荐。有时候，我们也会邀请同样热爱阅读的学生家长走进课堂，与我们畅谈阅读。

难忘刘书宏同学的父亲所作的《书卷多情似故人，晨昏忧乐每相亲——读书心得分享》，它对孩子们的思想触动特别大。姚澜同学感动于他作为公安战线的一员，在工作压力巨大的情况下，还数十年如一日地坚持阅读，尤其是他在人生的三个不同阶段阅读《平凡的世界》时产生了不同的深刻感悟让人震撼。而刘书宏同学则在聆听了父亲清晰的人生规划和对时间的高效利用的经验后，感叹自己"看到了一个不一样的老爸"。他深情地回忆起自己小学三年级时与父亲共读《资治通鉴》的故事，感慨道："其实我挺敬佩我爸的——感谢有这样一位爱阅读的老爸给我很多人生的启示！"

当然，始终记忆犹新的还是孩子们的表现。难忘彭英銮同学用还原法、比较法品析吴用，难忘姚澜同学用辩证统一的原则解读曹操，更加难忘白晋弢同学绘声绘色地演说《三国演义》，一个个故事信手拈来，一个个人物脱口即出，丰富灵动的表情、自然鲜明的动作、谐趣横生的语言让讲台下所有的师生时而专注聆听时而前仰后合……

这样的阅读分享课，没有教师与学生之分，课堂是以文会友的天地，而我是阅读发布者的粉丝，更是时刻准备参与讨论，与所有志同道合者分享心得的读者。

2017年10月18日，初三（5）班，紧张的初三学习正在进行，一场阅读交流会在所有人的期盼中拉开了帷幕。

## 【教学过程】

师：同学们，这节阅读分享课和我们有约的是毕淑敏、鲁迅和王小波等作家。我们首先掌声有请黄清华同学。

黄清华：老师、同学们，大家好！今天我给大家讲一下我读毕淑敏及其作品的感受。

我们先来介绍毕淑敏这个人。毕淑敏，出生于新疆伊宁。我觉得她的一个比较重要的身份是注册心理咨询师。她在1969年入伍，当兵当了11年。她的作品主要是以沉重的主题、磅礴的气势和对人生、社会的冷静理智关怀吸引了许多读者。我读过的她的作品有《恰到好处的幸福》《带上灵魂去旅行》《非洲三万里》等。

现在我简单介绍一下《非洲三万里》这本书。这本书是毕淑敏2017年的开山之作，这本书主要讲的是她不顾旅行社的人的劝阻，去非洲这个冲突比较多、战乱比较多的地方旅行。这是书中比较出名的一句话："在这趟旅行中，我们路过幸福，也路过痛苦，路过生命中的温暖和眼泪，也会路过无尽的无奈与孤独。徘徊过许多路途，耗费几多心力，不过是为了成为真正的自己。"这里面还讲到一辆叫作"非洲之傲"的火车，这辆火车在外形上看其实就是我们的老绿皮车，但是它在经过改装之后就成为一个比较昂贵的物品。一扇车窗隔开了贫穷、奢侈、愚昧与文明，车里都是一些比较富有的人。但是火车一路开的时候会经过五个国家，外面是丛林，生存着一些比较原始的人类。这是另外一本书里的一段话："把心放平一点，脚步放慢一点，会发现很多简单美好的小事，都是世界温柔的馈赠。"知道这是哪一本书吗？是《愿你与这世界温暖相拥》。你们是不是觉得这本书可能与我的性格不太相符？（笑）的确，这本书属于心灵鸡汤类。

我总结了毕淑敏文章的几个特点：第一个她是比较贴近生活的。毕淑敏这个人比较享受生活，她在文章里会联想起她11年的军旅生活，包括她当军医的时候；还有一些十分接地气的生活情节也会在她的作品里面出现。

第二个是以文化为切入点，讲述文化间的差异。《非洲三万里》就讲述了许多文化差异。比如说，她讲到了南非的历史，因为她刚好到了好望角那个地方去参观。南非一开始是荷兰人殖民，然后是英国人殖民，然后英国人和荷兰人不和就打了起来。打的时候黑人又向北边迁徙，原来南非的土著在夹击中灭亡了，这几个民族冲突不断。南非一开始被荷兰人实行种族隔离，分成了白色人种以及有色人种和黑色人种，对黑色人种和有色人种是十分不公平的。非洲战乱不断，这个时候我们很熟悉的领导人曼德拉出来和解了这个冲突。

第三个是对生活的感悟。第四个是贴近读者的心，慈爱的笔调给人温暖。为什么这样说呢？因为毕淑敏有一个身份是心理学家，所以她的文章都是比较贴心的。她有两句名言，一句是《非洲三万里》里面的："走遍千山万水，得到最初的自己，愿世间温柔的灵魂都能相遇。"另一句是《愿你与这世界温暖相遇》里面的："不要嘲笑忧郁，忧郁是一种面对失落的正常。不要否认我们的忧郁，忧郁会使我们成长。不要被忧郁吓倒，摆脱忧郁的我们，会更加柔韧刚强。"

现在我想将毕淑敏和赵丽宏这两个作家进行对比。这两个作家都是经常在考场上出现的人，大家要注意呀（全班欢笑）。首先赵丽宏是一个比较地道的作家，他写的都是对艺术的看法，有浓浓的文化韵味，比如他在讲古典文化时会涉及比较多的贝多芬与莫扎特之类的乐曲。其次是有浪漫的笔调。比如他有一篇文章讲他小时候仰望星空联想一切事物的时候，他认为这是与缪斯最初的接触。再次是对亲情的讴歌。我们比较熟悉的是在考场上见过的《挥手》，这是经过删改的，原文更长。文章以挥手为主题，讲了他与父亲的几次分别。最后是对生活的感悟。他的感悟都是比较深刻的，我觉得令我记忆最深的是："转瞬之间，你正经历的现实就变成了历史，变成了时间留在世界上的脚印……我想对未来的时间说：你来吧，我们等着。"

再看毕淑敏的作品。首先毕淑敏是个地地道道的生活家，她比较热爱旅行，发表过《带上灵魂去旅行》等作品。她游历了超过100个国家，无论是南非这样比较危险的国家，还是比较和平的国家，她都是以一种体会的心态去游玩。然后她思考文化的韵味，喜爱体会各方面的差异。她同时也是人们心灵的导师。他人对毕淑敏的评价："此刻，毕淑敏像一个最懂你的好朋友，在温柔的夜里与你对话，回忆经历中最美好的片段：它也许是一朵很小的旷野花，也许是一盏冬天的红灯笼，也许是苍茫的大漠暮色，琐碎而平凡，却能为你推开平淡，遇见生命的辽阔。"这是一位网络作家的评论，但是十分贴近她。

最后介绍的是我读毕淑敏的方式：第一是联想起自身的经历，会让自己有更深刻的感悟。就比如说，刚刚读到有一段叫"不要嘲笑优越"的名言，我就会代入我的月考。我要是考得太什么（笑），会不会让你体会到各种各样的味道呢？第二就是遇到好词好句会摘录下来，记在心里，或许以后大家就会出口成章。第三就是联想一下与她的作品相似主题的作品。我觉得毕淑敏主要写的是心灵类的文章，这个类别我暂时想不起来其他作品。（全班欢笑）谢谢大家！

师：谢谢清华的分享，内容丰富，条理清晰！只是语速稍微快了一点儿，我们后边发言的同学要控制一下速度，并注意用眼神和观众交流。

其实今天，我们本来要请李昭仪同学也来讲讲她的阅读心得的，但因为她和清华一样讲的是散文作家，所以我们就留着下一次再聆听了。另外，原本刘书宏同学的爸爸今天也要来给我们讲述他的阅读故事，但由于工作原因，他今天不能前来，因此，我们下一次的读书交流活动可能要登上"百家微讲坛"的就是李昭仪同学、刘书宏同学的爸爸，还有刚刚课间来找我报名的那几个同学。好，我们接下来要期待的是讲鲁迅的杨泽雨同学，有请。

师：（笑）好多人鼓掌啊，看样子鲁迅的粉丝、杨泽雨同学的粉丝有很多啊。刚好我们本学期很快就要学鲁迅的《故乡》了，大家可以先听一下杨泽雨是如何介绍鲁迅的。

杨泽雨：老师、同学们，大家好！请看屏幕，封面上的这个人物想必从一年级开始就有些人爱他，有些人恨他。他便是我们中国的一代文豪：鲁迅。关于鲁迅：鲁迅原名周树人，浙江绍兴人。这句话我们从一年级背到九年级，有些人始终都背不下来。关于鲁迅的生平事迹，关于《朝花夕拾》这本书它究竟是散文还是杂文……这上面留下了不少考生的眼泪。那么这样一个人物，除了这些考题带给我们的恨得咬牙切齿或者是爱得流泪以外，他还能带给我们一些什么样的思考呢？

第一本想给大家推荐的书是鲁迅先生的《而已集》。《而已集》的知名度并没有《朝花夕拾》那么高，但它是鲁迅在中国并没有那么和平的一个年代，与外界做了一些抗争，每一天根据自己的想法写下来的一本类似于日记和杂文的集子。其中最出名的一句话是:"楼下一个男人病得要死,那间壁的一家唱着留声机;对面是弄孩子。楼上有两人狂笑;还有打牌声。河中的船上有女人哭着她死去的母亲。人类的悲欢并不相通,我只觉得他们吵闹。"但在我眼里,鲁迅他对"孤独"这样一个词的刻画才是真正的到位。"人类的悲欢并不相通,我只觉得他们吵闹",能写出来这样一种看起来众人皆醉我独醒的句子的,大概也就只有鲁迅先生了吧。

第二本书是《孔乙己》。同名文章我们在九年级的课本里面也会接触到。孔乙己是一个穷困潦倒的下层知识分子,是一个嗜酒的人,但他却因为经济状况只能跟一些同样是下层的酒肉朋友挤在一起,用我们现在的话说就是尬酒然后尬聊着。他在社会的挤压、苛刻的观念下最终只能悲情地死去。"你可知道'茴'字有几种写法?"这句话在我们这个学期的课本里面也能见到。"茴"字的四种写法我现今是记不清楚了,但是这句话是他和一群地位显赫的人喝酒时,为了彰显自己读书人的地位而问的问题。"你可知道'茴'字有几种写法?"很不幸,一个回应也没有。于是这句话便成为"孤独"的代表。当你融入不进一个圈子的时候,只能是尽力地问他"你可知道'茴'字有几种写法"去体现自己是一个读书人,但实际的状态却是没有人理你。

第三本书是《野草》。它可以说是鲁迅早年的一本杂文集。"在我的后院可以看见墙外有两株树,一株是枣树,还有一株也是枣树",这句话除了在修改病句的题目里,在阅读题中基本上没有缺席过。"一株是枣树,还有一株也是枣树",倘若一定要把它跟"孤独"这个词联系起来的话,可以举个例子:比如说对面走来的两个路人,你可能会觉得这两个路人有一定的关系,比如说是父子或母子。但如果我这个时候说隔壁走来了一个路人,又走来了一个路人,那你就能明白,这两个路人恐怕是一点关系都没有了。所以当鲁迅写后院的两棵树时,一定要强调这两棵树一点关系都没有。从这也能看出,鲁迅对于"孤独"这个词的刻画是多么的出类拔萃。

在鲁迅的书中，我们能读到的他是一种什么样的人设呢？

学霸鲁迅。我们上学期学过一篇课文《藤野先生》，里面讲述了鲁迅弃医从文的故事。他在一个学期也就是半年的时间内，克服了从中文到日语的语言障碍，并且在医学方面拿到了年级第二名，但却因为他的这个年级第二名，竟使别人对他产生了质疑。

段子手鲁迅。鲁迅和胡适，两个人有一段流传在坊间的耳熟能详的故事。鲁迅和胡适两人早年是非常要好的朋友，但是到后来他们两个都进入中年时期，鲁迅却经常抨击胡适跟他的思想观念不合，最重要的是攻击他的堕落。但是我们都知道胡适是一个为人师表的人，他为什么会堕落呢？以下这段话选自胡适日记："7月4日翻开这本日记也为了督促自己下学期多下些苦功，早日读完手边的莎士比亚的亨利八世。7月13日打牌。7月14日打牌。7月15日打牌。7月16日胡适啊胡适，先前订下的学习计划你都忘了吗？子曰：吾日三省吾身。不能再这样下去了。7月17日打牌。7月18日打牌。"（全班大笑）鲁迅在中年曾无数次抨击过胡适有多么堕落、胡适不配为人师表等，这类的段子有很多，包括鲁迅在中年称他的妻子许广平为小刺猬，并且给她写过非常多封情书，让人忍俊不禁（全班又笑）。我们能够看得出来鲁迅除了严肃的外表和他的一些文学著作让人关注之余，其实是一个非常有趣的段子手。

"俯首甘为孺子牛"这一句话基本上是所有人对他的一个评价。为什么说他俯首甘为孺子牛呢？他是受到别人非常大的尊敬的人。在当代，如果他是一个极客，那他一定是个最纯粹的极客；倘若他去编代码，他绝对是一个高手；倘若他去当导演拍电影，那一定是业界良心。但他没有去想要成为怎么样的一个角色，他其实只想去做自己的一些事情，就在他有限的生命里去把他认为有意义的事情发展到最大化。他仅仅只是希望在当年那样一个没有巨火的年代里，中国的青年能够成为中国的中流砥柱，能够成为中国唯一的光。谢谢大家！（全班热烈鼓掌）

师：相比起清华的平易近人，我觉得泽雨在讲的时候是比较克制的。

虽然底下同学笑声不断，但是她能控制自己的表情，稳住自己的语速、语调，我觉得这一点非常难得。所以我相信，或者期待，说不定将来我们的杨泽雨就会成为一位非常优秀的老师——如果她想做老师的话。不过，楚老师也有一点疑问想问问泽雨，《孔乙己》究竟是一篇文章还是一本书呢？

杨泽雨：我看的是一本书。那一整本书它是先展示了《孔乙己》的原文，后面的基本上都是对《孔乙己》这篇文章的评论解析。

师：原来如此！老师印象中的《孔乙己》应该是在他的小说集当中。另外，楚老师想补充的就是，刚才她提到的"茴"字有几种写法，我们的确会在九年级教材当中接触到，但那里边孔乙己是在和什么人聊天的时候说到这句话呢？是一群孩子。刚刚杨泽雨同学出现了一点口误，我在这儿进行一下修改和调整。孔乙己的这句话不是对一些地位显赫的人去问的，他问的是一群孩子。那么为什么是一群孩子呢？因为他找不到人跟他进行沟通，所以只能去问身边的孩子了。当然，即便是有这样一点口误，也丝毫不影响我们通过杨泽雨的介绍了解到一个孤独而冷峻的鲁迅。再次把掌声送给她。接下来有请冯骏晴同学给我们讲一下有关王小波及其作品的阅读心得，掌声有请。

冯骏晴：给大家介绍一下，这是我的新晋"男神"王小波，但是这个"男神"要打个双引号，因为王小波长这个样子（手指屏幕，全班大笑）。但是上帝是公平的，他给王小波这样的颜值，就会给他那样的才华。王小波在他生前的时候是没有那么引人注意的。他写的那些文章都是要靠在朋友圈里面传阅才能得到宣传。不过在1978年的时候，王小波是超级666（网络用语，指很厉害）的。当时他去参加高考，高考之前他只上了一年中学，而且是在12年前上的，但这一次高考他直接考进了中国人民大学。据我所知，中国人民大学也不是一所简单的学校，很牛的。1980年，他跟李银河结婚，同年发表了处女作《地久天长》。但是王小波英年早逝，他在1997年也就是在45岁的时候就心脏病发去世了。而他死后，却卷起了一股又一股关于王小波的思想潮流，因为当时他的妻子李银河把他所有的文章编辑在一起，然后发表成一些书，所以王小波在他死后可以说是出名很多了。

我读王小波一开始是在六年级的时候，是我的一个课外班的语文老师给我讲了有关他的事情。但是当时我是不知道他的，只是在脑海中留下了一个比较深刻的印象。到了初二暑假的时候，我在南国书香节看见了一本叫作《爱你就像爱生命》的书——我不知道它是一本情书集。我就觉得书名很美，再看作者是王小波——呀，是王小波欸（抬高语调，全班欢笑），那熟悉的名字又把我的记忆调起来了。所以当时我买下了这本书然后拿回去看。

下面是一些有关王小波的我比较喜欢的话。你要想一下，王小波的那个颜值居然能找到老婆，可见他不是没有才华的（全班大笑），我看到他的情书时是有少女心萌动的，当时真的是被他的情书甜到了。我们在这里邀请楚老师给我们读几句好不好？大家掌声欢迎。（全班大笑，鼓掌）

师：这可是我从教多年来首次被学生邀请在课堂上朗读情书。（全班欢笑）（稍作停顿后）"我把我整个灵魂都给你，连同它的怪癖，耍小脾气，忽明忽暗，一千八百种坏毛病。它真讨厌，只有一点好，爱你。……咱们应当在一起，否则就太伤天害理啦。我现在不坏了，我有了良心。我的良心就是你。……你要是愿意，我就永远爱你；你要是不愿意，我就永远相思。但愿我和你，是一支唱不完的歌。真的，单单你的名字就够我爱一世了。"（全班鼓掌）

冯骏晴：谢谢楚老师！你看，看了这些文字你会觉得有时候王小波是一个深情款款的公子、一个绅士，但是有时候你又会觉得他是一个渴望得到爱的孩子。他的情书是特别接地气的，我特别喜欢他的情书。

王小波最出名的一部作品叫作《黄金时代》。《黄金时代》可以说是王小波反反复复修改了十年才发表出来的作品。一开始看的时候，我是没有太大的感觉的，其实就只是当成一本普通的书来看，然后又因为王小波这个名字原来在我心里的印象是比较好的，所以我让自己坚持看下去，然后慢慢发现它里面的描写是很美的。比较了解的同学会知道王小波的《黄金时代》是从性的角度出发，他在里面的一些关于性的描写非常美丽。在王小波笔下，每一个女子几乎都是仙女下凡，包括有些像缺心眼儿啊线条啊小转铃啊等的那些人。就拿《黄金时代》里面的女主角陈清扬来说。陈清扬是一个有担当有责任心的女人，非常敢爱敢恨。你可以体会到，王小波的那种笔法是带有一种尊重的。陈清扬没有那种"文化大革命"时期女子的封建腐朽的思想，她对自由非常向往。王小波写出了他自己对女性的一种尊重。

我看王小波的杂文，体会到王小波是一个有质疑精神又懂得在沉默中思考的人。他立志要做一只特立独行的猪——这是一篇文章的名字。我来说一下有质疑精神。我认为人贵在有质疑精神，如果你没有这种精神，别人说什么就是什么，那你就会被这个世界所同化。我们应该在沉默中思考。思考是可以过滤语言的。因为不是所有人生来就有这种话语权，所以当你把你自己的心声告诉所有人的时候，你就必须要学会在沉默中思考。当你在听别人说话的时候，你要判断他说的东西到底是对的还是错的，要择其善者而从之。《一只特立独行的猪》讲的是在一个猪圈里面，所有的猪都是按照人类给它安排的时间去做事情，但是其中有一只猪不是这样子的，它经常溜出去玩或者做各种违反人类规定的事情。你在这里面可以看出一种对自由的追求，还有一种独立的思想。

我一开始如何读他和他的作品呢？王小波的作品是必须反复读的。李银河评价过王小波的作品是不以教化为目的，所以他的书是不会突然间集中在某一段给你灌输一堆思想的。他只会在一句话里面中间有几个字，接着埋下一点伏笔，然后到后面突然间来一句跟前面好像有矛盾的地方。就好像他在《黄金时代》里，前一段还有人说什么陈清扬不爱男主王二这个人，但是后面男主突然间连打了陈清扬两下，然后陈清扬就突然爱上了男主。我一开始不懂这是为什么，然后我反复去读，后来经过上网查阅资料后才知道这其中的一些玄机。我在这里不多说，你们自己去找会比较好，也可以随着自己的慢慢成长，结合自己的所见所闻，这样会让我们更好地理解书中的含义。就好像《红楼梦》，你在20岁读是一个想法，在30岁读是一个想法，在40岁左右读是另一种感悟一样。谢谢大家。

师：同学们，应该这样说，冯骏晴是我最早想到一定要和同学们交流的一个读书发布者。从这个学期开学初，我就注意到她的每日随想和读书笔记几乎都跟王小波有关，就好像我读到黄清华的随想和读书笔记发现全部都和赵丽宏有关一样。也就是说，她在自觉地进行专题深度阅读。非常欣喜的就是，她在读王小波的作品时带着自己的思考，尤其是刚才听到她在读的王小波的杂文，提到那几个关键的短语，比如说"在沉默中思考""保持质疑精神""做一只特立独行的猪"，等等。这些分析都是特别珍贵的。其实并不是所有人都爱读王小波的作品，也并不是所有人都能读得懂王小波的作品。但是，冯骏晴结束的时候所说的那番话——不断通过别人的介绍，通过网络上的查找和自己的思考，结合自己的生活去读懂书本，让我想起了杨绛的一句名言"年轻的时候以为不读书不足以了解人生，直到后来才发现如果不了解人生，是读不懂书的。读书的意义大概就是用生活所感去读书，用读书所得去生活吧"。

最后，我们再请郭迅同学给我们讲一讲她的阅读故事，有请郭迅。

郭迅：谢谢大家！听了这么多位同学对他们喜欢的作家的介绍之后，我也想要讲一下我和阅读的故事。

首先我的阅读之路经历了四个部分：由结缘到痴迷、到迷失、又到陶醉。结缘也就是我在三四岁的时候吧，当时我看的书就是那些带拼音的漫画书。但是我想，如果当时我爸爸妈妈拿着一些什么《中学生哲学读本》呢，或者《〈论语〉心得》那些来给我看，或许我对阅读就没有那么大的兴趣了，因为正是那些漫画书让我走上了我的阅读之路。

然后是痴迷。在我小学一到六年级的这段时间，我深深爱上了读小说，尤其痴迷于故事情节。这个时候我已经对阅读有了特别特别大的兴趣。由于时间比较多，所以每天我都会拿出1~2小时来读书，即使作业没做完也要读书。

接着就到了迷失。我为什么会迷失呢？因为上初中之后学习任务突然增多了。我记得当时有一次特别重要的考试过后，我在班里闲得无聊就随手从图书角拿了一本我比较感兴趣的书来看。那本书是我特别喜欢的作家黄春华写的，当时我看着看着不知不觉地一个小时就过去了。然后我再回想一下我进入初中已经快半年了，而这半年来我竟然没有静下心来读过一本书。我好像已经迷失在了学习的世界里，而忘记了阅读。所以从那个时候开始，我想，不管我每天学习有多忙，我也要抽出哪怕十分钟来看书。初二初三我也是一直这么走过来的。现在到了初三，作业突然间变得很多，我也许每天没有那么专门的时间来阅读，但是我也会挑一些零散的时间，比如体育课自由活动的时间、吃饭前等待的时间什么的。这就是我的陶醉阶段了。当然如果别的任务没有那么多的同学，我还是建议不要这个样子，因为用专门的时间来阅读其实效果会更好。

接着我要介绍一下在我的阅读之路上深深影响了我的两位作家。首先是三毛，这是一个台湾女作家。我们班的唯楚和雅星同学也特别喜欢她。看看这幅照片（展示三毛肖像），上节课沉荃同学讲张爱玲的时候，她投射出张爱玲的照片，我竟觉得她跟三毛的风格是非常相似的。三毛如同雨季时一首静美的诗。三毛的作品集一共有十一本书。当时是我爸爸的一位同事推荐给我，让我进行三毛的一个专题的阅读。她的书是以散文为主，讲述的是她的一些经历，从青春到慢慢地衰老，但是真的对我的影响特别大。她的这些书我全部看完了，一字不漏地看完了。在我合上最后一本书的最后一页的那一天，我在我自己的QQ空间里写下了这样的一段话，这一段话也代表了我从三毛的全世界路过的一个历程："一年半前始接触到你的文字的初衷是作文想上37。（补充说明：确实是这个样子。因为在初中刚开始的时候，我的作文特别差。当时我爸爸说你读完这套书你的作文就可以上37分。于是我才开始读这套书，因为平常对这样一些情节性没有那么强的文章我是绝对不会去碰的）今天，轻轻合上最后一本书的最后一页，就仿佛曾经看到的繁华的流星雨一颗一颗悄悄落了地。（补充说明：三毛最后一本书就是《流星雨》）三毛的文字仿佛拥有魔力，随着书页的翻动，我能融入你的故事，仿佛从你的全世界路过，走过你的一生，陪你欢笑，陪你叹气。来生我多想遇见你，哪怕只是一面之缘。愿为你拾起梦里的落花，与你一起走遍万水千山，经历人生中的雨季。"这里"拾起梦里的落花"来源于三毛的第五本书《梦里花落知多少》。当年三毛正在经历丧夫的痛苦，她的丈夫荷西由于潜水不幸在海底去世。"走遍万水千山"是三毛在经历了丧夫之痛之后想要环游世界，于是就写下了一本叫作《万水千山走遍》的书，记录了世界各国的风土人情。"人生中的雨季"说的是三毛的第一本书《雨季不再来》，讲述的是她当年在差不多我们这个年龄经历的一些故事。这是当时我为这段话配的一张图片，这就是三毛所有的书（展示图片）。当时是2017年7月4日，也就是差不多八年级下学期期末考试发布成绩之后。

　　接着是蒋勋，他是古代文学世界的一位卓越的导游。他是台湾的一个男作家。我为什么会选择他？因为他的书差不多是评论性的文字，这也是我以前碰都不会去碰的书，比如《蒋勋说唐诗》《蒋勋说宋词》是没有我们以为的故事情节在里面的。但是为什么我会知道他呢？是因为《作文与考试》。当时我在上面看见了蒋勋的介绍，我就觉得我可以尝试着去读一下这样的书，没想到一读就深陷其中了。他的文字特别美，从唐代的华美到宋代的沉淀，从《诗经》出名的情怀到陶渊明生命的出走……都写得让人欲罢不能。蒋勋就是这样一位美学的大师，带我走进了古代文学的世界，也初次接触了评论性文学。所以现在我也开始有心情去看我小时候碰都不愿去碰的《中学生哲学读本》和《〈论语〉心得》，也都是因为蒋勋。这是我推荐的他的四本书（投射图片）。这本书是《从诗经到陶渊明》，这本书也是我一直放在学校，看什么时候有时间就拿出来看一下的。

　　最后送给大家一句话：我希望大家能享受目光被牢牢吸引的魔力，享受心随文字舞动的节奏，享受阅读的一切，未来难卜路漫漫，一生一世书相伴。把这句话送给在座所有的老师、所有的同学，希望大家能够一生一世都享受阅读。谢谢大家！

师：感谢郭迅同学不仅给了同学祝福，也给了我们在座的老师们很多的勉励！阅读就是这么一件事，你可能刚开始只是不小心地接触，但是很奇怪的是，你会不断地被它吸引，甚至忘了自己是谁，从此感受到一种想象不到的生命。这是非常幸福的一件事！尤其是我们的郭迅同学在这次的随想中多次提到了《诗经》，她说她从《诗经》之中读出了一种生命沉静之美。我觉得如果不是一个真心喜爱书籍的同学，是不可能感受到这种收获的快乐的。

好了，同学们，今天是中考倒计时241天，课后请在日记本上以"我也想向老师和同学们推荐一位作家和作品"为开头句来写一篇文章，字数不限。另外请大家预习《出师表》，争取把课文读熟、读准。非常感谢今天的分享者，我们下次的读书发布会再见。孩子们，下课！

生：谢谢老师，老师再见！

（根据现场录音记录，个别语句略加整理）

## 【教学后记】

2017年10月15日—28日，"楚云名师工作室" 第六期共计16位学员从全省各地来到了广东实验中学跟岗。下面截取的是工作室学员、佛山市华英学校的梁中颖老师撰写的跟岗日志《楚云老师的神奇教室》：

10月18日，是楚云老师专场，上午先听了初三（5）班两节阅读分享课，再听了初三（6）班两节《故乡》。这四节课里，我对两节阅读分享课印象深刻，在这个课堂里，营造了特别美好、特别神奇的阅读交流分享氛围，让我想到了这个题目——楚云老师的神奇教室。

首先,"神奇"在初三学生依然能坚持大面积的、长时间的、自觉自愿的整本书阅读。在我的认知里,初三年级课业繁重,是很难进行阅读活动推动的。我不了解楚云老师是如何开展初三的"阅读月"的,但是学生无疑已经是爱上阅读,将阅读作为一种不可或缺的营养养分,一种理所当然的生存方式,所以才会有对袁腾飞、王小波、鲁迅、张爱玲、三毛、蒋勋的深入阅读、全面阅读、研究性阅读。只要学生爱上阅读,语文的教学就成功了一大半。

其次,"神奇"在读书行为本身对学生的濡染影响。可以说,每一个上台发言的同学,都落落大方,气质脱俗,在他们身上都可以看到楚云老师的影子。他们都按自己的阅读路径选择阅读了大量的书,形成了一定的阅读力,并且开展了一定的归纳总结和研究。在他们身上,找不到沉溺于题海作业无法摆脱的忧伤郁闷灰暗,你会看到蓬勃的朝气、幽默的自黑、阳光的笑容。这应该也是阅读氛围给他们的良好影响。

最后,"神奇"在课堂气氛的轻松融洽。当一个上台讲演的女生邀请楚云老师为大家诵读王小波《爱你就像爱生命》中的深情情话时,楚老师欣然为在场所有人朗读,句美情真,所有人都为之感动。掌声笑声齐飞,伸颈侧目微笑默叹,以为妙绝。楚老师笑着说:"这可是我从教多年来首次被学生邀请在课堂上朗读情书。"想必这一幕会成为每个人最美好的记忆的。

"书卷多情似故人,晨昏忧乐每相亲。眼前直下三千字,胸次全无一点尘。"体会到这一点,是幸福的;让孩子们去体会这一点,是神奇的;引导孩子读书,让读书变为一种生活方式,是功德无量的。加油吧,让自家的教室也充满更多的幸福。

## 未经凝视的世界，是毫无意义的

——"味道"专题阅读活动教学案例

**【活动设想】**

阅读是语文学习的不二法门，学生语文素养的提高依赖于对大量语言材料的直接接触。苏霍姆林斯基曾经说过："让学生变聪明的方法，不是补课，不是增加作业量，而是阅读、阅读、再阅读。"《义务教育语文课程标准（2011年版）》对七至九年级学生的阅读提出了明确的要求："学会制订自己的阅读计划，广泛阅读各种类型的读物，课外阅读总量不少于260万字，每学年阅读两三部名著，背诵优秀诗文80篇（段）。"

在此基础上，语文老师们很快达成了共识：把学生培养成能静心读书的人才是真正致力于学生长远发展的语文教学。然而遗憾的是，这些年来虽然我们都很重视带领学生读书，但课外阅读仍然是零散无序的，每个学段读什么书、每天大概读多少页、多长时间读完一本书、不同类型的书应读到什么程度、读完之后还可以做些什么……这些问题的处理往往比较随意，缺少规划，没有方向，把握不住重难点，更见不到学生阅读素养和思维品质的提升。

2015年年底，我接触了格式塔心理学的代表人物韦特墨的观点。他认为人们的思维是整体性的知觉，而不是各种映象的组合，经验和行为的整体性不等于并且大于部分之和，这启发我可以尝试从单本书向一类书延伸，把思想内容、表达形式、创作背景等方面有一定相似性、相关性的书组合成一个整体，进而提炼出恰当的中心词来组织专题阅读活动。我设想着，以人文精神为主线的专题阅读将形成一个"有意义的场"，教师、家长和学生也将形成一个阅读共同体的"完整的场"，学生在这两个"场"中进行系统的阅读体验，通过整体感知与实践，不断地碰撞、建构，获得语言积累和思想情感的激发，在汲取同伴智慧的同时，也充实和完善了自己对阅读与人生的认识。

不久之后，恰逢寒假来临、春节在即，孩子们开始津津有味地聊起各种美食来。于是，我灵机一动，打算以"味道"为话题，与学生、家长一起阅读几本关于美食味道、生活味道的书，通过读书沙龙、分享竞争的形式促进真实阅读，通过读写结合、对比类比的方式引导深入阅读，通过拍摄视频、设计封面等活动鼓励快乐阅读，再通过精读为主、略读为辅的模式确保有效阅读。

我相信，在这样的专题阅读活动中，无论是学生、家长还是教师本人，都将受益匪浅。

## 【活动过程】

**教学活动一：筹备规划，拟订活动方案**

1. 提出活动设想。

同学们，当代著名的儿童文学作家曹文轩曾说："未经凝视的世界，是毫无意义的。"这句话告诉我们：世界真正的奥妙，往往隐藏在那些看似平常、看似微小的地方，例如，一碗普通的饭菜、一件陈旧的物品、一句通俗的话语、一种常见的景象等等。"精妙之处，深藏大意。"如果我们学会了仔细地打量、感应身边的世界，就能在寡淡琐碎的生活中品尝到丰富多彩的味道。

接下来的两个月，楚老师会和你们的爸爸妈妈一起，陪伴着大家，以"味道"为核心，借助一系列书，从我们身边的美食起步，踏上一段奇妙的寻味之旅。

2. 征集创意。

通过QQ群、微信群向家长、学生征集阅读书目和活动创意。

3. 布置活动任务。

教师综合各方意见，布置假期的活动任务和专题活动类阅读作业。

（1）推荐书目：汪涵《有味》，崔岱远《京味儿》，马明博、肖瑶《舌尖上的中国》等。

（2）阅读要求：在阅读的过程中采用评点批注读书法，在书页的空白处写简短的读书笔记。

（3）活动方案：过年了，先读读美食，再四处走走，品尝美食、制作美食，从而发现传统，形成感悟。下列两个活动任选一个完成：

①以发现和制作美食为主体内容，创作10分钟以内的微视频，必须要有自己的声音、自己的发现、自己的文字和自己的图片。（推荐软件：美篇、美拍、足记等）

②制作手抄报和PPT。

说明：下学期开学时每个同学都要依据假期的阅读活动进行分享交流。

**教学活动二：自主实践，领略美食文化**

1. 读美食。

朗读并向全班同学推荐《京味儿》《舌尖上的中国》和《有味》三本

书中的文段。

【学生发言示例】

**朗读：**"双黄鸭蛋味道其实无特别处。还不就是个鸭蛋！""我对异乡人称道高邮鸭蛋，是不大高兴的，好像我们那个穷地方就出鸭蛋似的！"（《舌尖上的中国·端午节的鸭蛋》）

**推荐：**哈哈哈，汪曾祺老先生果然够爽快！看到这两句话时，我差点笑出声来——汪先生也会有如此真性情的小怨气，难怪他的文字这样深入人心！

——王喆

**朗读：**"人的一种品性总是与一类吃食息息相关的，而'吃'往往又能体现一个民族的性格乃至文化。所以，要想了解一个地方的人，最简捷的办法是瞧瞧他们吃点儿什么。

比如说吧：西方人比较直白、简洁，同样一个面团儿，人家直接用烈火干柴烤成面包，而咱们中国人比较含蓄、内敛，所以用貌似温柔的水蒸成馒头。西方人要么吃的是大块的肉，要么就是一大盘子生菜，即便是吃馅儿饼都要把馅儿摆在明面上……"[《京味儿·北京滋味（代序）》]

**推荐：**吃其实是一种文化，十分讲究。了解一个人或者一个地区，光是了解他们的饮食特色，就可以知道很多内容了。比如，一个耐心、仔细的人，往往吃的东西都比较精致、美观，吃东西的速度也会比较缓慢，细嚼慢咽的，因为他们很难容忍一点瑕疵，凡事都追求完美。所以，吃可以体现一个人的思想品德与身心修养。《京味儿》这本书通过描述北京春夏秋冬的古老吃食，以及一些有关吃食的趣事，总能令我捧腹大笑，却又轻而易举地记住了一道道美食。我现在很盼着赶快到北京去旅游呢！

——黄雅星

2. 找美食。

通过网络、媒体等途径了解身边的美食，然后走出家门，到大街小巷去寻找特色美食（别忘了拍照）。

3. 尝美食。

亲自品尝自己熟悉或不熟悉的美食，并与身边的人们交流一下品尝的滋味。若条件允许，可现场采访美食的制作者与品尝者。

4. 做美食。

心动不如行动，赶快动手做做你喜欢的美食吧！在你制作的时候，可以请爸爸妈妈帮你录像。（相关视频略）

5. 写美食。

作家陆文夫说："吃饭问题永远不会成为过去。"请你根据前期的阅读和实践，为你喜欢的某种美食写一段有味道的文字。

要求：尽可能调动多种感官描写菜肴的色、香、味、形，学会在叙述中融入描写、融入情感。

【学生习作】

我的奶奶从前生活在重庆。在那里，家家户户都能闻到泡菜母水醇厚又清爽的味道。搬到广州后，奶奶用自备材料——从家乡带来的老盐水，为我们一家子平凡的生活增添了独特的，专属于泡菜的温馨。夹一口泡菜，蔬果纤维里浸透着的盐水随着筷头缓缓滴下，滴进你烦闷的心里，泛起清新的涟漪。咬一口，"嘎吱"一声脆响，鲜咸在舌尖散开，口腔中回荡着迷人的浓香。吃一口肉，咬一口泡菜，吞一口米饭，此为生活常乐之道。

——王喆

大家都知道著名诗人苏东坡"战果累累"，写过许多家喻户晓的诗词，可是你们知道吗？他还有另外一个不为人知的身份，就是美食家。而杭州名菜"东坡肉"就是源于苏东坡美食家的身份。东坡肉风味十分独特。它选自上好的带皮五花肉，先用大火猛烧，再加入黄酒，所以成型后色泽红艳、入口香糯，还有黄酒的微甜与猪肉的香气，让品尝者的味蕾瞬间绽放。东坡肉绝对是一道色、香、味俱全的美食！

——刘书宏

濑粉是中国的传统食品。它的形状是长条形的。春节时，我们都会吃濑粉。濑粉常与肉和菜搭配着煮。煮熟的濑粉白白的，汤呈糊状。饥饿的人们回到家，闻着这种浓浓的香气，就会垂涎欲滴，一口气吃上几大碗。濑粉刚咬下去时，你会觉得很滑、很爽口，等把整碗吃下，濑粉的香甜气息就会在你的口腔中流动。吃了濑粉，再喝上一口汤，天啊，汤的鲜美与濑粉的香甜完美地融合在一起，真的是享受啊！

——黄清华

6. 说美食。

这段时间，我们从读美食、找美食、尝美食、做美食到写美食，可谓是乘兴而去，尽兴而归，这从同学们完成的手抄报和PPT、拍摄的微视频和创作的美文中就能窥见一斑。接下来，请同学们依据各自的感受和作品来进行展示——先在小组内分享，再推选代表到全班交流。（略）

**教学活动三：对比探究，领悟生活智慧**

1. 品《有味》。

（1）我摘抄。

【示例】

原文：我记得我的童年像花朵从小巷一路开放，我奔向人生的盛宴，你在油布伞下轻轻呼唤，紧紧追赶。后来，我走得太快，在雨水中，打湿了寂寞的袜子。（《有味·油布伞》）

批注：唯美的句子暗藏着作者的后悔与思念，以及对奶奶的深情和不舍。我认为这句话蕴含着作者从童年到长大成人的故事，不断踩着花朵一般天真烂漫的童年走向人生的盛宴，走向成功，或许作者曾一度忘记童年在雨中不停追赶他的奶奶。奶奶老了，再也追不上他。她悄然离去时，作者才回想起从前快乐的童年和油布伞下的身影，顿感寂寞无边，而那熟悉的宁静小城也在朦胧的雨景中逐渐远去……

——李唯楚

（2）我设计。

看完《有味》后，请根据你对书中内容的印象，为本书设计封面。要求：使用A4白纸，图文不限。

（3）我评价。

请任选一个角度，为《有味》写一则短评，字数要求在50~350字。

【学生作品】

每一个人的内心世界都是不同的。正如汪涵，他是一名综艺主持人，这造就了他的幽默，也造就了他的寂寞。但即使这样，他还是能用全面却又独特的角度去细述民间艺术、美食文化的精妙之处。如同"我相信，它们和靖港一样，有自己的时间感，有自己的生命""我不会去惊扰他们，就像母亲从不会去惊扰我的梦"一样，书中的字里行间都透露着绅士的气质和哲学的见解。他让生活中平凡的事物显现出儒雅的味道，而也正是被他写活、写透的"有味"的艺术人生让他本人变成了一个十分"有味"的人。我想，这正是这本书的独特之处吧。

——李殷慈

"雨水之所以愿意落下，是因为它在天上，把满地盛开的雨伞，看作莲花。"我想，那雨水，便是汪涵的心吧；那雨伞，便是生活中朴质的点点滴滴吧。

汪涵在《有味》这本书里，描写了许许多多生活中的小事物，而在这些平实的事物里，汪涵却用他的一颗平静的心去观察、去感悟，从而引发出了许多令人深思的哲理，再配上他本人深厚、典雅的文学功底，继而，心落下，笔落下，在稿纸上旋舞，落成了这一大片的莲花园——《有味》。

作者汪涵，本是一位著名的主持人，可在这本书的"作者简介"一栏里，却只有短短的一行字："汪涵，湖南卫视主持人。"是的，连"著名"二字都没有。俄而转念一想，如果不是他这颗看淡纸醉金迷的心，又怎么能写出这样一本平实、引人深思的好书呢？我喜欢《有味》，因为它，就如它的作者一般，平实、宁静，具有超然物外的独特魅力。

——王琬婷

味道，需要岁月的凝练。《有味》中最让我感兴趣的是汪涵的内心世界。只有读书人的心灵，才得驾驭如此有味的文章。否则，怎么写出琴之声、墨之想、心之静？要用心做秤砣、大地做星盘才撑得起这样厚重的内容。《有味》就像汪涵苦心雕琢的一支箭，迅速地射入我心中最柔软的一部分。或许多年以后，我们会像汪涵所说的一样，用一把油布伞来笼罩时间的苍茫……"这世上没有东西我想占有，我知道没有一个人值得我羡慕。"读了《有味》，我知道身边还有很多好味道、好东西，它们不张扬，在默默享受着岁月的洗礼，在静静等待着我们的发现。《有味》一书，值得推荐。

——姚澜

万人眼里有万千世界，万人嘴里有万千味道。《有味》香气四溢，这不单指美食的味道、记忆的味道，还有感人肺腑的回味和遐想。

她给我说不尽的惬意，让我恍如漫步记忆的古巷，踏着汪涵走过的苔藓，直奔靖港，走过午后阳光下铺满木屑的木材器店，走过散发了百年锐气的弓箭古店……

在这个看似易碎的世界里，有着比岩石更坚硬、更牢固的东西，那就是信念，是手上带着"小物件"默默耕耘生活的人。他们的执着和坚守，是万千味道中最值得记忆的"有味"。让我们也抛开繁杂，静下心来，走进这个有味的世界吧！

——李昭仪

（4）我回味。

**屏显：**

　　读《有味》这本书，我印象最深刻的是书中平凡、宁静、悠闲的生活写照。那些平凡的事物总能给予读者一种亲切的感觉。读《靖港的街巷》时，我回忆起了童年行走于幽静的河流边的场景：阵阵清风迎面吹来，潺潺的流水与漆黑的夜空遥相呼应，一切都是那么的自然与美好……

——黄清华

　　提问：你读《有味》时，想起了什么？你爸爸、妈妈阅读时又想起了什么呢？

　　这真是一本非常有味道的书，读完这本书，我仿佛又回到了自己童年的快乐时光。我自幼生活在湖南一个偏僻的小山村，书中关于鸡毛掸子、磨坊、糍粑、木桶以及门前小河流的描述是那么贴切，这些都是我童年生活的影子。看着这些内容，我仿佛又回到了童年时代，书中字里行间描写的都是我童年生活的气息，我很怀念我的童年时光。

——王思仪同学的妈妈

　　在《有味》中，汪涵到处寻访传统手工艺的制作过程。这些古朴的物件更是勾起了他无尽的回忆。而这些手工艺，都已经在消失的边缘。我最怀念的三个物件——香干、糍粑和油纸伞，都出现在《有味》中。也许，在许多都市人的眼中，这些古色古香的物件根本比不上黄金与珠宝。但是，在我的眼中，这些中华传统文化都有着独特的魅力，如今它们很少出现在生活里，反而出现在作家的笔下，成为纸上的墨迹。它们的魅力，来自它们本身所透出的古朴味道。希望有更多的人，可以像汪涵一样，去探访那些传统文化，将中华优秀传统文化发扬光大！

——王思仪

2. 赏《雅舍》。

（1）识作者。

①观看视频：重庆电视台《品读》栏目《梁实秋·〈雅舍小品〉赏析》。

②结合视频及教师朗诵的《雅舍小品》片段，你猜测梁实秋是个怎样的人呢？

【学生发言】

我感觉梁实秋是个细心的人。他对日常生活中的一些平凡小事观察入微，而且总会有特别的视角。

——曾瑞琪

我发现梁实秋是个很淡泊的人。他绝不是个俗人，对庸俗的人们一味追求金钱的行为，他在很多文章中都进行了讽刺。他有着超然世外的恬淡，作品中很少有对痛苦的怨天尤人，有的只是释然。这一点很像张晓风，可能经历得越多越看得开吧。

——钟茜

我认为梁实秋是个聪明的人。他很有头脑，例如对于那些自私自利的人，他不是直接批评，而是用比较幽默的语气"夸赞"他们，达到了含蓄又犀利的讽刺效果。

——冯骏晴

（2）问《雅舍》。

读书要学会在无疑处设疑。同学们在近两周阅读《雅舍小品》的过程中，是否产生了疑问？我们先在小组内说说，然后再把小组同学解决不了的问题拿到全班来讨论。

【学生的精彩提问示例】

梁实秋是怎样把平凡的事物描述得妙趣横生的呢？

——李子衡

"雅舍"究竟何以为"雅"？

——刘泓萱

（3）悟生活。

【示例】

原文：对下属道貌岸然，或是面部无表情，像一张白纸似的，使你无从观色，莫测高深；或是面皮绷得像一张皮鼓，脸拉得驴般长，使你在他面前矮好几尺！但是他一旦见到上司，驴脸得立刻缩短，再往瘪里一缩，马上变成柿饼脸，堆下笑容，直线条全完成曲线条。如果见到更高的上司，连笑容都凝结得堆不下来，未开言嘴唇要抖上好大一阵，脸上做出十足的诚惶诚恐之状。（《雅舍小品·脸谱》）

感悟：这段话写得惟妙惟肖，幽默有趣，凸显了人性的弱点。那张谄媚人的脸，让人想起来便忍不住发笑，这都得益于作者采用的比喻、夸张和对比的手法。笑过之后，我又想，这其实是当今社会一种常见的现象。一人双面，令人恶心。社会中不应有这种见风使舵、八面玲珑的小人，我们也定不能变得如此圆滑。

——李唯楚

感悟：《雅舍小品》是一本轻松的读物，它不谈那些大而无当的话题，而是跟读者讲述一些在雅舍发生的趣事，这使书中无处不透着一种休闲轻快之感。《雅舍小品》的闲适魅力，还表现在语言上。简单朴素的语言十分幽默，其中又包含了很复杂的内容，这也可以看出作者深厚的文学造诣。作者在这本书里，把自己的情感——喜、怒、哀、乐全都包裹在无形的网袋里，看似溢出，却丝毫不露。

其实，在未读这本书之前，看到"雅舍"二字，我想象着应该为古代大儒之书房，翻开后没想到它只是一个透雨又透风、夏天被蚊子咬、冬天寒冷至极的地方，实在看不出何以为"雅"。读完之后我才明白，所谓的"雅"，并非指环境，而是指先生不管人间凡俗，一心做学问的学者品质和超然尘世、永葆初心的生活情趣与文人情怀吧。

——刘泓萱

（4）聊异同。

对比《有味》与《雅舍小品》，你更喜欢哪一本书，为什么？

【学生发言示例】

我更喜欢《雅舍小品》，喜欢梁实秋紧密而又轻松的行文，喜欢他调侃时幽默风趣的言语，喜欢他对小事物的关注，也喜欢他一本正经的论述。

——王喆

我更喜欢《有味》，因为我对《雅舍小品》每篇文章都引经据典的写法"不感冒"，所以不能与梁实秋产生心理共鸣，而《有味》的语言清新中不乏华丽，深刻中不乏真切，读起来很舒服。

——列俊艺

**教学活动四：反思总结，撷取有味人生**

1. 回顾与交流。

回顾近两个月的阅读过程，展示活动图片，梳理阅读方法，交流阅读收获。

小结：同学们，生活的乐趣就是在简单处发现味道、在平凡处发现珍贵。只要用心凝视，我们就能在自然景物、生活细节中找到宝藏。

2. 讨论并确定下次专题阅读活动的核心词与阅读书目。

（1）下期活动的阅读方式为自由阅读与专题阅读相结合。

（2）下期活动以"童年"为专题，阅读《孩子你慢慢来》《城南旧事》《草房子》《童年》和《呼兰河传》这五本书。

**【活动总结】**

　　这次前后持续近两个月的专题阅读活动,如同集中火力,打了一场攻坚战,孩子们在老师和家长的引导与陪伴下产生了阅读的兴趣,学到了阅读的方法,拓展了阅读的广度,推进了阅读的深度,语文素养和人文精神都在这个活泼又严谨的过程中得到了提升。

　　以刘书宏同学的感悟为例。他在文章中这样写道:

　　"读万卷书,行万里路。"阅读是我生活中必不可少的一部分。随着本学期阅读方式由自由阅读改为专题阅读,我的阅读观发生了一些改变。

　　比起上学期的自由阅读,专题阅读明显带着一点"强迫性",但是正是这种"强迫性"让我爱上了它。上学期的自由阅读讲究兴趣,让大家读自己喜欢的书,可一学期下来,每个人读的书籍种类都比较集中、单一。例如,我上学期只读历史类的书籍,只关注叱咤风云的人物对历史的影响,没有更广泛的涉猎,文学素养也不见提高。而本学期的专题阅读,从美食开始,一个个活动,一次次交流,一场场分享,实在是趣味无穷。

　　其实一开始我并不能完全接受这种方式,因为有些不是我感兴趣的书。但是每当我受到老师和同学的积极影响,沉下心来做批注或深入思考时,我往往会手不释卷,对那些书从讨厌变得感兴趣起来。

　　我想,专题阅读只是方法之一,它和自由阅读一样重要,都能帮助我们在不同类型的书中发掘自己的兴趣,同时提高自己的文学水平和人文素养。

　　真希望和大家一起,继续享受阅读的美好!

## 第二辑

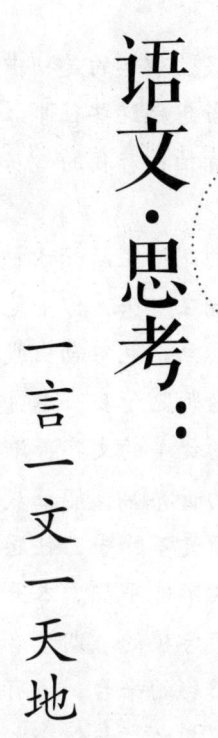

## 语文·思考：一言一文一天地

没有沉淀下来的思考，
就不会有超越期待的精神突围。

  令我最难忘的是初中三年与文字相伴的故事。

  每当想起这些往事，思绪如同潮水般涌上心头，它用青春的激情拍打着我的心房，又退下去，留下一道道永不磨灭的痕迹。

  我的阅读生活始于初一。一本《有味》所散发出来的书香，萦绕在心头，似一笔丹青，渲染出一幅如梦似幻的江南小城水墨画，也勾勒出我对文字朦朦胧胧的美的追求。初二时，楚老师赠予我一本《汪国真诗集》，那一行行散发着青春气息的优美的文字，渐渐地出现在了我的随想本上；一本《平凡的世界》，能让我在每周末那些乍暖还寒的黄昏，捧起它，便爱不释手，任思绪同茶香在夕阳的余晖中弥漫，心情却久久不能平静。本着一颗纯粹的对诗歌无比热爱的心，我参加了学校的"朗读者"活动，它所给予我的不仅是一个让自己出彩的平台，还有寒夜里那一盏虽然光线微弱却永不熄灭的理想之灯与信念之灯。上了初三，尽管学业繁重，我对文学的热爱却从未停息，所以还是坚持读完了散文集《广州沉香笔记》、小说《简·爱》等作品。

  尽管现阶段我阅读的书还不够多，但我却收获了丰富的阅读经历。每一次阅读，总能给我带来无限的惊喜与乐趣。在我看来，这都是一次次个人品位的提升、心灵上的陶冶和精神上的洗礼。

——2018届初三（6）班　列俊艺

初中以后就养成了写随想的习惯，无论是严肃认真的长篇书评，还是简短随性的心情抒发。上大学的时候出国了，整日地浸泡在英文的环境里，但每每有时间自己一个人静下来的时候，还是会忍不住提笔写下几句中文感想。看着笔下方方正正的文字，以及各种字句奇妙的组合，内心会升起一种满足与平静感。后来渐渐意识到，对语文的热爱早就在初中三年天天听楚老师讲语文课的时候默默埋下了。距离第一次听楚老师上课已经将近十年，但当初上语文课时收获的感觉却一直留在心里，印象深刻。楚老师上课讲的一字一句都在叙述着语文的美，带领我们进入一片丰富精彩的世界。一天又一天的言传身教以及每天下课后写随想的习惯，都在渐渐塑造着我们——从内在的精神世界的充盈到外在的一言一行的修为。随着个人经历的不断增长，早期埋下的对语文诚挚的热爱以及对文字的感知与运用，后来竟成为自己感受世界、表达自己的一种方式。对文学里传达内涵的丰富感知，对文字熟练的组合与运用，都体现在了书写与日常的言谈里。

——2010届初三（12）班　肖雅茜

楚云老师的语文课，距离我已有八年的距离了。课堂上的楚老师仿佛是一个中正的完人，她的普通话标准得听不出任何口音，她讲过的那些典故直到今天都没有出现任何瑕疵。印象中的楚老师总是轻声细语，同学们都视她为一种仪态端庄、温柔婉约的典范。

楚老师的课堂，时常有一些特别的形式，她让我们把桌子摆成大组，或是靠边摆放围合出中央的活动空间，如同是要开游园会。我很喜欢这种变化，像是在一成不变的课表中打开的一道口子。空间形式的变化，代表课堂形式的变化。印象尤其深刻的，是两次表演，一次是把课文当作剧本在课堂上表演，另一次是关于"莲"的诗词朗诵和歌曲演唱。能在语文课上唱歌，现在想来是很神奇了。

曾记得当时每日的随想作业，让我们每天把生活学习的感悟写一写，或是读书笔记，总之是一种培养记录和写作习惯的训练。我的文笔从来糟糕，总是瞎写。有一天，我竟想不出该写什么，就在纸上随便发了一通牢骚。楚老师看过后把我叫去，认认真真地跟我讲了很多。她说了什么呢？我已经不记得了，大概是不想记得，因为这实在是太过羞愧，怎么可以为了凑字数而发牢骚呢？虽然已经不记得楚老师当时说的话语，但她的认真开导带给我的那份紧张，我不会忘记。

自从有了微信朋友圈，我见证了楚老师在事业上勇攀高峰,以及"家有高中生"系列中她和女儿相处的点滴。楚老师的语文课已远去多年了,但作为言传身教的好老师,她还有新的故事要讲给我们听。

——2010届初三(12)班　雷振宏

# 父亲呵，父亲

## 一

文字是一种符号，溯源汉字，可以解开很多内生的中华优秀传统文化基因的密码。

在甲骨文中，"父"（ ）字的本义是一个人手里拿着一柄石斧猎捕或劳动，持有石斧是力量与勇敢的象征，所以"父"字的意思引申为持斧之人——也就是从事劳动且值得敬重的人。后来，"父"又被引申为"父亲"，这是因为，在人们的心目中，父亲通常具有独立、自信、宽容等刚性品质，勇担责任，敢于冒险，隐忍内敛，能给孩子提供规范、力量、支持和依靠。正如白话版《说文解字》中的注释："父，是规矩的代表，是一家之长，是带领、教育子女的人。"

20世纪著名的心理学家和哲学家弗洛姆在《父母与孩子之间的爱》中写道："婴儿需要母亲无条件的爱以及生理上和心理上的关心；6岁以后的儿童开始需要父亲的爱、父亲的威信、父亲的指点和忠告。"这几句话透露出了母爱和父爱的不同。

母爱如春风、如阳光，很温馨、很细腻，是无条件地以情感来感染和引导孩子，无论你长成什么样，母亲都会全身心地爱你；父爱如大山、如海洋，很雄伟、很宽厚，是有条件地以理智和行动来教育孩子，你需要符合一定的社会规范，取得一定的学业或工作成就，才能获得父亲的认可。

故而，母亲是家庭的催化剂与调和剂，父亲则是一个家庭的中流砥柱。

## 二

人教版初中语文实验教材中塑造了很多让人难忘的父亲形象。

七年级上册课文《走一步，再走一步》中莫顿·亨特的父亲冷静、理性，很有教育智慧。早已知晓事情原委的他找到因为恐惧和疲乏而伏在岩石上的儿子，没有一丝怒气，神态平静得如同往昔。作者写道："'下来吧，孩子，'他带着安慰的口气说，'晚饭做好了。'"这句话真是十分暖心——无论你有没有成为英雄，爸妈都等你回家吃饭，生活依旧安宁，世界依旧美好。这样强大的精神慰藉给了儿子支撑下去的力量，使原本已经"全身麻木，不能动弹"的他下意识地倾诉出了内心的恐慌："我下不去！我会掉下去，我会摔死的！"这三个句子虽然简短，却有着完整的结构成分，主语"我"本来至少可以省略一处，现在反复出现，似乎在强调一个念头：我很忧虑，我很危险，我没有安全感。这正是一个丧失了信心和勇气的孩子找到依靠、找回自我的真切表现。试想，如果没有父亲泰然自若的神态和语气，亨特怎么可能宣泄出内在的情绪呢？

同样是这位睿智的父亲，明明知道从岩石架上下来并不容易，却没有着急地爬上去把儿子抱下来，而是放缓语调，用轻松的口吻指导着他一步一步地自己移下来，从而让曾经在小伙伴面前失去尊严的儿子"产生了一种巨大的成就感"，这种成功的体验对于孩子来说是一笔珍贵的财富，足以让他勇敢而自豪地直面生活中将要遇到的一切困难。

其实，教材中与莫顿·亨特的父亲一样温和、慈爱又讲究教育策略的父亲形象还有好几个，例如，《散步》中的"我"通过言传身教，为儿子树立了榜样，在潜移默化间影响着孩子；《傅雷家书两则》中的傅雷在儿子失落时，如和风细雨款款相慰，而在儿子成功时则满怀欣喜、激情洋溢，真正做到了与儿子同甘共苦；《致女儿的信》中的父亲更是对女儿的成长表现出满怀的喜悦和充分的尊重。

和这些父亲相比，《爸爸的花儿落了》中英子的父亲虽然也很慈爱，但又不乏严厉。女儿赖床想要逃学时，他不由分说地抡起鸡毛掸子"痛下打手"，把孩子"从床头打到床角，从床上打到床下"；女儿因胆怯不敢去银行寄钱时，他毫不心软，只是反复叮嘱"闯练，闯练"……这样的父亲，似乎对待自己女儿的态度远远不及对待家养的花儿那般细心、和蔼。可是，正是在这样一位父亲的爱与教育下，年仅13岁的英子学会了自立自强，学会了承担责任，学会了坦然面对变故。如同"闯"字所示，英子就像一匹小马从狭小的马棚向外猛冲，冲破重重阻碍，冲进广阔的天地，终于成长为一匹坚毅、勇敢的千里马。

相较于英子的父亲等人一切为孩子的未来着想的教育理念，《伤仲永》中仲永的父亲竟然见识短浅地把神童儿子当成了赚钱的工具。《韩诗外传》云："夫为人父者，必怀有仁慈之爱，以畜养其子，抚循饮食以全其身，及其有识也，必言居正言以先导之，及其束发也，授名师以成其技。"仲永的父亲忘记了父亲这个身份的教育责任，利令智昏之下耽误了儿子的学业，摧毁了儿子的一生，也把自己生生地活成了天下人的笑话，实在是令人叹惋啊！

## 三

《孤独之旅》中的杜雍和也是一个好父亲。

生意受挫的他因为家庭经济困难而不得不带着自己懵懂不知事的儿子杜小康来到一片渺无人烟的芦苇地，两个人，放鸭子。故事从这里发端，一幅幅画面也随着曹文轩的笔触展现在我们眼前：

一片又一片寂寥的芦苇地，参差高低，密不透风。风吹过芦苇地，那芦苇迎风摇曳，纤细质朴，却韧劲十足。若是到了流火之际，还可以看到那如雪般的芦苇絮簌簌落下，铺下一地苍白。

　　就在那一片又一片寂寥的芦苇地中，有一只无声的小船泊在水面，一缕白烟缓缓地从船舱飘出，袅袅升起，默默消散。

　　两个身影，一大一小，一高一矮，各自蹲在船头船尾。他们各自吃着碗里的饭菜，伴随着米香和芦苇的清香，却一言不发。

　　鸭子在水中三两成群地嬉戏，一边"嘎嘎嘎"地叫唤着，一边梳理着自己的羽毛，却是这些画面中唯一的活泼而有生气的生命。

　　夕阳西下，如火的云烧红了天边。又是一天将要过去……

　　这是一个多么陌生、多么沉寂、多么孤独的世界。置身于这样的境地，已经不仅是来放鸭子，也是对一个温室里成长的孩子的历练，更是一个父亲对自己肩上担着却未能担起的责任的忏悔。

　　静能生慧，人往往要在告别浮华之后才会听到自己内心的呼唤。父亲和孩子，在这漂泊孤寂的半年里，如同苦行僧般一起感受孤独，一起战胜自我，一起修炼心灵，一起艰难成长。

　　是的，这段经历给我们的就是这种感觉——父子俩在做一场人生的修行。

　　孩子，在这场修行中迅速地成长，变得沉稳而淡然起来——这是一种远超同龄人的心境。锤炼出这种心境的他，必将在以后的人生道路上走得更加高远，犹如作者曹文轩所说："少年时就有一种对待痛苦的风度，长大时才有可能是一个强者。"

　　而父亲，也在孤独中看清了原来为了一点蝇头小利迷失自己内心的那个男人的可笑和可悲，终于从金钱的陷阱里重新走出来，思考起了人生。这样的父亲，固然也会犯错，但更多的是一种如山般的稳重，一种如芦苇般的坚韧。这样的父亲，在读者的脑海里静静伫立，伫立成一道不可撼动的风景线。

## 四

在亲情中，父爱多半是一种静默的存在。父亲这个群体，从来不言爱，即使不得不表达爱意也显得十分别扭。在《背影》这篇名作的课堂上，我和学生们一再地停下解读的步伐，正因为那些质朴无华的文字、那些细致又别扭的爱带给了我们一轮又一轮的思想冲击波。

"我身体平安，惟膀子疼痛厉害，举箸提笔，诸多不便，大约大去之期不远矣。"父亲写给朱自清的这封家书是我们争鸣的焦点。

一个孩子说信中病句很多。仔细一琢磨，的确存在着反常之处，例如，"身体平安"与"膀子疼痛厉害"前后互相矛盾，由提笔不便想到"大去之期不远"有些小题大做——看来父亲的这封信语法不过关啊！所有的孩子都笑了起来，几个心眼多的小家伙一边咧开嘴笑，一边狡黠地偷看我的脸色。

"一语天然万古新，豪华落尽见真淳。"越是看起来波澜不惊的文字越值得细致品读。我张了张嘴，正准备说点什么，身边的一个孩子嘟囔了一句："这个父亲在撒娇呢！""为什么？"我好奇地问。"我们小时候就是这样对爸妈撒娇的：妈，我手疼，不方便，你帮我拎书包吧！"

原来如此！

我心念一动，放弃了原本要说出口的话，转而问全班同学："那你们说说看，年龄这么大的父亲为什么要对儿子'撒娇'呢？"一连三个被我点到名字的学生都说不出个所以然——毕竟有一点很明显，父亲不是在"扮嫩"！最终，第四个站起来回答的学生迟疑着说道："我感觉父亲不是在撒娇，应该是在示弱，想要儿子关心他、问候他吧……"

我转过身，在黑板上板书"示弱"两个字，点点头说："这个词改得好，比'撒娇'更切合父亲的年龄和身份特征，但是我们还要在这个词语上面做文章。请同学们联系全文来补充一个句子。"一片静默中，黑板上留下了我疾书的一行粉笔字：

我没有想到，那个（　　　　）的父亲，竟然会向儿子示弱！

"沙沙"的翻书声响起来了，一只只手也高高地举起来了。

我没有想到，那个（在祸不单行的日子中没有掉眼泪）的父亲，竟然会向儿子示弱！

我没有想到，那个（在我流下眼泪时安慰我"天无绝人之路"）的父亲，竟然会向儿子示弱！

我没有想到，那个（把已经二十岁的儿子照顾得无微不至）的父亲，竟然会向儿子示弱！

我没有想到，那个（步履蹒跚、内心压力山大却没有怨天尤人）的父亲，竟然会向儿子示弱！

我没有想到，那个（为了给儿子买橘子而努力攀爬月台）的父亲，竟然会向儿子示弱！

我没有想到，那个（"少年出外谋生，独立支持，做了许多大事"）的父亲，竟然会向儿子示弱！

我没有想到，那个（两年不见"终于忘却我的不好"）的父亲，竟然会向儿子示弱！

我没有想到，那个（和儿子闹了很多年矛盾，后来甚至不让儿子进家门）的父亲，竟然会向儿子示弱！

…………

等所有举手的学生发言完毕后，我又追问了一句："原本那么倔强的父亲竟然会向儿子示弱，你们觉得这又是因为什么呢？"答案的产生并不需要漫长而艰涩的过程，我的话音刚落，孩子们已经七嘴八舌地说出了自己的想法：因为父亲老了，因为父亲想儿子了，因为父亲的身体不如以前了，因为父子之间血浓于水的亲情，因为父亲很爱儿子，因为父亲的老境十分颓唐……

人老了，的确是容易失去自信的，有时便不得不做一些"出格"的事情来刷一刷存在感了。比如《红楼梦》中宝玉的奶妈李奶奶。宝玉长大以后，她感觉自己被遗忘和忽视了，于是先去吃了宝玉留给晴雯的豆腐皮包子，后又喝了枫露茶，气得宝玉摔杯叱道："他是谁家的奶妈？"现在，朱自清的父亲也说出了以往没有说过的话，甚至用近乎卑微的方法祈求着儿子的关心和重视——想到这里，我的内心感伤不已。

"孩子们，"我扫视了一下全场，顿了顿，接着说，"关注平凡人生，方能体察冷暖世界。很多场合下，我们都愿意亲近母亲，而对父亲充满敬畏之心。西方人说，孩子是看着父亲的背影、和母亲面对面长大的。在我们的心目中，父亲的形象不是抒情文，而是说明文；不是叹号，而是句号。其实，父亲也有虚弱、脆弱甚至软弱的时候，父亲也有失意、孤独甚至潦倒的时候。他们对儿女的爱常常隐藏在或严厉或强硬或冷静的外表下，也许，等我们长大了，等我们自己也为人父母了，才会明白我们欠父亲一句'谢谢'和'对不起'——欠了很多年……"

说到这儿，我哽咽了，脑海中浮现的是我那卧病在床的老父亲枯槁的面容，浮现的是他患病前和我一起过马路时因为担心我下意识地想要牵住我的手的情形，浮现的是他卧床前我因为不知道他生了病一味埋怨他反应迟缓的神情……"唉，我现在想想，那时真是太聪明了！"

熊芳芳老师说："解读一个文本或是一个人，就是一种相遇、一种唤醒——遇见灵魂深处的自己，或者唤醒自己的一部分。"盈盈泪光中，我发现讲台下也有几个孩子红了眼眶，他们是不是也从《背影》中看到了自己，想起了自己和父亲的故事呢？

## 五

文学和生活是相通的。谢冕在《中国新文学的宿命》中点评《背影》，深情地说："那不是一个人的父亲的背影，而是所有中国人的父亲的背影，那为生活所压迫的'苍老'的永远不会消失的背影。"龚江薇同学亦在学完课文后，在她的随想本上向我提及自己的父亲：

文学作品中塑造的父亲形象充满了文字的魅力，是现实的投影，却总归是高于生活的。但是我的父亲，却是我朝夕相处的，在这个世界上最为熟稔、最无所保留的人。

那天是我生日。

早晨，父亲在我起来后给我煮了一碗长寿面。

我洗漱过后吃了一口，简直不敢相信这碗色香味俱全的面是经常被我嘲笑厨艺的父亲做的——真的很好吃，暖暖的，放了一个鸡蛋，撒了胡椒粉……葱花漂在面汁上，绿油油十分好看。

父亲坐在沙发上看书，看我吃得起劲，满不在乎地说："你妈叫我做的，我都忘了今天你生日了。"

我调侃他："怎么不是一根面到底的？"

父亲佯怒："快吃你的，反正都是面，有的吃就不错了。"说完，立刻低下头去看书，一副别来打扰我的样子。

我被升腾起的雾气蒙住了眼睛。

真好，有这样一个细心却又别扭的父亲。

从来没有想过，会在自己生日那天吃到父亲亲手准备的长寿面——我们一家人都不看重生日，我的生日一般都是简单祝福一下就过去了，这么淡淡过了几年，来自父亲的礼物，让我打心里暖了起来。

我到底还是在意生日的，母亲性格不是非常细腻，不怎么能看出来她对我的爱。倒是那个五大三粗的父亲，默默地准备着。

父亲呵，父亲，看起来稀疏平常不打眼，却又如春雨般润物无声。

每一个人都有一个不同的父亲，但他们总归又是相同的。

他们都是独一无二的父亲。

## 六

写这篇文章的晚上，散步归来，我在大院门口与一对父女擦肩而过。

女孩三四岁，拽着父亲的手腕，声音响脆悦耳："爸爸，地上是我的影子吗？""是的。"父亲的回答柔和而富有磁性。"可是它为什么没有眼睛呢？""哦，"父亲轻轻一笑，"那是……"

我竭力辨析父亲的回答，可惜杂乱的脚步声很快就把他的话语淹没了，只依稀听见小姑娘的惊叹。那一刻，我竟产生了一种冲动，想返身叫住他们，让那位父亲把他的答案再说一遍。

当然，我终究没有回头。

我想起了吃晚餐时坐在我斜对面的一家三口。

那是在商场内的美食城，人来人往，热闹异常。本想匆匆吃完，早点离开，但却无法不关注到他们三人。约摸五岁的小男孩活泼好动，忽而起身去玩桌上的餐具，弄得一片狼藉；忽而失手打翻汤碗，又哭又叫，惹来侧目频频。可以想象的是他的妈妈几乎不能安静地吃一口饭，只能像消防队员一样抢险救灾。而身边的爸爸呢？如果不是孩子呼唤他，我怎么也不敢相信他们是一家人——因为就在当妈的手忙脚乱的那十几分钟里，他居然一直都在玩手机，片刻不曾抬头，仿佛身边的母子俩与他素不相识，仿佛他根本就不存在一样！

中国青少年研究中心研究员孙云晓曾说："父教不可缺少也不可能替代，父亲对孩子的成长有着难以估量的影响，父爱关系着孩子个性品质的形成，缺少父爱如同孩子成长中缺'钙'"。

同样是父亲，给人的感觉为什么会有这么大的差别呢？我的心中百感交集。

# 探幽林海音笔下的烟火味儿

## ——换个角度看《窃读记》

文字本是个性化的产物，行走在俗世凡尘中的作家会让它们散发出烟火的气息。有了烟火味儿的文字，就有了生活的味道。

林海音的《窃读记》就是这样一篇叙事散文。

作为台湾文学"祖母级的人物"，林海音（原名林含英）的文章受到了不同年龄、不同地域读者的共同喜爱。她的作品没有波澜壮阔的社会题材，没有浓墨重彩的铺垫渲染，却有淡淡的暖意和通透的童心。

正因为《窃读记》具有这种朴实、自然、清新的风格而入选沪教版、鄂教版、鲁教版、人教版的小学、中学语文教材。文章以"窃读"为线索，讲述作者放学后匆匆赶往书店，藏身于众多顾客之中、借着雨天读书，直至晚上才依依不舍地离开的故事。一望而知，表达的是自己儿时对读书的热爱和对知识的渴望之情。

但是，如果仅仅读出这些内容与情感，实在辜负了林海音的生花妙笔。我们解读一个文本，首先是与作者跨越时空对话，而对话的内容有些是作者呈现出来的文字，有些却隐藏在文字的背后。那么，《窃读记》中还有什么？林海音通过这篇文章还向我们诉说了什么呢？曲径探幽，通过细读文本和关联对比，或许我们能够发掘出更丰富的内涵：

**一、有面对现实的苦痛，也有追求梦想的快乐**

人生处处有苦难，而"贫苦"是《窃读记》中没有回避和矫饰的苦难。

作者这样写："我明知道，任何便宜价钱对于我都是枉然的，我绝没有多余的钱去买。"所以，当书店老板厉声阻止，不准"我"免费看书时，因为贫苦而自卑的"我"只能在心里抗诉："我是偷窃了什么吗？我不过是一个无力购买而又渴望读到那本书的穷学生！"也只能在"饿得饥肠辘辘"时，做个饱食排骨大面再坐上弹簧沙发尽情阅读的白日梦。

是啊，"如果袋中有钱该多么好！"读书获得的是精神上的愉悦，然而，假如温饱问题不解决，现实迟早会给梦想狠狠的一击。

林海音出身于书香门第，她的父亲林焕文是优秀的爱国知识分子，汉学功底深厚。受父亲的熏陶，林海音的文学生涯发端较早。她的同学吴金玉晚年回忆道："刚上春明时，林含英（英子）给人的感觉是不爱说话，静静的……那时她就很喜欢文艺了，有一次上课，只见她一个人把头压得低低的，默默地掉眼泪，原来她在看《红楼梦》。那时候女孩子是不准看《红楼梦》《西厢记》之类的图书的，怕学坏了。"后来，林海音没有学坏，她成了一位著名的作家。

可惜的是，小学毕业后父亲过世，她作为家中的老大，不得不以自己稚嫩的双肩承担起生活和社会的重压。"爸爸的花儿落了。我已不再是小孩子。"《窃读记》中就用大量的心理独白和细腻的动作描写，刻画了"我"窃读时无法掩饰的艰辛。

文中有这样一段话：为了不被饥饿干扰阅读的快乐，"我又想出了一个好办法：临时买上两个铜板（两个铜板或许有）的花生米放在制服口袋里，当智慧之田丰收，而胃袋求救的时候，我便从口袋里掏出花生米来救急"。因为"花生皮必须留在口袋里"，有时"回到家把口袋翻过来，细碎的花生皮便像雪花样地飞落下来"。此处描写相当精彩，稍一琢磨，便觉意味深长。

这番景象容易让人联想到范仲淹早年生活清苦时把凉粥划成四块充饥，以把全部精力投入读书的故事，也容易让人联想到鲁迅夜晚难耐寒冷时大嚼辣椒坚持读书的场面。与他们不同的是，林海音笔下那"像雪花样"腾空飞舞的花生皮承载了"我"的辛酸、"我"的快乐，还传达出孩子纯真心田的诗意和浪漫，是一种含泪的微笑。

说到这儿，不妨提一提《窃读记》中被删去的内容。原文曾引用过一首小诗，据说是一位外国女诗人的作品。诗歌全文如下：

我看见一个眼睛充满热烈希望的小孩，/在书摊上翻开一本书来，/读时好似想一口气念完。/摆书摊的人看见这样，/我看见他很快地向小孩招呼：/"你从来没有买过书，/所以请你不要在这里看书。"/小孩慢慢地踱着叹口气，/他真希望自己从来没有认过字母，/他就不会看这老东西的书了。/穷人有好多苦痛，/富的永远没有尝过。/我不久又看见一个小孩，/他脸上老是有菜色，/那天最少是没有吃过东西——/他对酒店的冻肉用眼睛去享受。/我想着这个小孩情形必定更苦，/这么饿着，想着，这样一个便士也没有。/对着烹得精美的好肉空望，/他免不了希望他生来没有学会吃东西。

这首诗十分契合林海音当时的境遇和心情，因此她会"抄录下来，贴在床前，伤心地一遍遍读着"。诗歌写一个孩子想读书却没有书读，想吃肉却没有肉吃，流露出深陷于贫苦之中的悲愤。倘若没有学会吃东西，就不会有对美食的憧憬；倘若没有认过字母，就不会有对阅读的向往。然而，正如《小王子》的作者圣埃克絮佩里所说："领略过一次海风滋味的人，永远都忘不了这种滋养。"因为有文学的召唤，贫穷与其他形式的苦难都不是放弃的理由，它们只是通往梦想和快乐的弯路而已。

苦难不断，追求不止，正如林海音《爸爸的花椒糖》里的一段话："孤独不算孤独，贫穷不算贫穷，软弱不算软弱，如果你日夜用快乐去欢迎它们，生命便能放射出像花卉和香草一样的芬芳——使它更丰富，更灿烂，更不朽了——这便是你的成功。"

### 二、有面对世俗的抗争，也有纯真心灵的脆弱

文中还有一句话值得品析："有时一本书我要分别到几家书店去读完，比如当我觉得当时的环境已不适宜我再在这家书店站下去的话，我便要知趣地放下书，若无其事地走出去，然后再走入另一家。"这句话里的"知趣"一词读来让人心疼！

"知趣"原指"识相，对事物有自知之明"，用在大人身上有历经沧桑的成熟或世故感，而用在一个小女孩身上则有受过伤害的无助或辛酸感。

我们不妨想象一下，当时究竟是怎样的一种环境会使她如此敏感、脆弱和小心翼翼，要装作"若无其事"地离开——老板的驱赶、店员的警告，还是其他顾客的蔑视让她找不到藏身之所？我们无从知晓，只知道一个极度渴望在书海中遨游的孩子被成人世界的势利伤害了心灵。

回溯前文，终于在书架上见到那本尚未读完的书时，"我"是多么欣喜，以至"把头发弄乱了"，也依旧沉浸在"暗喜"和"庆幸"之中。谁料一只巨掌突兀出现，一声断喝惊吓众人："你到底买不买？"如此"威风凛凛"的语气令人"羞惭而尴尬"，于是，"我"悲愤地抗争了："看看都不行吗？"——多么"软弱无力"的辩驳，明明是被伤害者却变成了麻烦制造者，只能赶快离开。

### 三、有面对冷漠的怨恨，也有感念善意的安详

较早体会到"穷人有好多苦痛，富的永远没有尝过"的林海音对社会的认识比很多同龄人更深刻，所以她的作品能描绘出形形色色的社会众生相。

假如说前面那个"有一只巨掌"的冷漠的书店老板无情地刺激了

"我""对人类的仇恨"心理，那么那个"耳朵架着铅笔"的店员特意把书多留一天等"我"读完的举动，不但使"我"获得了精神与知识、智慧的粮食，更重要的是拯救了"我"的心灵，使"我"走出心理阴影，使"我"明白自己是"吃饭长大，读书长大，也是在爱里长大的"，从而获得健康成长，可谓是帮助"我"进行了救赎。

窃读让林海音遭遇了被歧视的尴尬，却也让她收获了好心人带来的幸福。文章结尾写道："我低着头走出去（书店），黑色多皱的布裙被风吹开来，像一把支不开的破伞，可是我浑身都松快了。"现实依旧充满不幸，然而心灵已经变得宁静，这样的小确幸多么美妙！

于是，我们和林海音一起懂得了一个道理：

生活就是如此——有书香，也有烟火味儿；有诗和远方，也有眼前的苟且。只要坚守初心，贫瘠的土地上也能看到风景。

（本文于2016年9月发表在《现代中小学生报》总第3566期，收录时有改动）

# 用联想和想象与诗词对话

## ——《古代诗歌四首》的教学思考与实践

### 【教学思考】

古典诗词是极富有韵味、美感和意境的形象性、情感性文本，是"情动于中而形于言"的醇厚产物。叶圣陶先生曾说"作者胸有境，入境始与亲"，言下之意是读者只有与作者在文本中所描述的图景和思想情感融为一体，才能与作者息息相通、与文本真切对话，从而深入解读文本。对于初中生而言，学习古典诗歌时，能够在理解诗词内容的基础上，感知诗词中的形象，体验诗人的情感，契合诗人营造的意境应该最为重要。

然而，实际的教学过程却面临着很多无法绕开的障碍，例如，时代背景相距甚远，学生的生活阅历和人生经验有限，诗句凝练含蓄又富有跳跃性，解读时有巨大的空白需要填补，等等。于是，我们便经常见到诗词课与一般的文言文阅读课没有区别的现象：老师先介绍背景、解析意思，然后归纳手法、总结主题，学生则忙于死记硬背、被动接受、被动积累。这样的古典诗歌教学没有情感的共鸣和心灵的激荡，总给人一种隔靴搔痒或是隔岸观火之感。

那么,初中古典诗歌教学究竟应该如何引领学生进入诗词的情境呢?美学大师朱光潜认为通过联想和想象看出事物、意象、词语之间所隐藏的巧妙关联,乃是接受复杂文本的一个最好途径,"作诗和读诗,都必用思考,都必起联想,甚至于思考愈周密,诗的境界愈深刻;联想愈丰富,诗的境界愈完美"。由此我想,借助联想和想象来唤起和加强学生的阅读积累、生活储备与情感体验或是我们教学古典诗歌时的最佳突破口和着力点。

【教学实践】

教学人教版七年级上册第15课《古代诗歌四首》时,我按照赏读古典诗歌的三个阶段进行了相关的探索:

一、感知内容阶段——由字词生发联想和想象

赏读诗词,首先要过语言文字关,没有读懂便无法悟透。古典诗词的语句讲究炼字用词,一般都比较通俗、直观。当孩子们觉得词句陌生时,若引导他们利用联想来理解,往往能够一举两得:既疏通了意思,又增加了积累。

学习《钱塘湖春行》一诗时,我首先用"回忆与'春'有关的成语和诗句"来导入,在学生列举出"草长莺飞、春寒料峭"等成语和"阳春布德泽,万物生光辉""碧玉妆成一树高,万条垂下绿丝绦。不知细叶谁裁出,二月春风似剪刀""竹外桃花三两枝,春江水暖鸭先知"等诗句后,再让他们依据生活经验大致判断这些诗句描述的分别是早春、仲春还是晚春之景,接着自主诵读《钱塘湖春行》,从字词中寻找"蛛丝马迹"进行类似的推断。学生的学习热情高涨,不一会儿就找到了近十个线索来证明白居易是在早春时节游览西湖。在这个围绕着"春"景进行推理的过程

中，积极、主动的学习氛围迅速消除了学生与新诗的心理距离，并在这种顺畅的心理联系中以阅读积累和生活储备为桥梁，成功完成了对知识新的建构。

随着赏析的推进，学生因为生活环境的原因，普遍对"水面初平云脚低"和"乱花渐欲迷人眼"二句感到不解。为此，我启发他们到刚刚学过的朱自清的散文《春》里搜索可以照应的句子。他们很快发现"山朗润起来了，水涨起来了"能够印证"水面初平"一句是描写早春的景象（一个细心的孩子甚至马上联想到《次北固山下》中的"潮平两岸阔"同样也是在描画春潮涌涨的浩渺之景）；《春》中的"野花遍地是：杂样儿，有名字的，没名字的，散在草丛里，像眼睛，像星星，还眨呀眨的"则生动地阐释了"乱花渐欲迷人眼"的含义。与此同时，学生还惊喜地发现"小草偷偷地从土里钻出来，嫩嫩的，绿绿的"也能细腻地展现出"浅草才能没马蹄"的质感。在这个环节中，我们以文解诗，联系熟悉的现代文来解读陌生的诗句，收到了意料之外的教学效果。

诗词的语言蕴藉深厚，仅仅理解字面意思是远远不够的，必须挖掘出深层的含义，即词句隐含着的诗人的情感。为了帮助孩子们加深印象，我又在"乱"字上进行拓展，与他们一起结合背景，对比分析了白居易笔下的"乱花"和欧阳修笔下的"乱红"（见欧阳修《蝶恋花》中的"乱红飞过秋千去"），反复品读后得出结论："乱花"指"纷繁开放的各种颜色、各种式样的花"，而"乱红"指的是"缤纷落下的花"；"乱花"绽放的是生机与活力，清新可爱，而"乱红"凋零的是青春和心情，落寞悲伤。

正所谓"他山之石，可以攻玉"，借助上述这些或相同或相似或相关或相反形式的联想来感知，学生的思维被激活了，思路被拓宽了，情感被调动了，既领悟了诗歌的意思，又触动了心灵。他们想象着自己在风和日丽中徜徉在美丽的西子湖畔，耳畔莺燕呢喃，眼前碧波荡漾，心底毫无羁绊，脸上的笑容更明媚了，再次诵读诗歌时声音里也洋溢着轻快和愉悦。

## 二、感受意象阶段——由形象生发联想和想象

诗歌是语言的艺术，生动传神的艺术语言能够带领读者进入具体可感的形象世界。诗歌中的形象丰富多彩，因其熔铸了诗人的主观情感而转化为意象，把握形象、感受意象是进入诗词意境的通行证。

《观沧海》气势雄浑苍劲，个性化的景物描写中透露着强烈的感情。作者曹操面对洪波涌起的大海，思绪在现实和想象中翻飞，建功立业的雄心壮志集中寄寓在"沧海"这一意象上。因为这样，我们必须参悟"沧海"才能把握诗人的情感。

教学时，我先让学生放声朗读《观沧海》这首诗，然后全班讨论：诗歌中作者所观的"沧海"与我们所见过的大海有什么异同？学生在思考中渐渐把视线聚焦在"日月之行，若出其中；星汉灿烂，若出其里"四句话上，他们借助联想和想象，解说着诗歌中"沧海"的形象：茫茫大海与天相接，在这雄奇壮丽的大海面前，日月星汉都显得渺小了，它们的运行，似乎都由大海自由吐纳。这样的大海包容天地、吞吐宇宙，很明显是超越了现实生活的，它融进了诗人自己的想象，带有了诗人自身的情感，成了诗歌中的典型"意象"。

接下去，我们又围绕着这个意象，探究了三个问题：1. 诗人笔下的大海为何会呈现出这样的特点？2. 诗人只是在写大海吗？3. 诗中的曹操与你印象中的有何不同？此时，我结合课下注释，补充介绍了诗人的写作背景，学生恍然大悟：原来曹操笔下的沧海就是他本人的代言人，他观的是沧海，表达的却是心境；他的雄心勃勃正与大海气吞万里的磅礴气势相契合，他的奋发乐观正与草木的生机勃勃相吻合，如同王国维在《人间词话》中所说："有我之境，以我观物，故物皆著我之色彩。"明确了这些内容，学生们感慨不已，仿佛触摸到了作为一个诗人、政治家、军事家的曹操形象，感受到了他奋发进取，立志统一国家的伟大抱负和壮阔胸襟。

在这个过程中，我们由自然形象（"沧海"）的赏析过渡到人物形象（曹操），通过联想和想象先回忆自然形象的特点，然后解读意象的特

点，为后面体验诗人情感、融入诗歌意境奠定了良好的基础。

### 三、感悟情感阶段——由画面生发联想和想象

融入诗词创设的情境是初中古典诗歌教学的追求。高尔基在《给两位青年作家的公开信》（中国青年出版社1955年版）中说："作家的作品要能相当强烈地打动读者的心胸，只有作家所描写的一切——情境、形象、状貌、性格等等，能历历地复现在读者眼前，使读者也能够各式各样地去'想象'它们，而以读者自己的经验、印象及知识的积蓄去补充和增补。"因此，当我们阅读诗歌的时候，不妨借助联想和想象进入诗人所描绘的意境中，想象诗人当时的言行心理，还原出诗人的生活情境，从而感受他的情感波动，领略诗歌的艺术魅力。

《天净沙·秋思》是一首画面感和感染力极强的小令。篇中仅用了五句28个字就生动描绘出一幅苍凉萧索的秋郊夕照图景，细致刻画了一种愁苦寂寥的天涯游子心境。教学时，我侧重联想和想象，重点设计了以下几个教学环节，取得了不错的教学效果：

1. 感知基调，配乐诵读。

2. 理解曲意，把握画面：①为作品中的几幅画面命名；②根据自己的理解和联想，点评教材第69页上的插图，提出修改意见或是重新创作插图。

3. 发挥想象，描述画面：选择一个或多个画面，添加相关的细节，用散文化的语言描述画面。

4. 置换比较，延伸感悟：①调整词句顺序后对比品读（如删掉"小桥流水人家"，把第一句改成"昏鸦老树枯藤"）；②与《商山早行》中的"鸡声茅店月，人迹板桥霜"进行对比赏析（写作特点相似）。

5. 借助联想，归纳梳理：积累表达相似主题或有相同意象的古典诗词。

其实，类似这样由画面生发联想和想象的体验还有很多表现形式，例如，教学《茅屋为秋风所破歌》时，让学生以第一人称想象并用自己的

语言描述当时的情景；学完《破阵子·为陈同甫赋壮词以寄之》后，为诗歌构思几个电影镜头；理解《赤壁》后，设计杜牧与周瑜见面的场景；在《武陵春》的插图旁边拟写旁白或是寄语词人；教学《石壕吏》时让学生进行角色扮演；学习《行路难》时设计李白的情感变化图；为《白雪歌送武判官归京》创作插图；等等。这些教学策略深受学生欢迎，既使学生身临其境，阅读一首古典诗歌如同经历了一段不一样的人生，并在体验诗人的情感变化和生命活动时，注入自己的情思和经历，又丰富了诗人的创作原意，为诗词完成了一次文化的建构。

（本文发表在《语文教学通讯·初中刊》2012年第6期，收录时有改动，原文的正标题为《在联想和想象中加强体验》）

# 读出文本中想说而没有明说的话

## ——语用学视野下的文本解读策略

优秀的文本具有无限的生命力,不同的解读方式所挖掘和呈现的结果迥然不同,对学生思想境界的引领和语文能力的培养也大相径庭。《义务教育语文课程标准(2011年版)》明确指出"语文课程是一门学习语言文字运用的综合性、实践性课程"。这句话强调语文教学就是教学语言运用,而教学过程中的文本解读,也应当注重从语用学的角度进行动态建构和实践运用。

所谓语用学,简单地讲,是以语言使用和语言理解为研究对象的学问。所谓语用,即语言运用,是指交际双方在一定的场合,为着一定的目的,以某种方式进行的话语表达和话语理解的活动。从本质上来说,教师和学生共读的文本是作者在特定情境中的言语交际成品,即作者在一定情境(即语境)中用来表达自己情意的典型话语。我们对这些话语进行语用分析,就是对语用主体在一定情境中的话语内容(写了什么)、话语形式(怎样写的)以及所产生效果(写得怎样)的分析,这种分析可以帮助我们达成以作者表情达意的书面语言(即话语)为凭借来细化阅读教学、深入言语教学，从而切实地培养学生的语感并提高学生的语言文字运用能力的目标。[①]

大致地说，语用学视野下的文本解读重点关注的是作者的言语习惯、语用主体的言语形式和表达意图、言语的上下文语境和言外之意等等。

**一、从作者表达的言语习惯切入，感知作品的整体风格**

文如其人，每一位作家都有自己的言语习惯，每一种言说方式都是一种心理图式，因此，每一部作品都具有自己的个性品质，这种品质不是由作品写了什么内容来体现，而是取决于作者运用了怎样独特的方式或特定的言语习惯把自己想说的意思表达清楚。

1. 叙述人称。不同的叙述人称唤醒的阅读体验是不一样的：第一人称增加了叙述的真实性，第二人称增加了亲切感，第三人称则显得比较客观公正。如，统编版七年级上册第五单元第16课《猫》，这是郑振铎1925年11月秉承"为人生"的现实主义文学理念创作的小说，作者自己在收录本文的短篇小说集《家庭的故事》一书《自序》中说："他们并不是我自己的回忆录，其中或未免有几分是旧事，却绝不是旧事的纪实。"然而，读者普遍觉得《猫》读来真实可信，究其原因是作者在作品中运用了第一人称叙事，并且嵌入了自己生活的影子。读者随着"我"的所见所闻进入情境，又随着"我"的所感所思沉入情境，故事便显得像是作者亲身的经历或者是亲眼看到、亲耳听到的事情了。而这种散文式的小说写法，其实正是郑振铎小说的特别之处。再看《那树》（人教版九年级下册第三单元第10课）。作为台湾著名散文家王鼎钧的名作，《那树》有意运用第三人称，以一个旁观者的身份来叙述大树的故事，情感表达得冷静而含蓄，有一种既奇幻又深挚的感觉。读者在形象的描述中远距离审视着大树遭遇的

---

① 黄淑琴. 课文分析本质上就是话语的语用分析[J]. 广东第二师范学院学报，2011（4）.

悲剧全程，内心会不由自主地受到强烈的震撼。

2. 言说语调。不同作者的言说语调，甚至同一作者在不同文章中采用不同的言说语调都能营造出不同的氛围。譬如《植树的牧羊人》（统编版七年级上册第四单元第13课）的作者让·乔诺是一位电影编剧，他和西方国家大多数的编剧一样，在创作实践中习惯以剧作家的笔调来反映生活——文字清爽、干净，着重表现作品中的主要形象，对动作或画面常常直接白描，不拖泥带水，不过多追求文学上的修饰。文中牧羊人挑选橡子的过程具有很强的画面感，如若细腻描写，一定能给予读者鲜明的审美快感，但是让·乔诺在此处的言说语调却是平静而温和的，用词也相当简洁，既不挖空心思地增强吸引力和感染力，也不刻意把自我的感情倾向强烈地表达出来，只是按照先后顺序娓娓叙述，使得作品在真切感人的基础上又增添了冷静节制的色彩，十分契合人物"安静、忠厚、不张扬"的特点。再如朱自清。他的言说语调是丰富多变的，《背影》（统编版八年级上册第四单元第13课）这类抒写家庭生活的散文使用的是素朴沉郁的语调，而《春》（统编版七年级上册第一单元第1课）这类借景抒情的散文的语调则往往清幽秀丽。难得的是，这些不同的语调在朱自清的笔下竟然毫无违和感，因为无论是哪一类语调，都与文章内容相匹配，都采用了提纯过的口语，都富有真情实感，都具备节奏鲜明、韵律和谐的诗意美。而这亦与朱自清原本是一个诗人，在现代诗方面有很高的造诣密切相关。

3. 常用词句。这里所说的"常用词句"指的是作者在文本中不吝笔墨刻意反复使用的字、词、句。这些字词和语句的一再出现，常常在不经意间奠定了整部作品的情感基调。我们在解读文本时，有必要把这些词句找出来进行对比品析，从而挖掘出作者特别的言说方式背后的秘密。在这方面，《秋夜》（人教版高中语文实验教科书必修第二册第一单元第3课）是经常被提及的例子。作品开头写道："在我的后园，可以看见墙外有两株树，一株是枣树，还有一株也是枣树。"鲁迅先生不直说"我的后园有两株枣树",而是分成四个短句(后两个短句还有重复拖沓之嫌),既客观展现了他的观察顺序,又用沉重的语调传达出内心的愁苦和无奈,一个怀着愤懑心情的孤独的思想者形象由此贯穿了全篇。再以《秋天的怀念》(统编版七年级上册第二单元第5课)为例。这篇文章满含着作者史铁生对已故母亲的回忆以及"子欲养而亲不待"的悔恨之情,语言看似平平淡淡,实则精准而深挚。我们来看一个描述母亲行为的语句:"母亲就悄悄地躲出去,在我看不见的地方偷偷地听着我的动静。当一切恢复沉寂,她又悄悄地进来,眼边儿红红的,看着我。"咀嚼句中"悄悄地""偷偷地"这些反复出现的词语,我们的心情是十分沉重的,一个毫不犹豫地忘记自己、小心翼翼地爱着儿子的母亲形象在我们的心底深深地扎下根来。由此,我们不难发现:史铁生的"语言是很有嚼劲的"。与让·乔诺一样,他也喜欢"用非常节制的笔墨抒写翻腾的情感"[1]。有意思的是,作者越克制,读者越急切;作者越是淡然地内敛,读者越是热情地探究。等到作者点到即止,适时地退到幕后,读者便在台前更大的空间里品析、探究和思考,更加深刻地感受作品所绽放的言近意远的魅力。

## 二、从人物对话的言语方式切入,感知人物的言外之意

言为心声,每个人的言语都带有自己的性格特征以及感情色彩,我们解读人物,要研讨人物说话时的句式和语气,分析人物说话时的心情、说话所要表达的目的,还要听到这些说话的人的心理感受,只有这样才能更好地了解人物语言的言外之意。让我们来读读前文提及的《植树的牧羊人》中主人公艾力泽·布菲说过的话:

1. 他回答说不吸烟。
2. 他说不用我帮忙。

---

[1] 徐赛儿.品析精准语言 体悟作者情感[J].中学语文教学参考,2017(10).

3. 他还说，如果我没事，可以和他一起去。

4. 他摇摇头说，不是。

5. 他说不知道。

6. 他说，他五十五岁，叫艾力泽·布菲，原来生活在山下，有自己的农场。可是，他先是失去了独子，接着，妻子也去世了。

7. 他说，这地方缺少树；没有树，就不会有生命。他决定，既然没有重要的事情做，就动手种树吧。

8. 他说，羊吃树苗，就不养羊了，只留下了四只母羊。

9. 他还指着一片白桦林说，这是五年前种的。

这是整篇课文中牧羊人说过的所有话语，它们的背后有什么奥秘呢？

首先看言语形式。即关注语气、句式、标点等传达的信息。稍一比较，不难发现，上述话语有很多共同特征，如：都采用了转述的句式；句末的标点符号都是句号；内容都十分简短；绝大部分语句都含有否定词"不"。转述句的意思就是把别人说的话转达出来。因为转述，读者变成了"我"所述言语的直接受话者，读文章变成了听"我"讲述牧羊人植树的故事，作者和读者之间的交流也就更加畅通无阻了。而且，上述话语全部都是陈述句，语气十分平和，甚至可谓波澜不惊，这也与前面提到的克制冷静的篇章特色保持了一致。

其次看言语内容。这方面的分析我们需要用到语用学中的会话含义理论。这一理论是美国哲学家格莱斯于20世纪70年代提出来的，它在言语交际中起着非常重要的作用。格莱斯认为，在所有的语言交际中为了达到特定的目标，说话人和听话人之间存在着一种默契，一种双方都应该遵守的原则。他把这种原则称作会话的合作原则。合作原则又包括四条准则：（1）量的准则。说话人为听话人提供的信息量不多也不少。（2）质的准则。说话人所说的话是真实、有依据的。（3）关联准则。说话人所说的话与交际的话题、意图相关。（4）方式准则。说话人所提供的信息要清楚明白。这四条准则是说话人与听话人在言语交际行为中都必须遵守的准则，语用学研究的核心内容就是当说话人违反了这四条准则时，听话人如何根据语境超越字面意义去理解话语的隐含意义（即前面提到的"会话含义"）。[①]

从转述的9句话及上下文语境来看，艾力泽·布菲的言语大部分是被动地对"我"的问话的回答，这表明他是一个沉默寡言、不善言辞的人。他的回答真诚直接，符合质的准则；没有顾左右而言他，符合关联准则；清晰简练有条理，符合方式准则；唯一不符的是量的准则，因为其言语内容少于（偶尔多于）提问者希望或需要获得的信息量。

例如第2句，当"我抽着烟，想帮他挑"橡子时，他只回应"不用我帮忙"，却未说明原因，也没有客套地道谢（第1句同此）；第4、第5句，当"我"询问那块地的主人时，他只用"不是""不知道"来回答，丝毫没有对这个话题深入交谈的兴趣。这些短句以及那么多"不"字的使用，可以看出他低调朴实、特立独行、心无旁骛且毫不矫揉造作的率真个性。

与这几句相比，第6句篇幅长，似乎信息量已经很大，然而细细品读，"先是……接着……"这组关联词的使用在平静的叙述背后还蕴藏着历尽痛苦后的沧桑以及失去亲人后的孤独。这种孤独感如此深重，在第3、第7句中皆有体现。

至于第8句，"羊吃树苗，就不养羊了"其实是"既然羊吃树苗，就不养羊了"的省略。它和第7句用了相同的表示因果关系的关联词，但是言语的感情色彩完全不同。第7句有孤独、有悲哀、有无奈、有酸楚，是黑暗生活中想要抓住的一线阳光；第8句有平和、有坚守、有憧憬、有果断，是漫长岁月中毫不迟疑的一份取舍。很明显，艾力泽·布菲的心态在过去6年的植树过程中发生了根本性的变化，他的信念日益坚定，他的快

---

[①] 何兆熊. 新编语用学概要［M］. 上海：上海外语教育出版社，2000.

乐逐渐增加，他在把荒漠变成绿洲的同时也成全了自己，所以到说出第9句话时，他的语气中已经满溢着自信与幸福了。

《秋天的怀念》中也有一段让人难忘的语言描写——"不，我不去！"我狠命地捶打这两条可恨的腿，喊着，"我可活什么劲儿！"母亲扑过来抓住我的手，忍住哭声说："咱娘儿俩在一块儿，好好儿活，好好儿活……"其中，"我可活什么劲儿"违反了关联准则，它与母亲的提议"去北海看开放的花"没有直接关系，这表明"我"始终沉浸在双腿瘫痪的绝望中，对外面的世界和母亲的关爱无动于衷，甚至产生了本能的抵触。而母亲强忍着内心的悲痛回答的话"咱娘儿俩在一块儿，好好儿活，好好儿活……"更是蕴藉深厚，因为"咱娘儿俩在一块儿"的潜台词是"妈妈不会离开你，我会陪着你，和你一起承担痛苦，你不要放弃"，接下去第一个"好好儿活"是对发泄痛苦的儿子说的，饱含期望和劝勉，第二个"好好儿活"则是对病入膏肓的自己说的，满是无奈和悲伤。可以说，如此将身心的痛苦隐忍到极致的母亲不仅仅是史铁生笔下的文学形象，更是生活中无数对儿女爱得用力、爱得卑微的母亲的真实写照，因此格外感人肺腑。

### 三、从前后照应的言语信息切入，感知作品的主题思想

文学作品的主题总是立体而多元的，我们如果能从不同的角度发掘作品的丰富意蕴，从不同的层面探究作者的创作意图，就能对作品进行个性化的阅读和有创意的解读。倘若能更进一步，依据一些前后照应的言语信息顺藤摸瓜，必将看到别人没有见过的奇妙风景。

仍以《植树的牧羊人》这篇课文为例。很多读者会简单地判断本文颂扬的是像牧羊人那样的好人以及乐于奉献的精神，因为第1自然段这样写道："想真正了解一个人，要长期观察他所做的事。如果他慷慨无私，不图回报，还给这世界留下了许多，那就可以肯定地说，这是一个难得的好人。"甚至因为这段话，不少学生在完成课后第四题"记录你认识或听说

过的默默'种树'的人"时，联想到的能像牧羊人那样"以非凡的毅力，辛勤耕耘，种植着希望和幸福"的人是环卫工人、消防员、自己的父母等。这样的理解总觉得有些牵强，明显是浅阅读的结果，因为在这篇文章里，"植树的牧羊人"有着更加深刻的内涵。

我们先来咀嚼一下文本结尾那句话："他做到了只有上天才能做到的事。"这句话表明在"我"的心目中，艾力泽·布菲不是普通人，而是如同神一般的存在。那么，作者究竟指的是什么事？如果是指"植树"，这是人们普遍能做的，为什么作者会说"只有上天才能做到"呢？

带着这样的疑问，我们回读课文，终于在第15自然段发现了这句话："人类除了毁灭，还可以像上天一样创造。"它与结尾的句子形成了完美的照应。于是，一切豁然开朗，原来艾力泽·布菲坚持不懈地去做的事情不是简单地植树，不是单纯的奉献，而是在创造——创造树林，创造绿洲，创造生机，创造希望，创造一种和平、幸福、舒适的新生活，创造一个世界上"最了不起的奇迹"。

那么，这样的创造要经历怎样的艰难呢？作者没有一一罗列，只在第18自然段中写道："我从没见过他有任何动摇或怀疑，只有天知道这有多难！"在这里，作者一反前面的冷静，突然用上了叹号，于是，我们又忍不住浮想联翩：到底有哪些困难呢？对于他而言，贫瘠干涸的环境与辽阔无边的孤独哪一个更加困难？既然说"我从没见过他……"，前提就是有人曾表现过，那么真正动摇或怀疑过的会是谁呢？是的，是牧羊人之外的人。换句话说，一般的人在这么多年中怎么可能不动摇、不怀疑呢？"要不要继续下去？我做的事情是否真的有意义？"诸如此类的问题一定会日日夜夜地折磨着我们，使我们在不断地动摇或怀疑中，一点一点地迷失了初心，越来越不清楚自己为什么要出发。因此，从来没有任何动摇或怀疑的，就是像上天一样的人，例如艾力泽·布菲。

终究，我们读懂了结尾段中的另外一句话："人的力量是多么伟大啊!"这句话触发了我们的思考:究竟什么样的人会有伟大的力量呢?总览全文,我们发现:文章里说的只是一位"没有受过什么教育的普通农民",他拥有着如此伟大的力量,只是因为他是一个对这个世界充满悲悯之心的人,是一个清楚地知道自己想做什么事情的人,是一个勇于在废墟中重建、在荒芜中创造的人。

值得一提的是,本文在选入教材的时候删改了不少内容,如"战争对他一点影响也没有","这段时间,他心无旁骛地一直在种树",以及"根本不晓得这回事,他不理会1939年的世界大战,如同不理会1914年的世界大战"。这些语句被删除了,实在有些可惜。它们并不是无关紧要的话语,因为它们与第14自然段中的"战争并没有扰乱他的生活"彼此照应。那么,作者为什么要在写牧羊人植树时,反复地提及战争呢?因为战争是比自然灾害更凶狠的毁灭,而牧羊人连羊儿对树苗这样的毁灭都不能接受。这样一个孤独地坚守着赤子之心,以一己微小的力量积少成多,终于成功地改变了世界的人,的的确确是值得我们仰慕的"神"。从这个角度来看,"植树的牧羊人"与环卫工人、消防员或是我们的父母毕竟是很不一样的。而能有这样的认识,离不开我们对文本言语信息的前后关联。

这个例子给了我们一个启示:解读文本的主题思想时,要把文章看作一个整体,对一些表意含蓄的语句和带有概括、评议性质的抒情议论句,要尽量回归到具体的上下文语境和所述内容的背景,寻找相互照应的信息,反复推敲其含义及与其他信息之间的关系,这样才能真正理清作者的行文思路,摸透作者的创作意图。

特级教师王崧舟老师说:"语文学习必须同时睁大两只眼睛,一只眼睛注视思想内容,一只眼睛聚焦语言形式,得意又得言。"[1]笔者以为,深入语言文字本身,朝向作者表达的言语习惯、人物对话的言语方式、前

---

[1] 王崧舟.听王崧舟老师评课[M].上海:华东师范大学出版社,2010.

后照应的言语信息等的语用学分析，应该就是在文本解读时对这两只眼睛的有效运用吧。

（本文发表于《中学语文教学参考》2018年第6期，收录时增加了正标题）

## 课外阅读也需要经营

阅读对于语文学习的重要性毋庸赘言。人们都说幸福生活需要用心经营，也需要用心守候。其实，阅读亦如此——这里的"阅读"不仅指课堂内的课文阅读，更多指向教材之外的课外阅读。

阅读本是一种个性化行为，在独自品读时经过沉淀、内化，终于守得云开见月明。但是，语文教育家、语言学界宗师吕叔湘先生说："只强调'阅读是学生的个性化行为，不应以教师的分析来代替学生的阅读实践'是不够的，还应指明'阅读又是学生的社会化行为，不应以教师的传导代替学生之间的阅读合作与交流'。阅读行为的个性化和社会化是相得益彰的，二者结合才能培养出高明的阅读能手。"（见《语文建设》2002年第6期《阅读教学三题——对新课标中阅读教学内容的建议》）为此，他指出既然"自主性阅读"以"阅读是个性化行为"为理论基础，那么不妨把"阅读是社会化行为"的理念用作"合作性阅读"的理论基础，因为"阅读本来就是缘文会友的社交行为"。

吕先生的这些话很能引起我的共鸣。我相信，在校园里，阅读不应该只是一个人的事儿，师生、同伴、同事、家校等各个层面的读者可以凝聚成"阅读共同体"，在分享与交流中进行合作性阅读，使彼此都能在阅读中实现"共生长"与"自生长"的双赢。

然而,"中学孩子们的阅读基本是自发的阅读,缺乏引导,经常是班里同学读什么,他就跟着读什么。这种原生态的、缺乏目的性的阅读普遍存在"。儿童文学作家、首都师范大学教授金波这样说。几年前,我在对106名初二学生进行课外阅读情况调查时也发现:男生偏爱推理小说、科幻故事、运动杂志、电脑游戏等书刊,女生热衷于网络文学、青春小说、杂感随笔和卡通漫画;70.3%的学生常常阅读《读者》《青年文摘》《故事会》等读物(其中41%的学生是进行选择性的阅读),喜欢并经常阅读中外文学名著的学生仅有12.8%(其中又有近1/3的学生采取的是分散时间、分散章节的阅读法)。由此可见,学生的阅读现状很大程度上是随波逐流,呈现的是对整本书的回避和对经典著作的漠视。

2005年,我在参加广东省初中语文骨干教师培训时开始研究课外阅读的问题;2014年,对课外阅读指导一往情深的我申报了广东省教育科学"十二五"规划课题"基于团体动力学理论初中生课外阅读模式的实践研究";2017年,由我主持的这个省级课题顺利结题。

在这十余年的探索中,我积累的课外阅读指导经验可以浓缩成以下几点:

## 一、引进课堂,专题探究,在课内外阅读之间搭建桥梁

2007年第9期的《师道》杂志曾经发表过我的一篇文章《专题探究式名著导读课型的构建与实施》。在这篇文章中,我提到自己在教学中有意识地整合课内外语文资源,围绕着教材推荐的经典名著,积极构建专题探究式名著导读课型,把名著阅读变成学生的主动性、能动性和独立性不断提升的过程。

这是当时我们使用的人教版七至九年级语文教材推荐的名著分布表:

| 教　材 | 推　荐　的　名　著 |
| --- | --- |
| 七年级上册 | 《爱的教育》　《繁星》　《春水》　《伊索寓言》 |
| 七年级下册 | 《童年》　《鲁滨孙漂流记》　《昆虫记》 |
| 八年级上册 | 《朝花夕拾》　《骆驼祥子》　《钢铁是怎样炼成的》 |
| 八年级下册 | 《西游记》　《海底两万里》　《名人传》 |
| 九年级上册 | 《水浒传》　《傅雷家书》　培根随笔 |
| 九年级下册 | 《格列佛游记》　《简·爱》　泰戈尔诗集 |

　　结合教材的编排体例和学生的实际情况来看，除九年级上册外，其他名著的推荐顺序及篇目皆有一些可商榷之处，例如：①《格列佛游记》《昆虫记》均为小学语文新课标必读书目，可作小学和初中过渡之用，《昆虫记》同时亦能与人教版语文七年级上册第18课《绿色蝈蝈》同步教学；②《钢铁是怎样炼成的》虽然也是小学必读书目，但其主题更契合八年级下册第一单元；③泰戈尔的诗歌只在七年级上册出现过，所以其诗集介绍不宜放在九年级进行；④七年级学生的学习压力相对较轻，可适当增加书目，而九年级面临中考可酌情减少阅读量。

　　于是，我便以"亲近经典"为主旨重新拟定了一份名著推荐方案：

| 教材 | 探 讨 专 题 | 整 合 的 名 著 和 课 文 |
| --- | --- | --- |
| 七年级上册 | 妈妈，我想说爱你…… | 《繁星》《春水》与《纸船》、泰戈尔诗集与《金色花》 |
| | 小故事·大智慧 | 《伊索寓言》与《寓言四则》《盲孩子和他的影子》等 |
| | 大自然的吟唱 | 《昆虫记》与《绿色蝈蝈》等 |
| 七年级下册 | 行者无疆 | 《鲁滨孙漂流记》《格列佛游记》《海底两万里》与教材第五单元 |
| | 那些成长的故事 | 《童年》《爱的教育》与教材第一单元 |

(续表)

| 教材 | 探讨专题 | 整合的名著和课文 |
|---|---|---|
| 八年级上册 | 我与鲁迅的对话 | 《朝花夕拾》与《藤野先生》《阿长与〈山海经〉》等 |
| | 关注平凡人生·体察冷暖世界 | 《骆驼祥子》《警察与赞美诗》与教材第二单元 |
| 八年级下册 | 痛苦和磨难造就的伟人 | 《名人传》《钢铁是怎样炼成的》《列夫·托尔斯泰》《再塑生命》 |
| | 我心目中的"齐天大圣" | 《西游记》 |
| 九年级上册 | 沧海横流方显英雄本色 | 《水浒传》与《智取生辰纲》 |
| | 父亲呵，父亲 | 《傅雷家书》与《傅雷家书两则》《致女儿的信》 |
| | 关于读书的思考 | 培根随笔与《短文两篇》 |
| 九年级下册 | 这个坚韧的（女）人 | 《简·爱》等 |

我们的专题探究式名著导读课型以学生对作家和作品的个性化解读为主，基本程序是读课文→读名著→读作家→读相关著作→再读其他文章。具体而言：

读课文——师生一起学习课内的名家名篇，以"我的感悟"为话题从文章的内容主旨和写作技巧等角度进行鉴赏；

读名著——学生对教师指定的该作家的某本名著以"我的发现"为话题，从主题思想、表现手法和语言特色三个方面进行揣摩并在班内表述自己的观点；

读作家——学生利用各种渠道收集作家的相关资料，然后以"我的了解"为话题在班内交流自己对该作家的认识；

读相关著作——结合课内文章和教师推荐的其他相关著作，学生自由分组，自定专题，课外合作进行对比式探究，在课内以"我们的探究"为

主题展示小组的研讨结果并接受其他小组的质疑,然后以"我们的感悟"为话题共同总结该作家作品的主体风格;

再读其他文章——学生课外交流阅读笔记,对探究过程实行自评和互评,教师进行总评,同时向学生推荐该作家或该类型的其他作品。

在这个过程中,我们投入了大量的时间和精力来读作者生平、读作者读过的书、读同一时期不同作者的书、读同一主题不同作者的书、读同一作者不同时期的书、读别人对作者的评价、读作者对自己作品的评价、读目录和前言等等,从单篇阅读到群文阅读,从单书阅读到专题阅读,凡有联系者尽可迁移。

这样的专题探究以名著阅读与课本教学有机统一、经典文化与大众文化相互渗透、文本涉猎与生活实践密切结合为原则,类似于迪斯尼乐园中的主题公园,一园一主题,一园一创意,具有一定的新奇感和挑战性。

譬如八年级上学期名著导读课《我与鲁迅的对话》的教学设计与分析:

| 教 学 过 程 | 设 计 思 路 |
| --- | --- |
| 1.导入课题:<br>同学们,人生之乐莫过于读书。阅读能净化我们的心灵,陶冶我们的情操,完善我们的人格。在浩瀚的文学世界中,我们常常可以与智者交谈,与伟人对话。而鲁迅这位中学语文课本上的常客,尤其是我们进行心灵对话的文学家代表。 | 鲁迅是中华民族伟大的思想家、文学家,教材中选用了他的很多文章,但是很多学生不喜欢鲁迅,觉得他总爱骂人,没有宽容精神,不可亲近。只有让学生接近一个真实而完整的鲁迅,才能理解他对中华民族的大爱与大恨。 |
| 2.明确目的:<br>说到阅读,"感悟+思考+发现"是它的基本要求,我们要通过感悟文学"有字书",发现人生这本"无字书"的真谛。 | 明确阅读的目的,培养学生通过阅读反思生活的习惯,在读懂鲁迅的同时,思考自己的人生,以此来提高学生的人生品位。 |

（续表）

| 教 学 过 程 | 设 计 思 路 |
| --- | --- |
| 3．我的感悟：<br>赏析课内的鲁迅文章。 | 　　上初中后，我们已经学习了鲁迅的《风筝》《从百草园到三味书屋》《社戏》《阿长与〈山海经〉》《藤野先生》《雪》等作品。借此机会，可让学生整理自己的学习心得。 |
| 4．我的发现：<br>从主题思想、表现手法和语言特色三个层面鉴赏《朝花夕拾》。 | 　　布置学生课外阅读《朝花夕拾》，整理读书笔记，在课内进行交流。要求学生在发表自己的看法时，一方面要形成个性鲜明的观点，另一方面要适当引用原文以避免空洞。只要言之成理，就予以鼓励。 |
| 5．我的了解：<br>　　很多时候作品打动人是因为作者的人格魅力打动了我们。所以，要理解好鲁迅的作品，必须首先理解他的精神。但是，我们不能因为知道屈原是一个爱国者而自称了解屈原，也不能因为听说过鲁迅的愤世嫉俗而自称了解鲁迅。<br>　　用"鲁迅，一个……的……"的句式交流自己收集的鲁迅的资料。 | 　　引导学生收集资料并形成自己的判断。要求学生在发言时联系生活实际，有新意、有结论、有事例，杜绝堆砌观点和重复材料。<br>　　学生的观点示例：<br>①鲁迅，一个善良而深刻的智者。<br>②鲁迅，一个"愚鲁"而"迅速"的斗士。 |
| 6．我们的探究：<br>　　对比分析鲁迅与同时期的巴金、冰心、朱自清、徐志摩、郁达夫、老舍、茅盾、马克·吐温、高尔基等作家关注生活的角度和表现生活的方式的异同。 | 　　学生课外分组自定对比范围和专题（例如，在他们的作品中，贯穿始终的情感是什么？），合作探究，并用文字或课件形式进行展示。 |
| 7．评价与引申 | 　　交流阅读笔记，对探究过程与结果实行自评、互评、师评和家长评（以激励为主）。<br>　　建议学生带着问题和新的认知角度去浏览更多优秀作品。 |

这个设计的亮点在于对比探究，它能开阔学生的视野，推动学生的思维向更深处漫溯。郑东学同学就是在将鲁迅与其他作家做比较时，发现鲁迅生活在巨大的思想拘囿下，既压抑又纯粹，既坚韧又敏感，面对自己被"瓶颈化"的局面深感无奈，于是才写下了《救救鲁迅》一文。

又譬如在人教版语文八年级上册"关注平凡人生·体察冷暖世界"的探究专题中，我和孩子们对比感悟杨绛、老舍、鲁迅、朱自清、欧·亨利等名家笔下的下层平民，后来又与周星驰无厘头电影中塑造的市井小人物形象相联系。我们发现：这些小人物的生活环境各异，背后却有着同样的辛酸同样的泪，同样在凝重的生活压力下苦苦地挣扎。

这个设计的创意在于阳春白雪和下里巴人的关联。正是由于有了大容量的阅读拓展作基础，学生方能充分感悟到艺术作品的创造者产生了悲天悯人的人文情怀后，才能以饱满的热情注视底层百姓的生活，并真切地抒写他们的悲欢离合及复杂的人生况味。

## 二、寓读于乐，设置活动，为课外阅读引进源头活水

适当地在课外阅读的过程中设置新鲜有趣的交流活动，例如排演课本剧、给名著配音、绘制思维导图、制作手抄报、续编故事、为名著设计封面和插图等。

九年级上学期，在要求学生利用暑假阅读了名著《傅雷家书》，并且撰写了读书笔记和阅读感悟后，开学后我组织了一次别开生面的阅读交流会，即"纪念傅雷先生逝世51周年的演说"。

举办这场演说活动，一方面是因为人教版九年级上册第二单元中，放在《〈傅雷家书〉两则》前面的文章是激情洋溢的自读课文《纪念伏尔泰逝世一百周年的演说》，学生很喜欢朗读；另一方面是因为按照新学期的教学计划，教学《〈傅雷家书〉两则》的时间为星期一，当天为9月4日，而资料显示傅雷先生逝世于1966年9月3日。于是，我设想着给孩子们两天时间，依据阅读《傅雷家书》的感悟和收获，把假期写的读后感改写成演

讲稿，上课时以小组推荐、个人自荐与老师举荐的方式推选出代表上台演讲，借此既能教给他们写稿、演讲的技巧，又能帮助他们提炼阅读成果，拉近自己和经典名著之间的心理距离。

我们来看看孩子们的演讲稿，同样是读《傅雷家书》，他们在台上侃侃而谈的是什么呢？

刘书宏同学感悟的是傅雷的铁骨柔情，整齐有力又跌宕起伏的语言分明有了雨果的风采：

51年前，中国历史上一位举足轻重的名家——傅雷先生，偕妻子共赴黄泉。他以死明志，用自己的行动诠释了何为铮铮铁骨。他的死是世界文坛的一大损失；他的死，带走了一个时代的风雅与温厚；他的死也维护了一位文人、一位知识分子最后的尊严。

身为闻名世界的翻译家，傅雷在中国可谓无人不知、无人不晓。早年他个性鲜明，嫉恶如仇。其翻译作品也多以揭示社会黑暗，描述人物奋斗为主，光明、勇气、坚韧等字眼是他一生的信仰。他有时有些刚烈较真，会毫不客气地指出别人翻译时的错误。甚至有传言说他吃饭从不吃软米，因为"软"不是他的风格，他的性格也像硬米粒那样硬。当然，能随便指出他人错误的，想必也不是泛泛之辈。傅雷对自己的工作严苛到"语不惊人死不休"的程度，据说，他从未对自己翻译的作品感到满意。

这样的文学家、翻译家傅雷，放到现今，就是典型的"硬汉"形象。懂他的人很爱他，不爱他的人不懂他。

然而，身为父亲的傅雷，却用一本《傅雷家书》，让不懂他的人看到了他的另一面，看到了他的铁骨柔情。他的家书中，每一篇文章都字斟句酌，每一笔每一画都显得庄重沉稳。这是一位老师最用心的教诲，也是一位父亲最深情的告白，积土成山，聚沙成塔，这看似微不足道的一点一滴，最终凝聚成了伟大的父爱。

可惜，那些迫害他的人却不懂得这份深沉的情感。

十年"文化大革命"初期，傅雷遭红卫兵抄家，一生光明磊落的他被冠以天方夜谭的罪名，之后他饱受批斗、罚跪等精神与肉体折磨。他本可以忍辱负重，继续为自己的信仰而活，可身为硬汉的他，却为了守护文人最后的尊严，为了自己老而弥坚的气概，而永远离去了。

以死明志，也许是最好的结果。

正如他翻译的作品《约翰·克里斯朵夫》的开卷语所说："真正的英雄不是没有卑贱的情操，而是永远不会被卑贱所征服，真正的光明不是没有黑暗的时候，而是不会被黑暗所湮没。"

因此，属于他的那根脊柱，永远不会弯。

姚澜同学体验的是傅雷洋溢在字里行间的父爱，联系到自己的父亲，更是感慨"几页白纸黑字，道出人生精彩；封封陈旧家书，倾尽拳拳心语"：

这也让我想起了我爸爸。他会在我不开心的时候开导我，在我准备一些演讲的时候给我鼓励，在我困惑时给我一些最诚恳有用的建议。我相信在座的每一位的父亲都是同样的。不管他是对你比较严厉还是比较温柔，他们都是爱着我们每一个人的。

而列俊艺同学感兴趣的却是傅雷给儿子写下的谆谆教导，笔尖流转处不难看出他正像傅雷期望的那样注重修身养性：

第二点是关于兴趣的培养。就这一点而言，我十分佩服他的儿子傅聪。尽管在傅雷先生严格的管教之下，他仍然对事物保持一种兴趣。有两个事例我印象特别深刻。第一个是傅聪有一次在街上走，顾着看市景，竟忘了神，一头撞在电线杆上。对事物可以痴迷到这种程度的人，我倒是第一次见。第二个事例是傅聪在枯燥地练琴时竟创造了一首新的曲子，说明他即使对一件枯燥的事物也能找到那份属于自己的兴趣，以至于每次他因为练琴不努力傅雷先生锁上琴并叫他不必再学的时候，他都哭得十分伤心。我觉得傅聪能达到这样的学习境界非常了不起。在我读三、四年级的时候，我也在学钢琴，当练琴不认真时，爸妈就会告诉我，他们会把琴送给另外一个人，我当时却赌气地说："送就送吧，反正我也不要！"现在想来，自觉十分后悔，这就是我为什么钢琴考到7级就止步不前的原因。兴趣可以说是一种学习的动力，是一种核心竞争力。待到华山论剑时，比的就是学习的境界与体悟，在这一点上，我觉得自己仍有所欠缺。

实践证明，这种读写结合、别开生面的阅读交流会受到了学生的欢迎。在我的力推之下，备课组内的其他老师也采取了同样的做法，并且都收到了很好的反馈。

### 三、及时反馈，促进交流，为课外阅读持续注入力量

经过与学生的探讨，我们师生固定每天阅读30页，第二天利用课前的3~5分钟对前一天阅读过的内容进行讨论交流，每次交流的方式是"百家讲坛"式或"工作坊"式，即在有限的时间里尽量让更多的学生围绕同一个话题来陈述观点，每次讨论的话题也多为开放式的内容，譬如"昨天阅读过的内容中你最难忘的是什么？""你觉得在这段时间的阅读内容中谁的出现是重要的（或多余的）？""你最不能接受的是什么？""你发现了什么秘密？"或者"你接下来的阅读期待是什么？"等等，话题多由学生当场提出，简单有趣，以确保真正读了书的孩子都有话可说、有话能说。

郭莉青同学说："我最喜欢的是师生、同伴共读。听同学回答的时候能获得多个角度的丰富感受，那实在是一种享受。"余旻睿同学也说："我的课外阅读兴趣都是来自于老师的'阅读交流课'，一开始仅仅只是为了让自己被老师或同学提问到时不会那么尴尬而读书，但渐渐地，我从被动阅读开始转为主动读一些书了。现在虽然时间紧，很少有空余时间，但是只要有空我就会去阅读。"

美国著名的趋势专家、商业思想家丹尼尔·平克的专著《驱动力》中说人的驱动力有三种：第一种是来自基本生存需要的生物性驱动；第二种是来自外在动力，即奖罚并存的萝卜加大棒模式；第三种是来自内在的动力，即内心想把一件事做好的欲望。其中第三种才是真正能激励和调动积

极性的内驱力。

　　从上述两则学生的感言来看，原本因为怕尴尬而去读书，后来希望自己在第二天阅读交流课上的表现得到老师和同学的好评，于是主动读、认真读，而且渐渐地能在和别人的交流中收获快乐，这正是内驱力得以真正被调动的表现，所以才能够产生越读越爱读的良性循环。可以这么说，这种分解阅读目标，及时反馈交流，使阅读过程可测量、可评价的做法有效地调动了学生课外阅读的内驱力，将合作性课外阅读变成了一件很有趣也很简单的事情。

　　当然，必须强调一点：实施这些策略的前提是老师要放下架子，和学生做平等的读者，因此要求学生阅读的书，老师也要认真阅读；老师既要向学生推荐书目，也要读一读学生向自己推荐的书目。

　　从学生的长远发展来看，作为语文老师，有意识地构建阅读交流平台、筛选阅读交流话题、整合阅读交流活动来营造阅读氛围是非常有必要的。当孩子们的阅读状态在我们的用心经营下切换成"随时"状态时，我们的文学引领才算是见到了春暖花开！

　　王开东说："语文老师不读书，是主动堕落，罪加一等；语文老师不培养学生读书，是客观犯罪，贻害无穷。"在我的意识里，一个语文老师不能引领学生爱上阅读和写作是不能算作合格、称职以至优秀的。日本伊东市立宇佐美小学为所有教师制订了座右铭"孩子们就在面前"，以此提醒教师重视言传身教，率先垂范。我们也可以想象，一个爱读书、爱钻研的温文儒雅的教师对学生的影响是不可估量的。很多年前，当我还是一名青涩的学生时，袁春联、吴爱玲、赵晓岚三位老师分别在我的小学、中学和大学给了我文学的启蒙与感召；很多年后，当我自己也成长为一名语文老师时，带着学生博览群书被我放在语文教学No.1的位置，因为我也期盼着能做孩子们文学之路的点灯人。

　　2018年4月，江门市第一中学景贤学校的赵同生老师来"楚云名师工作室"跟岗时，听我讲述了这些年的思考与实践，有感而发道："楚老师的坚持是多么的不容易，好多年带领团队做课外阅读的探索，家校互动，引领成长。她的睿智与高度的预见性，在统编版教材推行之前，已经先行一步，在课外阅读的探索上，她站在了让人仰望的高度。"这些鼓励的话语给了我很大的慰藉，也让我反思：原来任何一件小事坚持做下去，都能产生巨大的力量。同时，这些年我教过的学生冯文月、吴子旭、姚静怡、桑雨旸、钱璐等一大批热爱阅读的同学在广州市中考中取得语文140分以上（满分为150分）的佳绩则更让我坚信：海量阅读的确既能让学生享受语文学习的过程，又能有效提高学生的语文成绩，提升学生的语文素养！

时间不会停滞，岁月还在延展。每当站在讲台上环视下面正在静默读书的学生，聆听着他们翻动书页时断续传来的"沙沙"声，关注到他们随着阅读的推进而或皱紧或舒展的眉头，再望望窗口在绿色行道树的映衬下粉嫩了半边天空的美丽异木棉，我总会想起那两个诗句"惟有绿荷红菡萏，卷舒开合任天真"，然后感叹："在书香浸润的氛围中，和同窗一起读着读着就长大了，这样的青春多么纯净美好啊！"

而我，对于做这种青春时光的守护者和同行者，甘之如饴。

## 教育就是解放心灵

阅读《教育就是解放心灵》〔〔印度〕吉杜·克里希那穆提（Jiddu Krishnamurti）（1895—1986）著〕这本经典著作，对我而言，不是一次简单的邂逅，而是一段一波三折的经历，更是一番常读常新的体验。

第一次在博客上听好友提及这本书，吸引我的是它的名字。一直认为教育不仅是知识的传授，还是心灵的引导、生命的启迪。所以，当"教育就是解放心灵"这八个字赫然出现在我的眼前时，我不禁充满了期待。从"引导"到"解放"，这不是两点之间的连线，不是一马平川，中间必定要跨越许多沟壑。我预感到这条教育的反思之路会如同一场思想革命，刷新我原有的教育理念。

随后，我到网上查找了这本书。1800多条一边倒的商品评论，99.6%的强烈推荐率，实在让我叹为观止。印象最深的是某位网友的留言："所谓教育，并不是只有上学。学习外在的事物，仅仅学习一项技能，那样是不全面的，要深入内心，要学习自我，认清当下的危机，唯有认清这种危机才能行走于世。克里希那穆提是一位不断探索内在的智者，能够与他相遇，是非常幸运的。"

受其影响，我打算知人论世，先对作者克里希那穆提做一番了解。

浏览了胡因梦翻译推荐的《克里希那穆提传》后，我渐渐知道：吉杜·克里希那穆提是印度的著名哲学家，14岁留学英国，中年以后定居在美国。据说，他童年时对学校的功课没有多大兴趣，喜爱幻想，在看似迷糊的背后，有着惊人的剖析力。学校里的老师完全无法理解这个孩子，都认定他智能不足，时常体罚他。但是他似乎从来没有把这些事放在心上。他形容自己就像"一个破了很多洞的瓦罐，任何东西进来，很快就会流出去"。也许，儿童时代的经历，让他对教育有了后来的认识。

克里希那穆提的一生极富传奇色彩。他主张真理纯属个人的了悟，"一定要用自己的光来照亮自己"。他一生的教诲皆在帮助人类从恐惧和无明中解脱，体悟慈悲与至乐的境界。因此，佛教徒肯定他是"中观"的导师，印度教徒认为他是彻底的"觉者"，神智学者则认为他是道道地地的"禅"师。他的数十本著作，全是由空性①演讲和谈话集结而成，无一不是在引导我们进行自我觉察，寻求安顿心灵、获得自由的方式。目前，已译成了47国文字，在印度、澳洲、欧美等国家和地区有着广泛而深远的影响。

为此，他备受欧美近现代知识分子的尊崇。萧伯纳称他为最卓越的宗教人物，又说："他是我所见过最美的人类。"亨利·米勒说："和他相识是人生最光荣的事！"赫胥黎则说："他的演说是我所听过最令人难忘的！就像佛陀现身说法一样具有说服力。"纪伯伦甚至这样形容："当他进入我的屋内时，我禁不住对自己说：'这绝对是菩萨无疑了！'"

而他曾这样一语中的地述说自己的思想："我只教一件事，那就是观察你自己，深入探索你自己，然后加以超越。"原来，他始终强调要自己去觉醒，也就是说，要从根本上改变社会与人生，必须先改变个人自我的意识。事实上，这与古希腊德尔菲神庙墙壁上的那句箴言"人啊，要认识你自己"是有异曲同工之妙的。

对此，我不禁陷入了沉思。那么，这是否表明：作为教师，最关键的

---

① 空性：佛教语。谓悟入空观所显示的真实的本体。

一步是引导学生认识自己？或者说，真正的教育就是指帮助学生认识自己并解放自己呢？

带着这样的疑问，我很快网购了《教育就是解放心灵》这本书。不曾料到，拿到书后，我却忍不住有些退缩。首先，扉页上那些优美得文绉绉，深邃得类似指教的语言瞬间就把我击垮了。其次，我了解到此书实际是一本书信集，原本是克里希那穆提寄给一些学校的信件，共72封。从目录来看，均以我们常见的"善""责任""习惯""勤奋""纪律"等常见的语言为话题，看似简单，但里面所阐述的很多观点却有些拗口难懂，如果不能平心静气，细细地品、慢慢地悟，恐怕无法深入其中。于是，翻看了八九页后，我终究还是把它束之高阁，转而投向了另外几本妙趣横生又跌宕生姿的小说的怀抱。

但凡放弃之后，总是有无数个理由不再捡起来吧？现在想想，倘若不是"百千万人才培养工程"的研修作业要求，我该留下一个多么大的遗憾啊！

为了完成研修作业中关于教育经典的读后感，在回避了近两个月后，我鼓起勇气，开始了整整一个月的"啃书"之旅。每每有空，或内心平静时我就翻翻这本书，每封信几乎都要反复读好几遍才稍有小悟。应该说，这一个月，我纠结过，痛苦过，幸而最后全都蜕变成了收获的惊喜。

曾经引起我共鸣的是书中很多朴实得贴近生活的话语。例如："我们已经过于强调考试和成绩了，那不是建立这些学校的主要目的"；"一旦金钱成为生活中的主导因素，我们的日常生活就会出现失衡"。这样的语句平和得就像一位长者在与我们促膝谈心。刚开始觉得缺少激情，然而坚持"听"下去，我却犹如被磁盘吸附住了。那些由心底涌上来的话语令我仿佛遇到了知音，它们一点一点地把我带入了另外一个浩渺的思想空间。

不过，最令我震撼的还是书中具有很强思想性和哲理性的话题。例如："在所有的职业当中，教育是最伟大的"；"教师的最高职责是面对事实、现在和恐惧。不只是要带来学术上的优秀，更为重要的是带来学生和他自己心灵的自由",因为,"教育就是要把心灵从'自我'的有限能量中解放出来"。

按照克里希那穆提的观点,教育的目的不是给孩子填塞知识,而是在适当的时机唤醒孩子来自灵魂和内在的某些能力,"当理智、情感、身体处于完全的和谐时,心灵就会自然地、不费力地、完美地绽放"。如果能够这样,孩子们应该越学越精神,越学越有创意,越学越会质疑。

然而联系到现实生活,我们不得不承认:当前的教育体系,学校大多将教育的重点放在获取知识、技能、竞争力等上面,缺失了让孩子们解放心灵的教育方式。孩子们忙于把师长们灌输的东西塞进大脑,忙于应付各种作业和考试,忙于参加各种竞赛活动,以致没有时间独自冥思或与自己的心灵对话。日积月累,他们的内心得不到安静,心灵被禁锢起来,变得麻木、顺从,不同的孩子甚至变成了同一条流水线上生产出来的相同产品。

再反思我自己的语文教学。虽然明白要以学生为本,发挥学生的特长,让学生在自身的基础上突破自我、不断成长,但是在实际的教学过程中却仍然免不了越俎代庖似的按着自己的主观意愿去引导学生:我组织学生自由畅谈对文学作品的阅读感受,却总会在结束时抛出预设的观点作为课堂笔记内容;我告诉学生生活的舞台有多大,语文的天地就有多宽广,但更多的时候依旧只是在课堂教学中对教材上的二三十篇文章条分缕析……

想到这些,真是觉得汗颜。克里希那穆提说,教育者要柔弱,"没有自我的中心,就会有非同寻常的力量和美"。意思是教师不仅仅要敏锐感知自己生活中的伤痛、幸福,更要及时感受到学生的一举一动、一言一行。而我的语文教学虽然也算得上活泼生动,但多数时候毕竟是以自己的感受为中心,没有能够顾及不同起点、不同层次、不同个性学生的不同学习和发展需要。

我忽而想起了人教版七年级下册第六单元中《狼》的教学片段。第一次教学临近结尾时，我要求学生谈谈自己读完全文后得到的启示，孩子们纷纷畅所欲言：或者认为面对恶势力不能迁就，要勇于抗争，或者主张学习屠户，在危险来临时寻找有利条件保全自己的性命，或者建议对待敌人不妨像那两只狼一样声东击西，攻其不备。这些回答均慷慨激昂，各有特色。意料之外的是在讨论临近尾声时，一个比较内向的同学小声地说道："我的体会是以后不能太晚回家，免得在路上碰到大灰狼。"教室里顿时爆发出掌声和欢快的笑声。我本能地指出他的发言偏离了文章的中心，与教参不符，虽然语气温婉，却终究还是打消了他表达的积极性，留下了一个大大的遗憾。

后来再教时，为了激励学生的质疑意识，我说："不要让你的头脑成为别人思想的跑马场！"令人欣慰的是，仿佛被点燃了导火索一样，孩子们的思想被释放了，问题也接连不断地冒了出来，譬如，"老师，你得到了哪些启发？""蒲松龄写作本文的目的究竟是什么？"等等。还有些学生对教参和教材上的某些观点提出异议，认为：①文章中表现了狼的贪婪和狡猾，但并未像教参里说的那样反映出狼的残暴；②从立意和写作技巧等多方面来看，《狼》都比《夸父逐日》略胜一筹，也更受同学们的喜爱，但教材却只要求背诵《夸父逐日》，而把《狼》定为自读课文，不要求背诵，这种安排似乎不妥。诸如此类的问题不一而足。很多学生为了说服别人旁征博引，甚至把手头的资料全都搬了出来，课堂上像是"炸"开了锅。而我竟然也放下书本，和他们聊起了蒲松龄写的另外两则关于狼的故事……一堂课下来，师生双方都感到其乐融融，意犹未尽。

现在想来，一般的语文课堂多半唯教师是尊，唯教参是从。尽管教学秩序井井有条，但学生们却是一味地在"学答"，而不是在做"学问"。换言之，就是学生只有回答教师设计的问题的义务，没有提出自己思考的问题和表达自己的看法的权利。反思《狼》的第二次教学，倘若我在孩子们独立思考时没有静心守候，而是像第一次教学那样急于用正确或错误来做出判断，课堂的学习气氛怎么可能会那样生机勃勃呢？

克里希那穆提说:"你要了解一朵花儿,就得非常细心地观察它的花瓣、它的茎、它的颜色、它的芬芳和它的美。课堂中,一位学生观察一片在阳光下飞舞的叶子是警觉的,在那个时刻强迫他回到书本是在妨碍专注,而帮助他全然观察那片叶子会使他意识到没有分心的深刻的专注。同样地,因为他已经了解专注意味着什么,他将会回到书本上或者无论什么正在讲授的东西上。在这种专注中没有强迫,也没有顺从。"也许,我的当务之急就是了解学生的学习困惑和专注点,再据此设计出切合其特点和需求的大语文教学方案吧?

　　静静地端详着书本封面上克里希那穆提微笑着的侧脸,我的心情渐渐地平和下来。一个新的念头浮上脑海:人在教育他人的同时,更贵在自我教育;教师在解放学生之前,应该首先从自己的固有意识中突围出来。只有这样,教育才能真正成为让教育者和受教育者的心灵都能自由飞翔的广袤天空啊!

## 从《论语》中参悟"因材施教"

在中国古代流传至今的经典著作中,儒家学派的代表作之一《论语》有着非常特殊的地位。它记录了孔子及其弟子的言行,集中体现了孔子的政治主张、伦理思想、道德观念和教育原则。

不同专业、不同领域的人阅读《论语》往往会获得不同的启迪:有人从中读懂了"君子"二字的内涵,有人通晓了儒家"仁政"学说的真谛,有人明白了学习的方法和目的,有人理解了为人处世的原则,而我则从孔子对自己学生的点拨中参悟了"因材施教"的教育思想。

"因材施教"其实是后人提炼出的观点。原文是《论语·为政》"子游问孝""子夏问孝",朱熹在《四书章句集注》中引用程颐的话说:"子游能养而或失于敬,子夏能直义而或少温润之色,各因其材之高下与其所失而告之,故不同也。"而《论语》第六章中所说的"中人以上,可以语上也;中人以下,不可语上也",则可谓是因材施教理念的直接表述。

简而言之,"因材施教"作为教学中一种重要的教学思想,指的是教师要在教学中根据不同学生的认知水平、学习能力以及自身素质,选择适合每个学生特点的学习方法来有针对性地教学,发挥学生的长处,弥补学生的不足,激发学生学习的兴趣,树立学生学习的信心,从而促进学生的均衡、全面发展。

孔子有三千弟子，个性、能力都不相同。孔子对他们分别做了不同评价，例如子路"好勇"、冉雍"仁而不佞"、颜回"闻一知十"、南宫适有"政治才能"、冉求可做"千室之宰"、公西赤胜任"外交官"等，并鼓励他们各言其志，根据各自的特点教授礼、乐、射、御、书、数等六艺。

其中有一个著名的故事。有一次，孔子讲完课回到自己的书房，学生公西华给他端上一杯水。这时候，子路匆匆地走进来，大声地向老师讨教："先生，如果我听到一种正确的主张，可以立刻去做么？"孔子看了子路一眼，慢条斯理地说："总要问一下父亲和兄长吧，怎么能听到就去做呢？"

子路刚出去，另一个学生冉有又悄悄地走到孔子面前，恭敬地问："先生，我要是听到正确的主张，就应该立刻去实行么？"孔子马上回答："对，应该立刻实行。"

冉有走后，公西华奇怪地问："先生，一样的问题你的回答怎么相反呢？"孔子笑了笑说："冉有性格谦恭，办事犹豫不决，所以我鼓励他临事果断，但是子路逞强好胜，办事不周全，所以我就劝他遇事多听取别人的意见，三思而行。"

每次读到这个故事，我都禁不住击节叹赏：孔夫子果真非常人所能及啊！你瞧，他在给不同学生施教时是基于对受教者多方面情况（个性、资质、态度等）的充分了解，然后抓住特征对症下药的，难怪其教育的实效性如此之高！

一般来说，天资过人者，后天引导得当，成功是有把握的；天赋愚钝者，如能勤奋好学，照样能笨鸟先飞。教师对待聪明的学生要注重培养耐力，而对待思考缓慢的学生要特别耐心细致，不可因其迟钝而加以指责，也不可要求死记硬背，过分加重其记忆负担。

还有一个故事。《论语·宪问》中写道：子贡喜欢"方人"，即喜欢拿自己跟别人比，比来比去，总觉得别人都不如自己，便难免讥讽。于是孔子就说:"阿赐呀,你就那么优秀吗(赐也贤乎哉)?我就没那闲工夫(夫我则不暇)!"在孔子看来,每个人的特点不同,任何人只要管好自己、完善自己就行了,何必对别人说三道四、品头论足呢?不过敲打归敲打,欣赏归欣赏,孔子其实是很喜欢子贡的,而子贡也聪颖地领悟了老师对自己的良苦用心。据史料记载,子贡一生对孔子都是忠心耿耿、情深意重。孔子去世后,学生们都守丧三年,唯独子贡在墓前守了六年。后来,当社会上刮起贬低、否定孔子之风,说子贡比孔子优秀时,子贡说:"这是什么话!就像盖房子,我的院墙只有肩膀那么高,当然一眼就看清楚了。我们老师却是深宅大院,你们只怕连门都摸不着,哪里知道他老人家的深浅?别人再优秀,也只是丘陵而已;我们老师却是太阳和月亮,永远都不可超越!"(见《论语·子张》)

这个故事带给我的思考是即使对同一个学生施教,也要秉着引导提升、扬长避短的原则灵活进行,该鼓励时不要吝惜热情,该纠正时则应及时敲打,这样的教育才能让学生心悦诚服,才能开发出学生的潜能,取得事半功倍的效果。与此同时,有了老师的这份真心、细心和耐心,自然能够赢得学生由衷的崇敬与爱戴。

上述两个例子让我联想起了特级教师于漪。在她教过的一届学生中,有四个有口吃的毛病。经于漪调查发现,四个人的"病因"实际上各不相同,一个是舌头稍短,一个是思维迟钝,一个是父母娇惯而语言不规范,一个是小时候模仿口吃者说话导致习惯难更改。弄清楚情况后,于漪老师分别为四个学生制订了有针对性的训练计划,使他们的口头表达能力都有了显著提高。我想,这应该也是孔子"因材施教"思想的延续和实践吧?

一遍遍地精读《论语》,我深深地意识到:学生的家庭背景、生活经历、个性特质各不相同,我们做老师的要通过悉心体察,在千差万别中,发现并研究每个学生、每个阶段的独特性,并加以尊重、关心和引导,以兴趣为导向、以特征为抓手、以情境为阵地,灵活多变地选用适宜的方法，而不是搞一锅端、一刀切。法国思想家帕斯卡尔在《思想录》中说："人只不过是一根芦苇，是自然界最脆弱的东西；但他是一根能思想的芦苇……"换言之，人的全部尊严在于思想。我们的教育，着眼点不是知识，而应放在挖掘人的潜能、发挥人的主体性、发现自我价值上。

联系到语文教学，我意识到不同学生的语文能力是参差不齐的。为了实现分类推进，我需要先对不同群体中学生的兴趣与爱好、优势与不足等进行统计，然后再进行换位思考："如果我是这类学生中的一员，老师怎样教这些内容我才能愿学、乐学并学好？"

于是，我恍然大悟，在学习《就英法联军远征中国给巴特勒上尉的信》时，当学生沉浸在对侵略者的行径义愤填膺的氛围中时，让他们独自设想：如果雨果就站在你的眼前，你会对他说什么？屈智嵩同学说："英法帝国主义者的暴行，并没有真正毁灭圆明园，它会在人们心中永存。而他们，又得到了什么？良心的谴责与世界人民的唾骂而已！"陈思颖同学则说："被毁灭的东西永远无法恢复它最真切的面貌，被劫去的文物也可能永远无法回来。圆明园这块瑰宝的毁灭带给我们的创伤永远无法愈合。世人唯一能做的事情不是忏悔，也不是赔偿，而是阻止这样的事情再次发生。只有当侵略者醒悟，才能减轻受害者的伤痛。"字字句句，都闪耀着学生自己思想的光芒，也透露出教师对不同学生不同思维素养的尊重与启发。

于是，我进一步设想：教学《智子疑邻》《塞翁失马》等文言寓言时，可以让热爱语言艺术的同学就寓意进行即兴演讲，让擅长表演的同学把它们改编成课本剧，让喜欢美术的同学把它们设计成漫画，还可以突破教材的限制，让领悟了寓意且对文言文感兴趣的同学续写或仿写文言寓言……这样做，既体现了教师对学生个性的尊重，又能激发学生的学习兴趣，可谓一举两得。

记得德国哲学家雅斯贝尔斯有句名言："教育的本质意味着，一棵树摇动另一棵树，一朵云推动另一朵云，一个灵魂唤醒另一个灵魂。"因材施教的精神就是有教无类，人人都应得到公平的教育。每一个学生都有自己的可爱之处和优势所在，每一个学生的生命都值得尊重和关心，每一个学生的潜力都应该被呵护和挖掘，而我们要做的便是像孔子一样去爱、去了解、去观察、去引导！

# 不要人夸好颜色，只留清气满乾坤

## ——新课标下语文课堂教学活动的反思

自2002年9月开始，广州市开展人教版初中语文教材的课程改革实验已有十余年。在这个过程中，我以满腔热情投入教材教法的研究，不断钻研、不断思索、不断改进，积累了一些经验教训，对新课标内涵的认识也日臻深刻。

**一、兴奋期——乱花渐欲迷人眼**

最早接触新课标，只见上面赫然写着"语文课程应该是开放而富有创新活力的"，再看人教版语文七年级上册教材，更是把"自主、合作、探究"六个字"写在前面"。这些观点让我意识到语文教师可以不再拘泥于教参上的标准答案，也可以不再受考试内容的束缚，要做的只是充分发挥创新意识，以新颖多样的教学方法调动学生的学习积极性，激发学生的学习独创性，使之能够兴趣盎然地进行自主探究与合作交流，因此我踌躇满志，准备充分施展自己的设计才能，让课堂教学呈现出生机勃勃的景象。

有了这样的思想解放，自然就有了一份"指点江山"的潇洒。一时之间，我的语文课堂充满了新鲜的活力，朗诵、演讲、小品表演、辩论会、调查采访、网络漫游、自编作文集……层出不穷的教学形式如春天初绽的各色花朵，让我和学生们仿佛寻觅到了世外桃源一般，兴奋得不亦乐乎。那时，几乎每一节语文课都是热热闹闹的：

1. 学生发言热闹。

为了调动学生的学习热情，我一方面在课内倡导"知无不言，言无不尽"，另一方面对所有举手发言的同学都不遗余力地进行表扬。学生多角度地思考问题，我也多角度地发掘他们的优点，而掌声鼓励即为常见的表扬辅助形式。对于刚从小学跨进中学的学生而言，我的赞赏大大增强了他们自我表现的信心和勇气，以至于常会出现因为发言者太多而无法按时完成教学任务只能增加课时的现象。

2. 小组讨论热闹。

四人小组的学习模式几乎是紧跟着新课标走进语文课堂的。那时去听别人的课，倘若没有见到前后四位同学分组讨论，便觉得是留下了遗憾。同样，每节课中我也会特意提出一些问题来让学生这样交流几分钟，学生纷纷反映这人声鼎沸的几分钟是他们觉得最轻松的时光。

3. 音像播放热闹。

为了创设真切的教学情境，多媒体教学课件逐渐占领了课堂的制高点。我每课必用课件，每次制作课件时用在润色文字和修饰画面上的时间都在两小时左右，同时我喜欢在课件当中穿插音乐、影视等资源，用形象、色彩、声音等对学生进行审美熏陶，例如学习《爸爸的花儿落了》时欣赏电影《城南旧事》，学习《木兰诗》时放映美国卡通片《花木兰》等，它们带给学生强烈的视听冲击，学生流连忘返，我也乐此不疲。

4. 拓展引申热闹。

从课后的"研讨与练习"来看，新课程的教学环节大致可以分为整体感知—精读赏析—拓展运用三个阶段。学生最感兴趣的是拓展，因为我会在这时给他们补充很多课外知识，如相关故事或同类题材的作品介绍、不同学科的研究情况等，让他们的思维可以超越课本、超越课堂，甚至超越语文。渐渐地，学生每节课都期待着拓展环节的到来，学习《伟大的悲剧》时甚至有同学希望在看完一遍课文后直接进行拓展。当然，与此同时，他们也会在这个环节争相表现自己广泛的阅读面。

就在这样的热闹中，我改变了以前那种缺乏生气的教学氛围和呆板的学习方式，提高了学生学习语文的兴趣，激活了学生思维的兴奋点，也促进了师生关系的融洽。记得当时我曾采用这样的方式组织了《金色花》《天上的街市》《珍珠鸟》《我和〈读者〉有个约会》等区、市级公开课及电视录像课的教学，均获得了广泛好评。

于是，我陶醉了，以为自己已经把握了语文新课标的精髓。

## 二、彷徨期——山重水复疑无路

假如课堂上不曾出现那段插曲，我也许不会那么快就感受到课改历程中的艰涩。

那是人教版语文七年级下册第六单元中《狼》的教学片段。学完全文，我要求学生谈谈自己阅读文本时得到的启示，学生们畅所欲言。有的主张学习屠户，在危险来临时寻找有利条件保全自己的性命；也有的建议对待敌人要像那两只狼一样声东击西，攻其不备。意料之外的是在课堂接近尾声时，一位男同学调皮地叫道："我以后不能太晚回家，免得在路上碰到大灰狼。""哗——"教室里爆发出热烈的掌声，大家纷纷认为这是最有创意的体会。紧接着，又有两个同学站起来附和这种观点，甚至涉及童话故事《小红帽》中的狼外婆形象。教室里的欢快笑声顿时将下课的铃声完全淹没了。

晚上写教学后记时，一些念头蓦地涌进我的脑海：那位男生确实说出了自己的真实想法，但似乎与课文的创作本意相距甚远，犹如某地一学生认为《背影》中的父亲爬月台不遵守交通规则一样。对此，我该如何评价呢？难道语文课就应当引导学生这样天马行空地思考问题吗？或者说，热闹的课堂是否能给学生丰硕的收获？为什么有时候他们看得津津有味，听得如痴如醉，说得眉飞色舞，但过后却犹如过眼云烟，对课文内容一知半解呢？

再次细读新课标，我突然发现自己原先的课堂教学弊病很多：

1. 学生发言积极，但都是在回答老师提出的问题。表面上看，学生似乎是在积极地思考，但其实质仍然是以教师为中心的消极接受知识的学习方式。从心理学角度来看，"问题即思维"，"没有问题的课是最糟糕的课"，他们没有发现问题，没有表现出敢于质疑的勇气和主动解疑的热情，当然也就没有与教师和文本进行平等对话，这与新课标中阅读对话的理念是背道而驰的。

2. 小组讨论热烈，但热烈的讨论只是流于表面的形式。一方面，参与讨论和展示成果的往往是几个成绩好或口才好的学生，大部分学生只是在那里做"看客"；另一方面，由于课时紧张，我给学生预留的思考时间实在有限，5分钟大致要讨论3~4个问题，平均为1分20秒解决1题，这样，每人思考和发言的时间只有20秒，假如学生再走走神或聊点题外话，这20秒也成了奢望，根本无法让全班的50多个同学都从交流中获益。很明显，这与新课标面向全体学生的教育理念也是大相径庭的。

3. 音像播放生动、拓展引申丰富，但其占用的课堂时间，远远超过了学生运思动笔的时间。新课标认为语文教学应该"正确把握语文教育的特点"，"让学生更多地直接接触语文材料，在大量的语文实践中掌握运用语文的规律"，然而现有的语文材料——课文却被我无情地搁置一边。多媒体课件的大量运用束缚了我的教学思维，音像手段的全面入侵也成为学生解读文本的干扰因素。课堂上只见我带领学生跳出课文教学的创新花样，不见学生深入文本的有效阐发、挖掘和共鸣。这样的教学还具有"语文"的特质吗？也许只会让人感觉到热闹之后的空洞，只会让人把新课标提出的"全面提高学生的语文素养"这一主张当作笑料吧！

重新反思自己的教学实践，我不禁觉得芒刺在背。细想一下，正如钱梦龙老师所说："在各科教育中，语文教师好像最喜欢追逐时尚，追逐时尚最终失落的是理论本身。"认认真真地求新求奇,扎扎实实地务空务虚,这些曾经获得好评的做法此时却让我陷入了怅惘之中:我该如何调控语文教学的尺度,真正让课堂成为我们师生的精神家园而不是游乐场呢?

### 三、沉淀期——自在娇莺恰恰啼

短暂的低回过后,我第三次潜心研读了新课标,观摩很多名师的课堂,并且系统地阅读了《中学语文教学通讯》《中学语文教学》《课程·教材·教法》等教学杂志,以及教育学、心理学和思维学等方面的理论著作,如《初中语文新课程教学法》(倪文锦著)、《语文思维培育学》(卫灿金著)、《语文教学美学论》(宋其蕤著)等。

我终于领悟到语文学习活泼多样的形式固然重要,然而,活动形式不是语文教学的追求目标,它只是一张标签,让学生用心地感受和品味语言文字,传承中华民族文化精神才是语文教学的中心,才是享受语文学习之乐的基础,才是语文学习获益的根本所在。我想,引导学生深入课文,体会语言文字的魅力,挖掘文本中丰富、深厚的文化资源,在此基础上,再辅以各种有效的活动,让学生发散思维,进而对阅读和写作产生持久浓厚的兴趣应该是新课标期待我们教师在教学实践中首先认真对待的问题。

这样,就有了学生在学习《核舟记》时根据课文制作的精美纸船,有了学生深情朗读《春》时因为憧憬而在眼睛里闪现出的盈盈泪光。

这样,就有了俞悦同学在课堂内编写的文言寓言《嘴和眼睛》:"人皆有二目一口。口不服,问曰:'为何有二目其上而无二口居下?'目答曰:'目,观世象之百态;口,说人间之是非也。祸从口出,病从口入,故仅一口,而有二目也。'"

这样,就有了阅读《老王》时,学生对"骷髅上绷着一层枯黄的干皮"一句中的"绷"字的精彩赏析:有同学认为它生动形象,生动地表现了老王的瘦削乏力;也有同学对这个字进行质疑,觉得作者用词不妥,因为它蕴有张力,还暗示老王的皮肤比较光滑,这与他行将就木时的外形特征不符,不如换用"贴"字或"撑"字。

这样，也就有了李筱婧同学阅读《雪》后对鲁迅思想的独特认识。她认为"朔方的雪"是鲁迅"荷戟独彷徨"精神的写照，虽然坚强独立，却透着孤独的凄凉和拼搏的辛酸，而"江南的雪"则祥和安宁，是鲁迅真正的向往。所以，鲁迅欣赏的"朔方的雪"是一种个性的宣言，却也隐含着一些无奈的自我激励。

每个学生都是一个丰富的世界，在文本阅读中，他们用真诚的心灵自如地感受语言、感悟生活，我也用自己的阅读体验与他们的感悟遥相呼应，时而激烈争论，时而凝神默读，每一点富有个性的发现都会赢得我们会心的微笑。这种多元而充满生气的和谐氛围总能像磁场一样紧紧地吸引着教室里的每一个人，以至于学生会在作文中写道："语文学习让我领悟到了中国象形文字的魅力，那真是一种莫大的享受！"

尤其令我感动的是2014届初三（12）班王思仪同学在微信中发表的感言："前两天在美国面试的时候讲到最爱的学科是语文，讲到亲爱的楚老师，然后面试官回答的是I loved hearing about your passion for literature and how your teacher has made it so accessible for you.（大意为我喜欢听你说你对文学的热情，以及你的老师是如何让你沉浸在文学的世界里的）唉，真的好怀念那些语文课，好难忘那段时光啊……"这让我更加坚信：语文教学不是高挂在枝头随风摇摆的红灯笼，而是浸润在师生思想灵魂中的一条鲜活的河流。最好的语文教育就是对情感的触动和对心灵的点燃。

广东第二师范学院中文系语文教育专业黄淑琴教授说："'反思'是现在新课程的第一关键词。"美国学者波斯纳先生也曾说："经验+反思=成长。"一路走来，我通过反思不断领悟新课标的内涵，通过反思从最初参加课改时的兴奋中沉淀下来，从盲目的务虚求新中抽身出来，逐渐引领着学生回归文本，在朴素纯粹的语文课堂中不断丰富自己和提升自己，终于与学生一起收获了累累硕果。

（本文发表于《现代语文》2015年第26期）

# 每个孩子都可以成为语文学霸

## ——我的语文式育儿心得

关于语文学霸,我认为他们具有这样的特点:热爱语言文字,喜欢它们本身的形式、韵律与美感;热爱口语表达和专注聆听,喜欢鲜活生动地表情达意;热爱阅读,把读书当成自己每天生活的一部分;热爱写作,有敏锐的视角和丰富的情怀,喜欢观察、思考和表现世界的真善美;热爱书写,喜欢把写字当成艺术而不仅仅是技术或任务。

那么,在孩子的成长过程中,我们可以做些什么来帮助他们变成语文学霸呢?下面这些做法可供参考:

### 一、婴幼儿时期

1. 为孩子阅读习惯的形成奠定基础。

(1)定时给孩子朗读绘本、儿童诗歌和古诗。父母是孩子的第一任老师,孩子语感的形成往往来自于父母的影响,如果父母能坚持绘声绘色地演读给孩子听,孩子也能学着绘声绘色地表达。同时,每天固定一个时间段给孩子读书,就好像固定时间让他们就餐一样,会让孩子形成条件反射,渐渐地到了那个时间段孩子就会想要阅读了。

（2）经常给孩子播放语言纯正、优美的朗诵录音,如姚锡娟老师的录音、"小喇叭广播"等,孩子临睡前、玩积木或吃饭时都可以播放。这样持续不断的朗诵熏陶,能促使孩子喜欢朗诵,甚至萌生创作的热情。

（3）逐渐引导孩子看纯文字的书籍。对此,比较有效的做法是制造"阅读饥渴",即在激起孩子的好奇心之后,每天借故只给他读一点儿,孩子想知道后边发生了什么事情,自然会捧着书本到处找人询问或是自己琢磨了。我的女儿就是这样开始她人生中第一部纯文字的长篇小说的阅读的。

2. 为孩子表达习惯的形成创造条件。

（1）注重用规范的语言和孩子说话。生活中很多爸爸妈妈在跟孩子交流的时候,总喜欢用孩子式口语跟他说话,如去睡觉觉、喝开开、上街街等。其实,我们若能规范、严谨地和孩子说话,孩子就能早日学会规范地表达自己的想法。

（2）注重听孩子诉说。每天孩子从幼儿园回来,我们会习惯性地问上几句:"今天开不开心啊?在幼儿园发生了什么有趣的事儿吗?"这样就能很快了解孩子每天看到了什么、听到了什么、接触过什么、思考了什么,这有利于培养孩子的观察力和表达力,还可以让我们第一时间把握孩子的情绪,对孩子的情商加强引导。

当然,如果能及时把孩子口述的精彩内容用笔记下来,那就更好了,因为那可能会是孩子生命中最早的作文呢。

二、小学时期

1. 引导孩子生动有效地与别人沟通。

这个时期,对孩子朗读、复述和转述能力的有意训练对语文学习是非常有用的。平时跟孩子一起外出时,不妨让孩子主动去跟别人沟通,如打招呼、问路等,小朋友聚会时鼓励他以读绘本或讲故事的方式参与活动。

这些锻炼不知不觉间就在引导孩子把话说得更雅致、更精彩，与此同时，如何把话说得简洁明了、怎样更有效地跟别人沟通、怎样吸引别人倾听自己的述说等技巧也在这个过程中得到了训练。

2. 引导孩子持之以恒地写生活日记。

小学阶段，我开始着意引导孩子写日记。女儿从小学一年级开始就坚持写日记，直到后来读高中也没有间断。她的日记很有意思，刚开始只是纯粹地自说自话，很简单、很直白，慢慢地，语言才表达得生动起来，内容也逐渐地丰富了。

3. 陪伴孩子积累丰富多彩的人生阅历。

"读万卷书，行万里路。"从女儿3岁开始，我和她爸爸每个假期都会带她出去玩。我们做过一项统计，在女儿小学六年级时——也就是她小学毕业之前我们已经带她走过了全国近20个省、自治区、直辖市。这样丰富的旅行经历对孩子来说是一笔巨大的财富。在旅行之前，我们会带着她做攻略，旅行之后会让她回述自己旅行的经历。

回顾起来，我认为在旅行当中，对她的成长最有帮助的是每到一个地方我们必定带她去参观博物馆。博物馆里丰富的陈列和讲解带给她的震撼与思考都是不可估量的。这样的体验还包括带孩子看各种各样的演出，无论是戏曲表演、木偶表演，还是歌舞表演，我们都尽量带孩子去感受，让她看到更加新鲜、广阔的天地。

### 三、中学时期

1. 与孩子平等地交流。

很快，孩子读中学了。中学时期，我们的亲子交流话题有了很大改变，如彼此都感兴趣的语句、文章、图书，各自喜欢的电影、电视，甚至是各行各业的明星……要知道这些可都是语文学习啊！

在女儿读中学时，我和她爸爸还非常注重和她进行书信交流。我们利用青年礼、生日等契机，和她用卡片或书信进行笔谈。这是对孩子成长的不同年龄阶段特性的一种尊重，所以孩子始终都能感受到我们对她的宽容和体谅，始终乐意跟我们进行交流。

2. 带领孩子扩充自己的阅读面。

初中毕业后，我们开始引导孩子在自己喜欢的图书之外，适当看一些非文学类的书，看一些"磨脑子"的书。这样的书对于培养孩子的理性思维是非常有益的。

细细梳理自己跟孩子一起成长的这些年，我有一个很深的感触，那就是孩子的成长的确是可塑的，每个孩子都是潜能无限的，只要家长能够多给孩子一些宽容和鼓励，多给孩子成长的时间与空间，多给孩子陪伴，注意自己的言传身教，每个孩子都可以成为语文学霸，都能够做自己学习和生活的主人！

（本文发表于《教育艺术》2018年第2期，收录时有改动）

## 第二辑

## 语文·生活：一弦一柱一华年

用语文记录生活，

生活会多了意味、情味和韵味；

用生活阐释语文，

语文就多了温度、色彩和内涵。

如果此生足够幸运的话，应该遇见这样一个人：以润物细无声的姿态，在朝夕相处里不着痕迹地改变了你人生的轨迹；以生命的韧性与热情，让你不断地成为一个更好的人。

我很庆幸我遇见了楚云老师。

从初中的第一节语文课开始，看她认真地写板书，一笔一画清清楚楚地批改作业，工工整整地给每一个作业本写评语，毫不潦草、毫不含糊；抑扬顿挫，字正腔圆地说话、讲课、朗诵，每一句话都干净、优美；博览群书随时引经据典，无论是文字还是语言，总是充满"爱"的气息；举手投足间的优雅与永远挺直的身板儿，数年如一日。我认为，一个具有强大的人格魅力的语文老师，就应该像楚老师这样，言传身教，把语文变成一种享受，一种熏陶。

作为曾经的语文课代表，永远忘不了楚老师无论多忙多累都仔仔细细阅读批注的一大摞及腰高的随想，记得我带早读时她很仔细地揪出读错的字音，记得她在我登记作业时讲的各种奇特的小故事，记得考得不理想时她捧着我的脸说"老师相信你"，甚至记得每一次因为写错了字或者没抄作业时她用尺子打我手心时，脸上的认真与执着。她上课写的一手漂亮的字让我一直暗暗模仿。直到现在，我仍然保持练字的习惯，对街上看到的生词咬文嚼字，经常上台演讲主持，写些文章偶尔能见报获奖，平时看到让人心动的语句和让人灵感一现的场景就会记录下来。所有这些"习惯"都得益于楚老师严谨的治学态度。她对细节的完美主义，让每一位学生都获益匪浅。

　　另一方面，她也是有着敏感丰富的心灵与热情洋溢的灵魂的教育者。如果你有一位"听她上课与读诗都是一种享受"的语文老师，你很难不激发自己对文字与人生的种种感触。感性的她总会记住很多温暖的瞬间，无论是同学们给她的祝福或者小礼物，还是上课的时候有谁妙语连珠的回答或者引人深思的提问，过了很久老师都印象深刻，这让作为学生的我们也很感动。另外，随想是老师留给我们的一片自由的栖息地。楚老师会仔细耐心地呵护每个充满想象力的童心，无论天马行空的想法还是多愁善感的倾诉，楚老师都愿意做有心的聆听者，并为我们的青春指点解惑。楚老师告诉我们，要辩证地多角度地去看待问题，要大胆提问，勇敢质疑，这可以更好地丰富我们的思想。这样开放包容的心态，为正处于青春期要施展个性的我们打开了心灵的世界，使我们得以在她带领我们构建的语文天地里自由翱翔，健康成长。

　　而在我眼里，一个真正的教育者，若能做到因材施教，尊重个性的差异与选择，并用一个灵魂去感动与改善另一个灵魂，则能把握教育之精髓。楚老师成为我心目中的教育者之形象，并且激发我鼓励我也努力成为一个教育者，去改变更多人的生命，见证更多灵魂的成长。

————2010届初三（2）班　夏紫珊

# 我的平凡语文路

　　志不在远，有爱则行；名不在高，尽心则盈。斯是陋志，历久弥新。踌躇师大出，辗转湘粤行，为师廿三载，愧无一功鸣。敢不倾全力、洒热血？弃丝竹之悦耳，取案牍之劳形。此生为此志，不足誓不休。有道是：荣辱不惊！

——题记

## 一

　　当语文老师对我而言其实是水到渠成的事情。

　　从小，我就对语文情有独钟。我酷爱阅读，从小巧的连环画到厚重的大部头，无论什么类型的书本，只要拿起来就不愿放下；阅读时我喜欢朗诵，逢佳句美文，总要用自己的声音把它们表达出来，仿佛只有这样才能镌刻在记忆里不致遗忘；朗诵完我定会批注、摘抄或是剪贴，当年留下的诗歌抄写本和报刊剪贴本现在均已成了我的珍藏之物，每每拿出来翻阅总会引起女儿的连声赞叹。

　　有了阅读的储备，自然要发之于外让人知晓。于是，我便埋头写作，且笔耕不辍，常换来语文老师在课堂上的热情赞扬。整个中学阶段，语都是我引以为豪的学科——用功最深，成绩最棒，学得最轻松，获的奖最多。因为这样，我担任了语文科代表，被聘为学校的广播员，有时还客串联欢会的主持人，可谓是班级和学校的"红人"。

但是，这还远远不够。我又以家中的木门为黑板，"威逼利诱"弟弟妹妹坐下来，让他们跟我学习字词，听我声情并茂地诵读课文，再回答几个简单的问题，直到确认他们都"略有长进"才通知下课。日复一日，这样的上课场景成了家中常演常新的剧目。

时光荏苒，等我真正成为语文老师，已是1995年从湖南师范大学毕业后的事情了。在家乡的那所幼儿师范学校，我和学生们畅游在语文的海洋中，甚得其乐。我们阅读经典著作、编写文学社刊、练习朗诵演讲、表演课本剧，在学校师生的面前，把《琵琶行》朗诵得跌宕生姿，把《雷雨》和《稻草人》演绎得扣人心弦。2000年10月我参加湖南省郴州市中等职业教育优质课教学竞赛，获公共课一等奖。2001年9月我被评为湖南省郴州市的"百佳教师"。

日子似乎如闲云野鹤般安宁惬意，初试锋芒的我却做出了一个重大抉择。2002年，为了解决两地分居问题，我南下广州，调入广东实验中学（以下简称"省实"）初中部，由一名中专语文教师变成初中语文教师。生活，在我的面前打开了一扇新奇美妙的大门。

还记得第一次站上省实讲台时，我的心神有些忐忑有些恍惚，似乎自己又成了刚刚走出大学校门的青涩学子。那个瞬间，儿时读书的画面、给弟妹上课的画面、在幼师带着学生排练课本剧的画面……一幅幅都急速地从我眼前滑过。

蓦地想起了印度大诗人泰戈尔的那句名言："天空不留痰迹，鸟儿却已飞过。"有些东西也许没有真切地出现在我们的生命中，也许已经离我们很遥远，但是它们却无声无息地影响过我们，在我们的生命中留下了印痕。我突然有种感觉，不知从何时起，那些画面已经凝聚成一根长长的丝线，暗暗牵引着我跋山涉水来到现在的位置——这个冥冥中一直在等待我的位置。

凝视着讲台下一张张稚气的脸庞，我暗暗打定主意：要努力做一名优秀的中学语文教师！

## 二

刚开始，我的语文路上春暖花开。

参加岗前培训时，学校向我们这批新入校的老师提出要求："一年站稳讲台，三年成为骨干，五年争取做名师。"这对没有中学教学经验的我来说颇有些"压力山大"。幸好自2002年9月至2005年7月，广州市进行了第一轮人教版初中语文教材的课改实验，这给我提供了一个极好的学习和锻炼的平台。

回忆当初在中专时，虽然承担的课程种类繁多，但是由于没有升学率的桎梏，上的又都是公共课，自然就有了一份"激扬文字"的潇洒，无论讲述"阅读和写作"还是"儿童文学"，都能尽情施展自己的拳脚。现在环境变了，我仍然希望我的课堂能呈现出生机勃勃的景象。

于是，我精心设计教学环节，让每一个板块的过渡都悄然无痕；我苦心琢磨教学语言，对每一句话语的表达都左右推敲。为了寻找到最为新鲜的教学形式，更是食不知味、夜不能寐。一时之间，朗诵、演讲、小品表演、辩论会、座谈采访、自编作文集……层出不穷的教学形式如春天初绽的各色花朵，让我和学生们仿佛寻觅到了世外桃源一般，兴奋得不亦乐乎。

记得当时我曾采用师生对话的课堂教学模式在学校面向全省的对外开放日进行了《金色花》的授课，后来又有《珍珠鸟》《我和〈读者〉有个约会》等电视录像课与公开课的教学。由于我的教学素养较好，学生们在课堂上的表现很活跃，能体现新课标"自主、合作、探究"的理念，因此同行给予了我的课堂很多鼓励和肯定，如"精致巧妙的布局、诗意盎然的语言"等。于是，我陶醉了，以为自己达到了学校提出的三年上岗要求。

然而很快，沾沾自喜的我就遭遇了生活的当头棒喝。

2006年11月20日，我参加了广东省中青年初中语文教师阅读教学观摩活动，抽中的篇目是《我爱这土地》。这是我来到广东后第一次参与省级的教学比武，意义不可谓不重大。因为诗歌向来是我偏爱教学的文体，我擅长朗诵，也擅长用音画营造氛围，备课时还一再被作者的深沉情感所震撼，所以直到上场的前一刻我都是踌躇满志，以为能把这首诗讲得感人至深，获得一等奖毋庸置疑。岂料我的名字仅仅出现在二等奖的名单里！与胜利擦肩而过固然让我沮丧，但最令我难过的是什么呢？是下课时学生平淡得近乎冷漠的神情！由于解析多于品读，他们始终不能入境，全然没有感受到诗中爱之深、痛之切的土地情义。我的心沉重得喘不过气来，以致后来很长一段时间都走不出这个阴影。

"屋漏偏逢连夜雨"，不久后某天放学，我打算给一个女生面批作文，却有些举步维艰。她本能地拒绝我的建议，而且随着交流的艰难推进，她竟然失声痛哭起来。然后，我无比清楚地听见她说："老师，小学以后就再也没有任何语言文字能感动我了！我的感情早就已经麻木了！"她略微低着头站在我的面前，眼泪在脸上纵横地奔流，声音里是长期压抑着的痛苦。长时间的沉默。我把手轻轻搭在她的胳膊上，仿佛这样能让她好受一些。但被她的泪水钉住的我不知道该说些什么，只能用"既然还有眼泪，还有痛苦，恰恰表明你的内心没有麻木"之类的话来搪塞。

事后，每每忆及这两个片段，我总觉得芒刺在背。

语文是一门人文性极强的学科，理应深入学生的内心，调动学生的情感，激发学生的生命。假如我的学生从来没有对语言文字发出由衷的赞叹，从来没有走进丰富而美好的精神世界，那么，我给予他们的就是虚假浮夸的"伪语文"教育，这是一件多么可怕的事情啊！

面对这场突如其来的暴风骤雨，我陷入了失落和迷茫之中。在教学中总是充满信心与勇气的我遭遇到了一个巨大的难题——在行云流水的教学形式之下，我究竟要追求什么呢？

## 三

山重水复疑无路，柳暗花明又一村。

恰在此时，2006年年末我被学校推荐参加了广东省第三期中学语文骨干教师培训班的学习，得以受到众多专家和名师教育思想的洗礼。这对我而言犹如是久旱逢甘霖。之后，我开始疯狂听课，想要从别人的课堂中汲取养分。"三人行，必有我师焉"，无论校内外，无论什么学科，只要值得学习，我绝不愿错过机会。自此，每个学期我听课的数量都在30节以上，听课记录与反思亦不胜枚举。

我也开始疯狂阅读专业书籍，想要从别人的实践和智慧中寻找灵感。我订阅了《语文教学通讯》《中学语文教学》《中学语文教学参考》等一些教学杂志，系统地阅读了教育学、心理学和思维学等方面的著作，如《教育的天空》、《给教师的建议》、《语文思维培育学》、《语文教学美学论》、"名师讲语文"系列丛书、《教育家成长丛书》等等，并做了大量的读书笔记。

那一段路走得异常艰难。世界变得静止和单一起来，我却仿佛一个高速旋转的陀螺，又像一个冲锋陷阵的战士。遭受误解时，感到疲惫时，想要放弃时，偶尔也会问自己："这么辛苦，有必要吗？"我无法微笑着回答，但我知道，面对讲台下那些求知的眼睛和纯洁的心灵，我的任何一种松懈都是奢侈或者罪过。除了坚持，我别无选择。

渐渐地，我的思路清晰起来。我有了明确的语文教学追求：希望学生在我的语文课上能停下匆忙的脚步，静下心来和我一起感受语言文字的丰厚意蕴与生活中的真善美，从而成长为有温度、有深度、有情趣、有个性的人！

带着这样的追求，重新站上讲台的我终于知道自己该如何去做了。

我告诉学生："我们的语言文字就是一个个跃动着的鲜活生命，撇捺横折之间激荡着丰富的情感、沉淀着厚重的文化。它们有音、有形、有义，还有情；它们有血肉、有骨骼、有思想，还有灵魂。"

接着，我把不遗余力地引导学生做真正的读书人作为第一要事：给他们开列课外阅读书单，与他们分享自己的阅读故事、阅读方法和阅读感受。在定期的阅读课上，我们或者安静地圈点勾画写批注，或者就近期集体阅读的书进行交流。尤其值得一提的是，我积极推进"家校携手，亲子阅读，共铸幸福人生"的读书活动。孩子们与爸爸妈妈同读一本书，共写读后感，既增强了亲子交流，又营造了书香家庭、书香校园氛围，反响很好。经过这样的组织和推动，学生的课外阅读热情被大大调动，对语言文字的感受力也明显提升。

至于课内阅读的教学，我的自评尺度也不再是课堂形式是否流畅活泼，而是学生内心的情感是否被点燃。与此照应，备课时，我先摒弃一切教辅资料，像普通读者那样细细地研读文本，再用心设置合适的情感触发点来构建教师、学生、作者、文本四者的心灵交汇。这个动情点可能是我的范读或拓展材料，也可能只是一个标点、一个字词、一个句子或一个话题。我惊喜地发现："水尝无华，相荡乃成涟漪；石本无火，对击始发灵光。"当我利用动情点来组织教学时，当我与学生在大量的语言材料中披沙拣金时，他们真的能发现语言文字的美，并感受到文章背后的情怀了！

《说"屏"》是一篇说明文，学生起初学习兴趣不浓。我围绕题目和作者依次抛出三个研讨问题：1. 在这篇文章里，陈从周"说"了什么？2. 他是怎样"说"的？3. 他为什么要"说"这些？层层铺垫，步步蓄势，当有关作者的背景材料展示出来时，原本嚷嚷着"没意思"的孩子都沉默了。他们无一不对陈从周的"园林情结"和很多古典园林被无情毁坏的残酷现实感慨不已。课后，学生以"寻找遗失的美好"为题写的随笔，情感真挚，令人心动。

《背影》这篇经典散文因为语言浅近而难以引起学生的深度思考。当舒缓而伤感的钢琴曲轻轻地流淌在课堂上时，我让学生联系生活实际用"唉，我现在想想，那时真是太聪明了！"作结尾讲述自己与父亲的故事。短暂的思考后，举手倾诉者一个接一个。被他们深情的发言所感染，我也忍不住向他们聊起了我的父亲。说着说着，我哽咽难言，很多孩子也伏案抽泣，其中一个下课后还跑来对我说："老师，这篇文章写得真好啊！我刚开始看就掉眼泪了。"看来，这堂课给了他们认识父母和生活的新视角。

2004级初三（7）班的俞伊阳同学迄今仍对我的语文课记忆犹新：

"我们喜欢听楚老师讲诗歌。她给我们讲艾青的《我爱这土地》时，先让我们凭着感觉朗诵，然后启发我们去感受诗人的内心世界。那堂课的感觉和往常不一样，因为老师说的话其实并不多，只是通过发问和简短的介绍引导大家自己去挖掘诗人的内心。可是那关键的一点引导就像给了我们一把钥匙，开启了和诗人接触的大门，带我们走向从未体验过的世界。'假如我是一只鸟，我也应该用嘶哑的喉咙歌唱……'我记得所有同学渐渐地被这种悲愤而激昂的情怀感染，在一遍又一遍的集体朗诵中情绪逐渐高昂起来。而我到了课堂的最后一分钟，几乎热泪盈眶，和所有人一起站立起来，将课堂的气氛推向顶峰——'为什么我的眼里常含泪水，因为我对这土地爱得深沉……'"

对于这样的教学效果，学生作文中的一句话表达得最好："语文学习让我领悟到了中国象形文字的魅力，那真是一种莫大的享受！"

事实上，不只是阅读，学生也跟年少时的我一样享受着写作。他们的每日随想进步显著。刚入学时，有些学生一听要写作文就很痛苦，不知不觉地，随便一写就是七八百字，有家长还笑着来"投诉"：孩子因为太专注于写随想，没时间和精力做其他作业了！

2011级初二（1）班的胡亦凡同学就曾情不自禁地发出感慨："写随想竟会变得如此美妙，这是我以前想都不曾想过的。而且我居然可以从一些小事中发现一些让我感动的东西：种子发芽，它的生命力有多么顽强；雨过天晴，彩虹总在风雨后；绿树成荫，为人类奉献；风吹柳絮，帮助柳絮安家落户……这些感受，都是我以前从来不曾拥有过的。仅仅是每天的随想就可以将我改变。我也不知道这是为什么。"2007级初三（2）班杨韵琦同学的家长则介绍道："女儿来到省实，第一惊喜是遇到一位让她心悦诚服的语文老师——楚云。楚老师深厚的文学功底让她折服、生动睿智的教学风采令她着迷。在楚老师的引领下，读书成了她最享受的事情，写随笔成了她最有成就感的作业。广泛的阅读开拓了她的视野，启迪了她的智慧，激发了她的灵感。日不间断的随笔迫使她有效提取阅读信息，描述所见所闻，整理所思所感。在老师的播种、点燃、激励下，女儿的写作水平突飞猛进，初中三年，共有10篇随笔发表在《南方日报》《羊城晚报》等报纸杂志上。"

读着这些文字，我总是无比感动。曾经走过的坎坷弯路，曾经付出的艰辛痛苦都变得珍贵起来。我深深地意识到：最好的语文教育，就是对心灵的点燃。只要老师将自己对生活、对文学的热情传递下去，学生的心灵就会绽放出瑰丽的火花。这"是一种自我发现，是双向激发的生命运动：学生内心深处的最美好的东西被教师激发出来。在这一过程中，教师自己心灵中最美好的东西也同时被激发出来，这样教与学双方都达到了一种精神的提升"（钱理群语）。

秉着这样的理念，这些年来，我在校内外上了不少公开课，也获得了一些荣誉，离"优秀"又前进了一大步，但我始终认为学生毕业后怀念我的语文课是我最大的欣慰，教学相长是我最大的快乐，而以润物细无声的姿态，用生命的韧性与热情对学生产生正能量的影响，帮助他们做更好的自己则是我最大的梦想。

再次回首我的廿三载语文路，与千千万万的一线老师一样，"有过寂寞的苦/有过失望的悲/有过挣扎的创痛/有过自省的快慰"，虽说没有卓越的成就，也没有传奇的经历，然而，因为热爱语文，因为是语文老师，我平凡的人生有了别样的精彩！

所以我想，语文这条路，不论是荆棘满布的曲折小道，还是一马平川的宽阔大道，我都会一直走下去。

（本文发表于《语文教学通讯·初中刊》2014年第4期，收录时有改动）

## 痛苦中的坚守

太阳下山明早依旧爬上来，/花儿谢了明年还是一样地开，/美丽小鸟飞去不回头，/我的青春小鸟一样不回来，/我的青春小鸟一样不回来。

——题记

### 一

又到了草长莺飞的时节，清晨的阳光嫩得就像榕树上的绿芽。

牵着女儿的手走在上班的路上，我的心情却一点也轻松不起来。就要到七点四十分了，早读应该快开始了吧？学生们会在课代表的带领下自觉读书吗？昨天的作业交得不整齐，今天要找几个学生好好聊聊。女儿兀自在絮叨着昨天发生在幼儿园里的趣事，我不时附和一声"嗯"或"啊"，脚步迈得越来越快，以至于身边的她几乎是被拽着一路小跑了。

终于走到了大院门口，我习惯性地弯下腰，准备在女儿的额头上印下一个吻以示告别，她突然抱住我，小心翼翼地问："妈妈，今天能送我去上幼儿园吗？"

凝视着她那双有些湿润的眼睛，我张了张嘴，想对她说还有七十天，妈妈教的学生就要初中毕业了；想对她说妈妈是班主任，必须要赶到学校去监督早读。但蓦然想起，这些理由我似乎在昨天、在前天、在前天的前天就已经说过了，于是，我只能轻轻地摇摇头，然后松开她的小手，转身朝学校走去，身后传来的是女儿低低的抽泣声……

我怎能漠视孩子如此简单的要求啊！

记得有次家访时，一位家长幽幽地说："如果孩子小的时候，我们能够多陪陪他，可能他跟我们的隔阂不会那么深。"那一刻，所有的人都陷入了沉默，屋子里沉静得能听见各自的心跳声。

现在，在女儿幼小的心灵里，妈妈就仿佛一个陀螺，在她的身边高速旋转，却总是不能为她停歇：我无法像她期待的那样天天送她去上幼儿园，甚至也常常不能在她临睡前给她朗读她最爱听的童话故事。每天吃晚饭时，一旦得到我晚上不加班的承诺，她就会欢呼雀跃，如同过年一般。

生命的长河没有止境，但孩子的童年只有一度，在这如春晨的阳光一般鲜嫩的岁月里，我能给予我的孩子什么呢？

## 二

又是她——那个任性的女孩！在这节课上，她已经是第三次反身和后面的同学说笑了。我究竟要不要点名提醒她呢？同学们正在做课外阅读训练，从讲台到后面墙壁上的黑板报，总共有二十步远，我已经往返了四次。

我实在无法忘记上次批评她之后的遭遇。

那一回我没收了她在上课时看的小说，她竟然将教科书用力地摔打在桌面上以示不满，因为正在上课，我不想耽误其他同学的时间，便请她课后到办公室来面谈，谁知她对此置之不理。几天后，我在大街上碰到她和妈妈在一起，她妈妈要她向我打招呼，她也同样扭扭脖子，置之不理。那一刻，我感到了从未有过的无奈和悲哀，打算此后对她不闻不问。

然而现在，她就坐在我面前，当别的同学都在埋头看书的时候，她却在说笑。我则一次次地从她身边走过。

……………
　　一个同学的提问让我忍不住低头看了看时间。离下课只有五分钟了，这节课已经过去了八分之七！

　　在中考前还有多少个八分之七能够徘徊？在她的生命旅程中，又还有多少个八分之七可以挥霍呢？

　　她可以不尊重我，作为老师，我却不能因为她的不尊重而埋怨她和放弃她啊！

　　我缓缓地停在她的座位边，这一次，她终于闭紧了嘴巴。

## 三

　　又是凌晨一点了，窗外夜色苍茫，我坐在书桌边，就着台灯奋笔疾书。"喵——"一声猫叫划破了宁静，我忍不住打了一个大大的哈欠，眼前的文字又开始疯狂地扭动起身躯来了。

　　真想推开书本，好好地睡上一觉啊——哪怕只是静心打半个小时的盹，但是不行，上课要用的复习资料我还没有准备好，而身为班主任的我，在学校备课的时间几乎可以用千分尺来计算。

　　于是，我站起身，揉了揉酸痛的肩膀，蹒跚着走到冰箱前，从里面取出冰冻眼罩放在前额敷了敷。在冰箱里，我存放着两个这样的眼罩，它们都是去年教师节时学生赠送给我的礼物，当时以为用途不大，想不到现在竟然成了我每晚最贴心的护士。

　　戴上眼罩，我冷不丁地打了个寒战，刹那间，一阵透骨的清凉驱散了所有的睡意，我又清醒着回到书桌边，像一个冲锋陷阵的战士一般，继续与五柳神侃、同鲁迅对话。

　　我知道，面对讲台下那些求知的眼睛和纯洁的心灵，我的任何一种松懈都是奢侈或者罪过。

## 四

  青春对于每个人都只有一次，如同一只容易飞走且一去不回头的小鸟。某一天，这只鸟也会老，羽毛脱落、身形枯槁，再也扇不动翅膀；某一天，我们也会从青春年少走到额前沟壑难填、两鬓霜花涌现。

  女儿的童年将在蹦蹦跳跳中远去，学生的青春将从追逐打闹间溜走，教师的青春更是稍纵即逝。那么，我的青春应该为谁停留呢？

  作为母亲和妻子，我真想更多地陪伴家人、善待自己；然而，作为教师，我只能一次次地选择学生。

  这一切都只是源于一份教书育人，关注学生成长的责任感啊！

  因为责任，即使有悲哀和无奈，我也愿意付出；

  因为责任，即使有痛苦，我也将坚持前行；

  因为责任，我始终坚信自己的青春能在学生身上得到延续……

## 【后记】

  2005年7月25日，我写下《痛苦中的坚守》一文，一周后将它发表在广东实验中学的校刊上，在老师中引起了相当大的共鸣。

  2017年6月28日，我和已经长大的女儿聊起这段往事。女儿问我为什么会选择当老师，因为她觉得"老师这个职业看起来就像个圆形，安安稳稳的，放在哪里都行，但是也没有什么波澜起伏啊"。

  "老师这个职业像圆形"，多么新颖的表达！我突然感觉女儿说了一句充满哲理的话。

  站上杏坛二十余年，"老师"这个当年大学毕业时并非第一选择的职业已经成了我的事业、我的标签、我的名片和我的血肉。经过如许年华的浸润，它在我的心目中究竟是怎样的呢？

  受到女儿的启发，我也想尝试着用些什么来比喻和描摹它。

  首先，它像一条盘山公路。以我为例，三年一个学段，基本是一个周期之后再重新出发，表面上看起来是一次一次、一轮一轮的重复，但是只有我们自己知道我们在螺旋式上升。新学生产生新学情,老教材折腾新教法,教育的大环境不断改变,新鲜事物层出不穷,如果炒冷饭吃老本,我们哪里有底气站在讲台上谈古论今?学生随便提的一个小问题就会成为我们的紧箍咒,所以只得不断学习,不断超越,不能原地踏步,不敢重复自己。

其次,它像一串冰糖葫芦。外表看起来比较光鲜亮丽,其实内在可能是略有酸涩。那些上不完的公开课研讨课,那些突如其来的学生问题,那些不能错失的充电培训,那些如约而至的总结考核……每一项都不能轻率面对,所以每一次忙碌和锤炼都是我们成长的一个节点,而我们的日常就是"迎接挑战—稍作休整—再迎接挑战"的循环往复。

再次,它像一缕绵绵藕丝。"藕断丝连"本是一个温馨甜蜜的成语,用在"老师"这个职业上却有点五味杂陈。对很多人来说,每天八小时工作之余的时间是最开心、最轻松的,只是我们常常左右为难。因为老师的工作特征就如同藕断丝连一般,拿得起却放不下。拖着一身的疲惫回家,离开了教室和办公室,工作任务却依旧如影随形。准备明天的新课,想想接下来的考试,回味一下今天和学生的谈话,哦,很快还有焦虑的家长们打来电话向你倾诉向你求助,有时大半个晚上你捧着手机听电话听得耳朵生疼,严重时甚至可能引起家人误解面临"家变"风险。

以前自己也反思:同样是工作,别人休息是休息,我们老师的休息时段为什么还像在工作?偶尔家人也质疑:同样是老师,别人快活自在,你工作了这么多年为什么始终像新手?

可能真的要很久很久之后才明白,那是因为你想在老师这条职业之路上看到和别人不一样的风景,收获和别人不一样的体验,创造和别人不一样的回忆。于是,日复一日,你在一番番"藕断丝连"中,品尝着"冰糖葫芦"般的酸甜,然后在"盘山公路"上缓缓前行。

这样想来,"老师"这个职业怎么可能像圆形?哪里有外人看来的安逸沉稳?它分明就是一个菱形啊!

然而，此时此刻，我竟然如此喜爱"老师这个职业像圆形"的说法——不，不只是喜爱，简直是爱得痴迷，如同"久旱逢甘霖，他乡遇故知"！

教师这个职业真的像圆形，你的精神越饱满充实，你与世界的接触面就越大；我们一路修行一路成长，最理想的境界就是拥有一颗圆融平和的心灵。换句话说，"老师"这个职业就是肉身在路上，灵魂在高处：

因为与文字对话，我们的眼光始终澄澈；因为与孩子同行，我们的心灵始终纯净。

## 有一种草也许不会开花

"老师，你给我讲评一下我的作文吧。"说这句话的是R，"你讲完了，我再去吃中饭。"

我看着她，有一阵儿恍惚。

R其实是个长相讨喜的小姑娘，白净秀气的脸庞上有一双圆而不大的眼睛，骨碌碌的，即使有镜片遮挡，依然格外灵活；下巴很尖，与她单薄的行文和瘦小的身材十分匹配；嘴唇挺薄，高兴时会吐出一长串甜甜的话语，软软糯糯的，似乎要裹住你的心房；一旦生起气来，则化为剑鞘，上下瓣张合之间弹出几个短促的句子，挟着眼神里射出的寒意，直直地刺向你的咽喉，使你猝不及防，口不能言，手脚不可动，以致节节败退——当然，这样的场景我是见得极少的，因为除了课间相遇时的微笑与课后偶尔的闲聊，她留给我的印象多半是在语文课上埋头看网络小说，或是不管不顾地抱着胳膊酣睡，有时刚刚被唤醒马上又趴了下去。旁边的同学在随想里透露，她是有连睡三节课的高超技艺的，谁都叫不醒她，于是，大家私下里已经给她封了个"睡神"的雅号。

开始留意她的具体时间已经比较模糊了。初一刚入校时，放眼整个班级，绝大部分孩子都专注地看着我，跟着我的板书一起做笔记，纯净的神情让我慨叹不倾囊相授便无颜以对他们。当时的R想必也是那些专注者中的一员吧？记得有次课堂分享到"童年·陪伴"的话题时，被同学点到名的她站起来追忆了自己的成长故事，末尾处竟哽咽得说不下去。课后向班主任打听，我才知道R的母亲在她很小的时候就抛弃他们离开了，父亲因为经济问题锒铛入狱，去年刚刚被释放，十几年来陪伴她成长的只有奶奶。

　　可能是被R的眼泪打动了，那以后，我便有意地亲近她——一半是出于责任，一半是出于同情，我觉得我应该给这个女孩一些关爱。我让她朗诵课文，因为她的嗓音清脆响亮；我让她回答问题，尽管她常常摇着头说"不知道"。我想她应该不讨厌我吧，否则每回远远地见到我，不会笑得那么灿烂。那么，究竟是从什么时候开始，她变成了课堂中的"低头族"，交上来的作业总是只有三五个字呢？

　　我深深地回忆着，却始终找不到答案。唉，没想到，一个小姑娘给我这个老教师出了个大难题！

　　那天放学后，我坐在办公室里收拾东西，抬头看见物理老师还在埋头改作业，于是脱口而出："你上课的时候，×班的孩子们认不认真啊？""还行吧。"话语里流露出一丝犹豫。"那R呢？""嗯，她倒还积极，有时下课会来问问题……"

　　我吓了一跳，简直不敢相信自己的耳朵。物理老师说的是我熟悉的R吗？我怎么就享受不了这种待遇呢？

　　怔了怔，突然，一种没来由的愧疚自脚底袭来，悚然而惊的我没有听清楚后面的话，也再没有勇气问下去，只能落荒而逃。是的，我难过地意识到，R并不是在所有课上都趴着的，可是——可是她居然在我的语文课上睡觉了！

　　我不得不承认，R的放弃并不全是她自己的错。

想一想，她不写作业时，我每一次都能穷追不舍吗？她伏案而睡时，我每一次都尝试着把她唤醒了吗？她背不出课文时，我每一次都给予了她方法的指导吗？她以沉默婉拒我们的沟通时，我每一次都能弯下腰来听她诉说吗？她心情愉悦地和我打招呼时，我每一次都如自己以为的那样真诚吗？发现她沉迷于网络小说不能自拔时，我每一次都舍得花时间和她聊聊吗？知道她的考试成绩拉低了班级的平均分时，我每一次都向她伸出了援助之手吗？……

终于，我也不得不承认，从某个角度上来说，是我先放弃了R。我的确关心她，却并没有真正地爱护她。

那一刻，R的故事让我联想到我曾在微信朋友圈中提到过的一个男生S：

教学生涯中总会遇到这样的孩子吧：他很调皮，上课制造出各种噪声引你蹙眉；下课追逐打闹与同学纠纷不断，时时惹出事端让你"救火"，偶尔还爆出粗语污你耳朵；课堂笔记寥寥无几，课后作业无迹可寻；找他谈话，他推卸责任蛮不讲理，一忍再忍间你也终究压不住怒火怨气；好不容易发现他的一个小优点，大力表扬，却发现飘飘然的他转瞬又在捣乱；生活得如此粗糙、如此庸常的他成绩当然也是惨不忍睹……于是，你有了"眼不见心不烦"的念头，希望他赶快毕业赶快走出你的视野。

然而，就是这样一个孩子，他每次见到你都会大声地向你问好，脸上始终有无辜的微笑；知道你不一定有时间与他交谈，仍然游荡在你身边；听你说要检查他的课堂笔记，每节课一下课就会巴巴地举着他皱得一团糟的书本给你看；偶尔做出几乎要逼得你跳脚的事情，班主任一转述，你才知道他只是想引起你的关注……

刚才，就有这样一个孩子课间来到我的座位旁，忸怩了一小会后告诉我今天是他的生日，他想送我一幅自己创作的草叶画。我震惊地站了起来，反应迟钝地说："你过生日，怎么会送我礼物？"环顾四周后又嗫嚅道："老师这儿现在没有什么能送给你做生日礼物的，嗯，那我抱抱你吧！"

说着，我向前一步，轻轻地拥住他，拍了拍他的背，说："生日快乐！"然后，只见他浅浅一笑，飞快地跑出了办公室……

孩子的心灵果然敏感而脆弱，越是不按常理出牌的孩子越是如此。无论他们多么幼稚，多么不成熟，也无论他们身上暂时有多少缺点，表现得多么不可爱，他们始终还是希望父母和老师不要放弃和漠视他们的，正如美国教育家托德·维特克尔所说："每个学生都很在意老师对他的态度，内心深处都渴望老师喜欢他。"所以我们当老师的，在提倡多一把尺子衡量学生的时候，是否也应该多一把尺子衡量自己呢？

我们在院校和实践中掌握了那么多教育技巧，可是所有的教育技巧都抵不过真心诚意地爱学生。周国平先生说："和孩子相处，最重要的原则是尊重孩子，亦即把孩子看作一个灵魂，一个有自己独立人格的个体。"或许，我们是不是真正地尊重孩子，是不是用心地爱孩子，在我们还没有分辨清楚时，他们已经用自己通透的心灵感知到了。

想到这里，我的心重重地堕了下去。

两天后，语文课上，借着讲评作文的机会，我给孩子们朗读了我写的一则教育札记，是关于R和S的。我没有点出他俩的名字，可是我相信他们听懂了，而且接收到了我的歉意。

感谢生活，幸好这个道理我懂得不算太晚：

无论成绩好坏，每个孩子都是种子。有的种子肯定是花，因为很快就能灿烂绽放；有的种子是花，但是需要漫长等待；一定也有的种子是草，或许将来会开花，或许永远不会开花。能开花的当然值得祝贺，不过，不能开花的草，如果有人给它阳光和雨露，它同样能成为世界上最生动的一抹绿色。

望着有些忐忑地注视着我的R，我微微地笑了笑，拉着她的手坐下，然后翻开了她的作文本……

（本文发表于《广东教育·综合》2017年第9期，收录时有改动）

# 叛　徒

"他想起戴维在伊斯特本获奖的那个晚上。其他参赛者一个接一个退下了，只剩下这个八岁大的孩子在台上疯狂地摇晃扭动，场下一片尴尬。没人知道他这样跳到底是快乐还是痛苦。主持人开始慢慢拍起手，开了个玩笑，整个舞厅爆发出笑声，人群喧哗起来。迷惑的哈罗德也笑了，丝毫不知道作为孩子的父亲在这种复杂的情况下该怎么表现。他看了莫琳一眼，发现她用手捂着嘴惊讶地看着他。笑容从他脸上消失了，他觉得自己做了一回叛徒……"

这是英国作家蕾秋·乔伊斯在《一个人的朝圣》中的一段话。

或许阅读就是一场久别重逢的相遇吧，不久前读到这段话的时候，猝不及防间，像被戳中了穴位，一阵刺痛袭上心头，我突然忆起了女儿小学四年级放寒假前芭蕾舞班的期末汇演，当时的点点滴滴在我的脑海中刹那间清晰得如同明镜。

按照惯例，少年宫芭蕾舞班每个学期末的最后一节课总要邀请家长随堂听课，我是无论如何都要赶去的。我喜欢偌大的教室里回荡的钢琴声，喜欢女孩们轻盈起舞的婀娜身姿，喜欢看苗条的舞蹈老师迈开长腿踏着有些外八字的步伐巡游在一群手扶把杆的小姑娘中间……这些曾是我在童年无比向往的场景。所以，女儿五岁时，我毫不犹豫地把她变成了芭蕾舞学员。

一转眼，她在芭蕾舞的海洋中已经扑腾了近五年了。然而，由于身体的柔韧性不太理想，而且课后练习的积极性也不高，女儿始终不能成为让老师眼睛发亮的学员。当别的孩子自如且优雅地劈叉、下腰时，她总是涨红着小脸，露出僵硬的微笑。据说老师时常在训练时严肃地提醒学生："把你们的'小西瓜'藏起来！"她总会第一个憋住气用力地收紧肚子。

那天下午，天色阴沉沉的，室外寒风呼啸，室内的暖气却晕染出一个温暖如春的天地。和其他家长一样，我坐在练功镜前的长椅上，目光追随着自己的女儿。

别的孩子修长瘦削，十岁出头的小姑娘个个都匀称挺拔，如同亭亭玉立的出水芙蓉。只有我的女儿还显现着婴儿肥，站在众人中间的确显得有些另类。几个活泼的小姑娘笑着、闹着，满室奔跑，有时还扑过来偎依在家长怀中撒撒娇，而她却默默地坐在角落的地板上安静地绑着鞋带，左一下，右一下，接着慢慢起身，扶着把杆轻轻地转动着脚踝。偶尔，她的眼光偷偷地瞟向我，羞怯地笑笑，嘴角却抿得紧紧的，发髻上装饰的几朵小花仿佛也有了重量。

音乐从屋角的音箱中缓缓飘来，学员们开始在老师的指挥下展示一个学期的学习成果。

我的视线从前排的每一个孩子脸庞上扫过，然后静静地聚焦在女儿身上。只是过了十来分钟，隔着二三米的距离，我就清晰地看见她的下巴上已有几颗汗珠摇摇欲坠，亮晶晶的，氤氲着海潮般的气息。班级演练、小组展示，绷脚尖、擦地、踢腿、半蹲、弹跳、旋转，二十多个女孩一起转身，女儿的背影刹那间占据了我全部的视野——因为全班唯有她一个人整个后背都已经湿透了。

老师略带沙哑的声音适时响起："小雅的手臂伸展得最远，雯雯的腿部线条最美，凤凤的动作最标准……哦，念念的汗出得最多——是'西瓜'大了点儿……"身旁的家长们骚动着，发出一连串轻微的笑声，有几个熟识的还侧脸看着我，脸上的笑容颇有些意味深长。于是，我赶紧用上翘的嘴角来回应他们，幅度由小变大，终于聚集成一声"扑哧"的脆响。

带着笑意，我抬眼望去，努力搜索女儿的视线。然而，没有想到的是，她的嘴巴噘着，眼神闪烁着，不再看我，甚至不再看眼前镜子中的自己，手脚的动作也瑟缩、迟钝了很多。老师的教鞭"啪"的一声敲到了她脚边的地板上。

我愣了愣神，笑容僵在脸颊，接着悚然一惊：

老天，我究竟做了些什么？！

我来到这里，原本不是想要陪伴女儿，给她安慰和勇气吗？可是，我竟然如此随意地背叛了她，背叛了自己的本心，为了迎合别人而从她身边走开，留下她独自一人背负起整个舞蹈室沉重的目光和笑声！小小年纪的她要如何面对自己的妈妈与别人相同的笑容呢？

不知怎的，我的眼前突然闪现出她两岁多在姑姑假装打我时，从沙发上"噌"地跳下来叉着腰大声叫嚷"不许你欺负我妈妈"的场景。

汇演仍在继续，轻柔的钢琴旋律隐约流淌出伤感，女儿始终低着头，我的心亦如绑缚了铅块似的，一直在沉重地堕着、堕着，以致忘记了下课后是如何拽着她匆匆离开舞蹈室返回家中的，只记得素来走路时最爱挽着我胳膊的她在路上用力地甩开了我的手臂……

最终，2010年1月10日，我亲爱的女儿念念挥别芭蕾，转投了另外一家少年宫并改学民族舞。做出这个选择，用她自己的话来说，是因为"芭蕾舞太忧郁"了，与她欢脱的性格不投契。我曾想劝她为了天鹅梦再坚持一段时间，理由甚至已拟好了几个版本的腹稿，然而那段时间，只要面对她，只要她沉默地凝视着我，我就一句话都说不出口了——尽管她从未对我提起过那天下午的事情，每天依旧蹦蹦跳跳的。

现在想来，这不就是和哈罗德一样，因为"做了一回叛徒"而担负的心灵枷锁吗？

时光流转，二十年后，一生安分守己的哈罗德突然决定要一个人走长长的路，在路上他想起了儿子戴维，"他真希望儿子跳舞那天晚上自己没有笑出来"，因为他"花了一辈子低头，避免冲突，然而儿子却下定了决心和他斗一斗"。噩梦一般的回忆牵扯出他内心深处剧烈的痛，让他无处可逃。后来，他邂逅了一位脏兮兮的老人。老人在街上随着音乐手舞足蹈，动作生涩又失衡。当围观的人群渐渐散去后，哈罗德毫不避讳地和他一同舞了起来。

——心灵被禁锢着走了二十年弯路后，他终于以这种方式表达了对儿子的歉疚，也终于找回了自己，拯救了自己。

合上书本，我呆呆地坐在窗边，眼前似乎又看到女儿汗湿的背影，重重叠叠的目光和笑声压在她身上……是的，我多么希望，多么希望那天下午我没有笑出来而是在课后给她一个大大的拥抱，并且告诉她："在妈妈心目中，你的舞姿一直是最美的！"

迟疑了一会儿，我站起来，走到女儿房间，把笑吟吟地看着我的女儿紧紧地拥在怀中。她有些愕然，但没有说话。我把脑袋抵在她浓密的乌发上，眼泪不知何时已濡湿了脸颊……

## 活　着

　　我转过身，看向门口，三米之遥的她手扶着门把，静静地伫立着，半响没有动静，眼神却贪恋地追随着我们的身影。

　　突然有些庆幸，如果不回头，我们哪能知道她站在那里？因为出发前，她说不放心卧床的爸爸，就不出来送我们了。

　　她应该是很舍不得我们走吧？虽说有高铁，但工作忙碌或学业紧张的我们毕竟还是难得回来一趟的，就算天天一个视频电话，终究没有坐在身边手拉着手时熟悉的气息与温暖的触感。

　　她总感叹当年不该把三个孩子都送到大城市去读书、工作，别人赞扬她教子有方，她却羡慕对面楼里的阿姨——她的几个子女都在同一个城市打工，天天能见面，节假日还可以聚餐出游，不知道有多幸福！可是，她却不知道，倘若时光倒流几十年，她还是会细致入微地帮我们规划好长长的一生，绝不可能预料到老年生活的需要而将我们的脚步束缚在一丈之内。

　　她总说不担心我们的学习和工作，要我们无论如何都把自己和孩子的身体健康放在第一位，而她却把一肚子的话语揣在心里，打电话心疼电话费，历来报喜不报忧，直到我们回家探亲，她早早地买好几天的荤素菜，把冰箱里塞得满满当当，只为了能有更多的时间和我们说说话儿。可是，她却不知道，我们一直希望回家后能陪她到周边逛一逛，到菜市场走一走，把她每天忙碌的家务活做一做，权当是给她的身心放个短暂的假期。

她总喜欢回忆往事，怕我们嫌烦还变换着不同的角度，看电视时却偏爱新闻联播和台海局势，理由是不了解家外面的其他地方正在发生什么事可怎么行？！而当我们提出要代替她照顾爸爸，让她在家人的陪同下出去看看山川之美时，她却总是毫不犹豫地接过话题："不必了，我已经习惯了！"她不知道，她的这句话在任何时刻都是扎入我们心中的一根刺，不能拔除，也不能忽视。

"我已经习惯了！"

她没有说假话，也不是为了宽慰我们，因为我知道她的确已经被生活中的苦难折磨得近乎麻木了。别人的故事终究隔着千山万水，而她是我所知的近在身边、命运最坎坷的一个。

年少时，她被重男轻女的父母以家务和小作坊生意需要长女帮忙为由而退了学。五个兄弟姐妹，别的都读了大学或大专，她虽然成绩好，学历却永远停在了初一年级。13岁的她从此成了一个大家庭的主要劳动力，洗衣、做饭、搬砖、砌屋、染布、砍柴、挑水、晒谷、卖豆腐、缝纫……这一切把她的时间压榨得丝毫不剩，连成年后的婚配对象也是父母指定的。

结婚后，长达八年的两地分居、独自抚养三个子女的劳累没有让她发过半句牢骚，直到父亲把自己退休后顶替公职户口农转非的机会给了儿子而不是她时，她才终于在夜深人静时有了懂事后的第一次彻夜痛哭，父母第二天看见了她红肿得严重变形的眼睛，却丝毫想不起前天夜里听见了哭声。

然后，为了一家人的团聚，她采取了"曲线救国"的策略，带着两个小一点的孩子离开家乡到一所小城市的福利工厂工作了一年多。工厂在市郊，生活很不便利，夜里的寂静尤其让人恐慌，但离孩子们的爸爸却近了一天的火车车程。我知道，她没有抱怨过任何人，只是当最终阖家在丈夫工作的城市团圆时，她再也不是多年前那个为了去镇上看《东方红》而在夜里抱着尚在褓襁中的女儿，和同伴们一起打着火把，甩着大辫子兴冲冲地往返近三十里山路的年轻姑娘了。

再往后，她先后辗转在造纸厂、冰室、毛巾厂、制衣厂、百货公司等很多个地方赚取着生活费用，和丈夫齐心协力操持着自己的小家庭，生活好不容易慢慢安定下来。这期间，她和孩子们的城市户口问题解决了，她从临时工变成了企业的正式职工，三个孩子也逐渐长大。

然而，谁都没有想到，就在大女儿高三毕业那年，因为家里拿不出更多的钱去承包商店柜台，她失去了自己的工作——以连续三年"先进工作者"的身份，从此赋闲在家，变成了一个纯粹的家庭妇女。历尽艰辛熬到三个子女都从大学毕业、成家立业时，好日子似乎已在招手，丈夫又不幸患上老年痴呆症，折腾了几年后还是丧失了记忆、言语、行动等生活自理能力，静静地躺在床上依靠流质食物延续着脆弱的生命。

于是现在，照顾丈夫变成了她唯一的工作和生活的全部，以至绝大多数时候，她倔强地拒绝了我们三番五次提出的请保姆帮忙的想法。她说："我就是劳碌命，没办法的。我已经习惯了！再说，有了保姆，我做什么呢？多做点儿事我还舒坦一些。"

偶尔我忍不住为她惋惜："你这一辈子怎么会受这么多苦啊！"她回答我的话也基本不变："每个人都会有不如意的，你在这方面顺利了，就可能在别的地方不顺利。人活着就是这么回事啊。"

而当我流露出不放心她的意思时，她又会先劝慰我："你爸爸还想多活几年呢，要是我倒下了，他怎么办？所以我会照顾好自己的，你不用担心。现在，你妹妹一家多少能帮我一把，我已经轻松很多了。"

可是，命运也许对人不公，运气也许经常迟到，衰老和疾病却是对天地万物一视同仁的。

近年来，很少主动告诉我们身体不舒服的她开始不厌其烦地唠叨腰膝疼痛、抱怨衰老乏力了。有时见我们不感兴趣，一再打断她的诉说，或是转移话题，她的脸上总会悻悻然的——可惜我们常常后知后觉。

去年暑假，她的腰椎病又犯了。连续一周，我陪她在医院打点滴。那个上午，或许是病房里过于安静了吧，她忽然聊起了两个月前因为腰痛头晕却不得不独自来医院看病的经历。她说当时医生问她怎么没人陪在身边、怎么不能住院治疗，她的回答是家里有人卧床要照顾，儿女们工作忙不在身边；她还说做磁共振检查时她很害怕，机器的轰鸣声让她心悸烦闷，从检查台上爬起来时半天找不到鞋子……

我静静地听着。她的语气很平和，语速与输液管里药液的下滴速度十分一致。窗外近40摄氏度的高温天气似乎丝毫没有干扰到她的思绪。

她又说这几天让我受累了，要照顾老的和小的，要做饭洗碗，要赶工作任务，还要陪她往返医院做各种检查和治疗……万幸的是，我没有插嘴，静静地听她说完了所有的话，然后，握着她粗糙的手，轻轻地说："妈，其实我很高兴能陪在你身边照顾你！"然后，我听见她说："其实我也很高兴……"

说这句话的时候，她的眼睛亮晶晶的，脸颊上泛着淡淡的红晕，就像个十四五岁的小姑娘。

我又抬起头，看了一眼——她仍站在门边，用力地注视着我们的身影，而我脚边还是那个鼓鼓的行囊。

这一幕多像二十多年前，我离家去省城大学读书的那一天所见到的场景。那时，下岗已数月的她在门口帮我又理了理背包。下楼走了一段路，似乎已经把临行前她的千叮咛万嘱咐远远地隔在了门后，心念一动，转身，抬头，我见到了她在阳台上无声的凝望，以及凝望时干涸的泪痕。风把她额前的碎发轻轻地吹拂开来，我默默地看着她，把行囊放在脚边，双手竟沉重得只能举到半空……

这一幕和眼前的景象重叠起来，好像时间变了个魔术，这些年发生的一切根本就是个梦，我们没有移动分毫，然而时间已经被偷走了。

悄悄地，毫无痕迹。

可能，我们每个人真的都是这样生活的吧，或流泪，或欢喜，或默默无闻，或轰轰烈烈——却都是孤独而又坚强的。

余华说："'活着'在我们中国的语言里充满了力量，它的力量不是来自于喊叫，也不是来自于进攻，而是忍受，去忍受生命赋予我们的责任，去忍受现实给予我们的幸福和苦难、无聊和平庸。"

我若有所悟：当生活中的矛盾通过时间来鞭策一个人时，人选择为信仰或梦想而活，而当这些落空——连期待都成了奢侈品时，活着，就太需要支撑了。

幸好那时，我们还有彼此。

## 一路收获一路感动

**【前言】**

这是我以年级副级长的身份在2010届初三毕业典礼上的发言。每带一届学生，我都像投入一场热恋。所以，每送走一届学生，都难免会产生失落之情。因为这样，我会更加用心地对待学生，更加用情地捡拾和珍藏三年相伴路上的各种美好。

**【正文】**

各位领导、各位来宾、各位老师、亲爱的同学们：

大家上午好！

今天，2010年6月14日，这本是一个十分寻常的日子，但是，对于在座的省实2010届初三级的658位同学而言，却是一个很不寻常的日子。因为今天，是同学们正式告别初中生活的日子，它意味着你们又走完了一段青涩的岁月，即将作为青年开始踏上崭新的人生旅程。在此，请允许我首先代表所有关心你们、教过你们、陪伴着你们的领导、老师和家长向顺利完成初中学业，即将展翅高飞的全体毕业生表示热烈的祝贺！

同学们，聚散皆是缘，离合总关情。昨天中午，当化学考试结束的铃声幽幽响起,你们放下手中的笔长吁一口气时,当你们带着笑容步出考场,蜂拥在我们周围时,当你们握着我们的手,与我们拥抱合影时,当我们打开毕业纪念册,斟酌着写给你们的寄语时……我想我将要有一段漫长的假期可以闲下来了,我不用再与那些调皮的孩子斗智斗勇了,我可以静静地坐下来听听音乐看看小说了,可是为什么——为什么我的心里会有那么浓重的失落?许久,我才意识到那是因为三年已经一去不复返,是因为分别的时候已经到了,是因为美丽的初中校园里将不再有你们的身影了!

此时此刻,回忆起我们曾经一起走过的三年初中生活,回忆起我们已经建立起来的深厚的同窗谊师生情,内心的难舍之情不觉油然而生。孩子们,你们知道吗?每次走过静静的教室,我总是忍不住要走进去看一看,眼前浮现的是早读时正在朗读或背诵的你们,第一节课前搬着作业本奔跑在楼层间的你们,上课时聚精会神听讲的你们,下课时和同学玩耍、与老师交谈的你们,自习课为作业而忙碌的你们,还有学校活动中我们师生互相加油尽情欢乐的情景……每次走过热闹的操场,或是站在办公室门口,远望那棵苍翠的大榕树,我总是忍不住要在活动的人群中搜寻一下,看看这中间是否有我们年级喜爱球类运动的男生们,是否有我们年级正在漫步谈心的女生们……

三年了,1000多个日日夜夜的风雨兼程,我们就这样在闪念间一路走来。孩子们,你们留给母校的,有太多亮丽的风景;你们留给老师的,有太多的回忆和骄傲啊!

初三(1)班的同学们:你们是真正的王者,不断地挑战和超越自我。比赛场上你们努力拼搏,学习过程中你们一马当先。我忘不了自习课上你们奋笔疾书的身影,更忘不了校运会上你们精心悬挂在大本营中的随风舞动的班级照片。

初三(2)班的同学们:你们藏龙卧虎、懂事重情。从林绮泓到刘玉清老师,从简日明到姚静老师,每一个挥别集体的同学或老师都成了你们心中不变的牵挂。各类竞赛中你们的参与总能显露出色的才华,日常生活中你们的脸上总是绽放着微微的笑。

初三（3）班的同学们：沉稳内敛的你们喜欢静静地聆听，温和谦让的你们总是让老师省心。班主任三年三换，你们却用同样真诚的爱心接纳他们、信赖他们。和你们在一起，即使窗外是凄风冷雨，老师们也会感到温暖。

初三（4）班的同学们：你们单纯友善，你们团结上进，虽然起点不一致、奔跑的速度不同，但是没有人因为个别同学跟不上班级步伐而埋怨；当集体需要时，总会有那么多同学伸出热情的双手。你们让我深深地懂得了"同舟共济"这四个字的涵义。

初三（5）班的同学们：个性张扬、反应敏捷的你们常有许多独特的创意，即使是悬挂在教室门口的指示牌也是那样与众不同。总以为你们心无城府，直到那一次，当你们站在散学礼的舞台上对着郭颖华老师哽咽着演唱《暖暖》，台下众多的老师和同学感动得泪流满面时，我才知道你们也有细腻丰富的心灵世界。

初三（6）班的同学们：你们前途无量！为了集体的荣誉，你们齐心协力，即使付出许多，也没有人退却；你们始终努力，即使暂时失败，也绝不会放弃。因为坚信付出定有回报，你们始终乐观地面对各种挑战，得失泰然，宠辱不惊。

初三（7）班的同学们：一群质朴坚韧的孩子！也许你们的成绩暂时并不是最优秀的，但是有谁可以否认你们的潜能呢？你们用信赖的眼光和单纯的心灵获得了每一位科任老师的喜欢，用栩栩如生的戏剧表演赢得了所有同学的掌声。

初三（8）班的同学们："不抛弃，不放弃，坚持到底"，在班主任的带领下，你们把许三多的精神奉为座右铭，众志成城，使得"一流文明班"的流动红旗扎根在了（8）班的班级门口。这真的是一个奇迹，但何尝不是你们苦干实干行动的必然结果呢？

初三（9）班的同学们：你们活泼上进，张弛有度。课间玩闹得最酣畅，上课时却又能迅速投入课堂。你们有志气、你们有梦想，所以大考的班级平均分始终名列平行班第一。当其他班级纷纷把你们列为竞争对手时，你们毫不畏惧、从容应战。

初三（10）班的同学们：在全年级12个班级中，你们自创的班歌是最生动、最精彩的，你们的书写是最工整、最优雅的，这正如你们平时表现出来的个性和风度一样。初中三年，你们走过一段弯路，但是可喜的是你们在弯道处实现了自我超越。

初三（11）班的同学们：一个热心又充满活力的群体！运动会是你们发光发亮的平台，募捐场是你们播种爱心的空间。成长虽然喜悦，过程却并不轻松。你们用行动向世界宣告："我们没有放弃！我们一直在努力！"

初三（12）班的同学们：洒下的是汗水，留下的是追求；变动的是科任老师，不变的是你们的信任与爱戴。你们怀着感恩的心，尊重每一个关爱、帮助你们的老师；你们揣着坚定的信念，奋力实现了绝地反弹。

同学们，三年的回忆沉甸甸的，遗憾的是我无法一一列举你们杰出的成绩。楚老师想说的是，我们省实2010届初三级的同学们真的很棒！自进入省实以来，你们以单纯热情的为人、积极进取的学习态度和严格的组织纪律性赢得了学校领导与其他年级老师的好评。也许，你们中还有一些同学认为自己三年来成绩平平，没有什么成果，也没有获得过什么奖励，但是，老师们却知道：每一个集体都离不开你的一份贡献，在老师的心目中，你占有同样重要的位置。你可能不是成绩拔尖生，但你可能是运动健将；你可能不是守纪标兵，但你可能是劳动模范；你可能不是最佳班干，但你也许是爱心天使；你可能不是故事大王，但你可能是智慧男生、细心女孩；甚至你可能从未与我们有过深入交谈，但你脸上羞涩的微笑也使我们感到了舒适与轻松。所以，孩子们，你们应该相信，省实初中部的校园留下了你们青春的影子，老师为有你们这样的学生而感到自豪！疲惫时，想到你们就会精神百倍；委屈时，看到你们就会会心一笑；不经意时，你们的一声"老师好"就会让我们莫名地感动，你们的一句祝福语就会让我们的眼眶湿润。

真的，孩子们，老师们的心灵也是敏感的，即使你们最微小的进步、最含蓄的回报，我们也都铭记在心、感动不已！

6月10日是同学们回校领取准考证的日子。那天上午，在所有的同学都离开了校园后，我走进办公室，意外地发现陈秀娟老师的眼眶红润。经过询问，我了解到了这样一个故事。早上，陈老师想把自己新婚的喜糖发给同学们。谁料她步入教室时，竟然看见满黑板都写着（10）班孩子对她的祝福。过去，陈老师一直以为孩子们不太喜欢她，因为她是一个不善于表达自己感情的人；而这一刻，当她看到黑板上密密麻麻的字迹时，她才知道：原来在（10）班孩子的心目中，"初三（10）班"与"陈秀娟老师"都是他们生命中不可分割的一部分。陈老师被深深地震动了。对我们讲述到这里时，她已经泣不成声了……

至于我，同样地怎能忘记你们呢，孩子们，我忘不了（7）班的张子悦同学。有一回在办公室门口，他本已与我擦肩而过，却返身回来，站在我面前，很恭敬地对我说："老师好！"我忘不了陈泽斌同学。初二时我们曾举行过一次体育模拟考试，我负责检录。因为要朗读的学生名单太多太多，所以本就上了四节课的我的嗓音很快沙哑了。这时，陈泽斌同学主动走过来说："老师，我帮您检录！"

我忘不了（4）班的源洁莹、黎晓露这些优雅可爱的女孩，中考第一天，她们走过来与我握手、跟我拥抱——尽管我并不是她们的科任老师；我忘不了（2）班善解人意的夏紫珊、杨韵琦，每当我感到沮丧劳累时，每当我从趴着休息的桌面上抬起头来时，眼前总能见到她们亲切的笑脸和清澈的双眸，而考得不理想时，紫珊总会跑来对我说："老师，对不起！"

我忘不了课间从楼道走过时听到的那一声声熟悉的或不熟悉的"老师好"，我忘不了上课前抱着作业本朝教室走去时总有孩子问我："老师，需要帮忙吗？"我忘不了下雨天在楼梯口将要滑倒时那几双向我伸过来的热情的手，也忘不了6月13日语文开考前几个女生走到我面前，其中一个说："楚老师，抱抱我吧，我需要你的鼓励。"我抱着她，在她耳边说："你要加油哦！"没有想到的是她竟对我说："老师，你也要加油！"

我忘不了（12）班的孩子们。上个学期有几天我因为用眼过度，眼睛充血红肿，于是便戴着墨镜来上课，也不能直视同学们，只能连声说着抱歉，并时不时地用手遮遮眼睛。下课后，几个平时大大咧咧的男生来到讲台边安慰我，其中一个还递给我一张纸条，上面写着："老师，您依然美丽！"我忘不了（2）班的一位同学。假如不是他的妈妈告诉我，我可能永远无法知道背后的一切。初二时，这位同学曾经遭遇到一点挫折。我只不过是在他感到无助时对他说了几句安慰的话，他竟自那以后开始积攒自己的零花钱，想在初中的最后一个教师节送我一份特别的礼物。不知他是否知道，如今每当我看到那份礼物时，我都会深切地感受到：他给予我的爱和感动更多更多……

你们的确有大爱啊！孩子们，虽然有时候你们还不够成熟，但这些事让大家看到了你们金子般的心！正是因为你们，我们才能无悔于自己的付出；因为你们，我们才能永葆年轻的心态。谢谢你们，可爱的孩子们！

真希望能陪伴你们走得更远更长久，但是催促你们重新起航的号角已经响起。教师这个行业，恰如船夫，你们正是一船乘客，我们的职责是将你们一批一批平安地渡到对岸。你们必将登岸奔赴前程，而我们仍会坚守在原地。

是啊，三年来，我们坚守在原地，一直在倾听你们拔节生长的声音，也一直在感受你们在成长过程中必然要经历的惶惑与迷茫、困顿与挣扎……只不过三年，你们长高了，也长大了。岁月增添了我们的皱纹与白发，也增加了你们的成熟与睿智。只不过三年，省实一天天壮大起来了，而你们，也到了收获的季节。

同学们，在即将告别省实三年初中生活的时候，请记住在这片热土上曾经洒下的你们自己拼搏的汗水，请记住相逢是一首歌，是一种缘分。现在，我提议：全体起立！请老师们和家长们转身面向所有同学。同学们，请认真地向各位领导、老师和家长鞠一个躬，以表达心中对师长的深深敬意和谢意。因为为了你们，他们用心良苦掩饰自己的忧愁郁闷，他们全力以赴忘掉自己的病痛疲劳……再请你们把手伸给站在身旁的同学，与他紧紧地握握手，或者给他一个深深的拥抱。我们要向与自己共同生活、一同成长的同学表示衷心的祝福，向曾经帮助过自己、包容过自己的同学表示感谢，同时也请他原谅自己在三年学习生活中的不足和过失……谢谢大家，请坐！

  同学们，日子总是如溪水般缓缓流过，初中毕业是一个里程碑，它其实不是结束，而是另一段人生的开始，是一个新征程的开始。在你们即将离开这熟悉而美丽的校园，准备踏上新征程之时，请别忘了带上全体老师对你们的殷切期望和祝福。我们期待并祝福你们：成为社会进步、民族振兴、国家建设的栋梁之材。母校不仅关注你们的今天，更关注你们的明天。请牢牢记住你们三年前踏进省实校园时读到的那句口号："今天我以省实为荣，明天省实以我为荣！"

  孩子们，印度诗人泰戈尔说："无论黄昏把树的影子拉得多长，它总和根连在一起。无论你走得多远，我的心总和你连在一起。"省实初中部的大门永远向你们敞开，在你们未来的征程中，牵挂着你们的人中就有我们省实初中部的老师。海阔凭鱼跃，天高任鸟飞。再见了，亲爱的同学们！再见了，可爱的孩子们！再见了，未来的国家栋梁们！深深地祝福你们，祝福同学们前程似锦、健康平安、坚强快乐、一帆风顺！

  谢谢大家！

## 最难的从来不是开头

有时候觉得很苦,那是上天在给你准备惊喜。

——题记

### 一

生活中好像经常发生这样的事:

想写一篇文章。等待了许久的灵感终于降临,大量的情绪郁结于心,一堆堆的话语哽在喉中,已经形成喷薄之势,然而第一句话常常在改改写写中变得面目全非,全然找不到最初的模样。究竟应该开门见山,还是先声夺人?应该闲话家常,还是烘云托月?老师教过很多种"凤头、猪肚、豹尾"的行文技巧,拿起笔来,却还是写不出一个合乎心意的开头。

想要运动减肥。看见别人仿佛一夜间身形变得轻盈如燕,于是打算每天跳绳至少500下。寻求监督,在朋友圈发布了消息;让装备先行,去体育用品店买回了绳子;一切准备就绪,然后在台历上标注了黄道吉日,可是到了那一天,疲惫和劳累消减了拿起绳子的热情,跳了不足200下,终究还是决定给自己再放一天假。

想要出门旅行。念叨着"世界那么大,我想去看看",定好了目的地，明确了交通工具，保存了旅游攻略，结果却因为没有挑选好日期而迟迟没有收拾行李——不是不想，只是心中有太多的牵挂割舍不下，有太多的忐忑无法平复，工作、生活一肩挑又拖小带老的，哪有"说走就走"的洒脱自在？

……

故事这样开篇，当然会陷入"山重水复疑无路"的窘境，仿佛是一个人分身成了无数个人在不同的时间、不同的区域上演着同一出戏码，同样的结局让围观的看客索然无味。

然而，这往往不过是生活和我们开的玩笑而已——

你瞧，在绞尽脑汁写出开头之后，灵感挣脱了束缚，笔下的言语竟如"不尽长江滚滚来"；在避无可避地扬起绳子之后，双腿在汗水的洗礼中感受到了痛苦的欢愉，不知不觉中将"500下"的单次目标一次次翻了个倍；在家人半是戏谑的笑语声中，一步三回头地出了门，玩到兴起，早已是乐不思蜀。

难怪人们都说"万事开头难"，这句话的潜台词应该是：只要好好地开个头，后面就会顺风顺水、酣畅淋漓，成功就会水到渠成。

## 二

上个学期末的散学礼，我给全年级的老师、学生和家长们做了个名为"阳光心态·工匠精神"的发言，旨在鼓励大家为初三的到来做好身心准备。

关于"工匠精神"，我结合事例，总结成了四句话：追求极致不懈怠；精益求精不苟且；温和坚定不放弃；敢于超越不平庸。

层层铺垫之后，我发起了一个倡议：让孩子们每人自制一份暑假日程表，从放假的第一天起，每天完成自己选择并固定的一到两件有意义的学习、锻炼小事。每次完成后在日程表上用符号标注出来，下期开学后交给我检查。凡是每天的符号最终能连接成线的，都能领取一份精美的奖品。

会议后的反馈着实让人兴奋。

有家长发来信息说："我才发现原来孩子这么听您的。年级散学礼后她是从未有过地按计划来激励自己努力学习。"文字后面还配发了一张小姑娘埋头书写的背影，桌上的辅导书上露出了她的假期时间表，从听新闻联播、进行体育锻炼到上补习班、写假期作业，一条条整整齐齐地列在白纸上，让人看了情不自禁生出万丈豪情。

而且，这并不是放假第一天，而是近一周中天天都会出现的景象。

这样的图文反馈在我的手机中有十多则。我想，新学期开学前我应该多准备一些奖品，以免供不应求，辜负了孩子们的努力。

## 三

初三学年终于如约而至了。

可是，开学初，我并没有像自己期望中的那样忙碌，准备好的奖品堆放在抽屉里——因为上交给我的暑假日程表实在寥寥可数。

它们孤零零地躺在我办公桌的一角，轻如落叶，又重似泰山。我一张张地翻阅着，被两份假期计划表深深地触动了心灵。

其中，内容最翔实、格式最规范的是（7）班李靖仪同学的，学习、锻炼、娱乐一目了然，天目标和周目标相互映照，实践与评价无一遗漏。虽然对这个孩子所知甚少，但我想象着，这一定是一个"言必信，行必果"的女孩。她该是以多大的毅力在为她的诺言而尽心尽责啊！

另外一份让我难忘的计划是（5）班郭迅同学的。她拿给我看的其实是两样东西：用以记录每天所做事情的备忘桌历和假期完成的学习内容单。

让我震惊的是她对所学内容的自我选择。她根据自己的情况，对各门学科都实施了自我规划，有些重在查漏补缺，有些则偏向于超前预习。

这个女孩我已经教了两年了。她不是我众多的学生中最有天赋、最有灵气的，却是目标最明确、执行力最强的一个。

每个学期伊始，她会早早地背完教材中所有要求背诵的古诗文篇目；每次考试前夕，她会跑来告诉我她给自己拟定的目标分数，然后一次次乐呵呵地找我面批作文。她想要提高语文成绩的愿望是如此强烈，而她在背后付出的汗水是如此沉重，否则怎么可能以语文中等生的身份入校，然后在初二下学期的期末区统考中获得118（满分120）的高分？

我欣赏着这两个学生的暑假计划表，心中百感交集：从来没有荒废的艰辛，从来没有空白的努力。这样的孩子想不成功都难啊！

而面对他们，应该会有很多学生和我一样，觉得自己过了一个"假"假期，从而萌生出悔意、愧意和敬意吧！

## 四

我想起了那些被激励而尝试着改变自己的孩子，他们短时间的择善而从也值得点赞。任何一个渴望发展自己、完善自己、超越自己的人都是可爱的。

他们没有完成日程表的原因可能有很多，但是与靖仪和郭迅相比，又毕竟欠缺了一样东西。

这样东西是坚持。

这个世界没有做不成的事，只有坚持不了的人。

没能在开了个好头后取得应有的结果，归根结底，是因为他们想要实现梦想的愿望还不够强烈，他们愿意承担责任的勇气还不够充足，他们对于未来的憧憬还不够清晰。

人生之路从来都是如此：

心动并不难，难的是行动；

开头并不难，难的是坚持。

贵在坚持，难在坚持，成在坚持。

## 五

　　曹雪芹用10年的艰辛完成了一部《红楼梦》，肖申克用19年的时间凿出了一条通往自由的地道……一直以来，这些事情都是别人的故事，只用作我们茶余饭后的谈资或是励志文章的素材。

　　我们并不明白，一天24个小时，10年的光阴为什么对于某些人、某些事而言只是一个转身、一次回眸？

　　我们也不知晓，其实我们把日子过得漫长而沉重，有时只是因为我们找不到方向、耐不住寂寞、承不住误解、受不得辛苦、忍不得安静，或者无法习惯和别人不一样。

## 六

　　9月10日教师节，一大清早，我收到了来自大洋彼岸的一条问候信息。是筱婧，我在省实所带第一届学生的语文科代表！她于2005年初中毕业，毕业后与我的联系时断时续，不会过分亲热，也从来不觉得疏离，因为自她告别初中后我每年的这一天都会收到她的节日祝福，言辞并不华丽，然而迄今已经整整12年。她的坚持温暖了我的整个世界。

　　昨天有个公众号发表了我的一篇文章，旨在鼓励更多志同道合的语文人一起带领学生阅读。文章曾发表于《师道》杂志2007年第9期，是我立志研究课外阅读导读教学的缘起，现在借助网络平台又发挥了一些作用。晚上，我回忆起自己这些年来在课外阅读教学方面走过的平凡又不平凡的路，在微信中这样写道："重读这篇十年前写的文章，蓦然感叹岁月改变了容颜，却没有改变自己的梦想和追求。不忘初心，方得始终。"

　　是的，我和筱婧——还有更多的人——就这样坚持着我们认为有意义的小事情，而坚持的方法不过是像哈罗德那样，不畏将来，不念过往，只是低头——"把一只脚放在另一只脚的前面。"

　　我们坚持，坚持着一个人的朝圣。

　　我们坚持，坚持着让每一个可能苟且的日子迎风起舞。

# 走吧，楚云

凡是能用双脚丈量的地方，都不能叫远方。

——题记

## 一

很多很多年以后，拄着登山杖艰难地在柴达木盆地上前行时，我总会想起父母带着我和弟妹离开老家的那个遥远的清晨。

四周一片寂静，大地还未苏醒，清冷的月光下隐隐地显现出远山连绵的轮廓，耳畔是细微的风响和虫儿的鸣叫，轻重不一的脚步声应和着长长短短的呼吸，撞击耳膜的同时又迅速地传向四方，雾气一点点地从地面漫延上来，裹挟着我们往前移动，很快，额角的发梢就凝结了小水滴，随着身体的起伏轻轻地摇晃。

父亲走在最前面，瘦弱的肩膀上挑着一担箩筐，一边装的是我们的行李，另一边装的则是年幼的妹妹，她蜷缩着身体静静地打着瞌睡，有时从梦中惊醒，双手攀着筐沿四处张望，发现除了山和树的阴影什么都看不见，便又昏昏睡去。我牵着弟弟的手走在中间，深一脚，浅一脚，坑坑洼洼的路面让我们走得很慢，也让我们彼此攥着、拽着、扶着、托着才能保持重心的平稳，不过，即使真的有摔跤的危险，我俩也不怕，因为母亲就紧随在我们的身后，脚步低沉有力。她两只手各拎着一个旅行袋，肩上还斜挎着一个背包，时不时会用轻柔的语调提醒我们当心脚下挡路的石块。

青黑的树林间偶尔有鸟儿突然掠过，一路走去，没有其他的人影，没有多余的亮光，就连刚出发时听到的鸡啼与犬吠也渐渐模糊了。别人都在酣睡，而我们一家人却在默然行走中告别了故土，准备搬迁到父亲的工作地——岳阳石油化工总厂。

那天，我们走了15里山路，从深夜走到黎明，从复和乡走到马田镇，从村墟走到火车站，也从乡村走向了城市。

那时，我刚满8岁，对于未来一无所知。

## 二

作家冰心曾说生命有两种状态：一种像向东流的一江春水，一直在流动，一直在奔腾；另一种像向上长的一棵小树，一直在守望，一直在生长。

8岁的我原以为自己会像小树那样，在足下的土地深深地扎下根来，没有想到从那个清晨开始，我的足迹辗转湘粤大地，越走越远——后来随着父母的工作调动和外公外婆的相继去世，竟是再无机会重返祖屋了。

不过，8岁的我更加没有想到的是从那个清晨开始，步行会渐渐地成为我日常生活的一种支柱，越走越开心，直至"徒步"二字占据我工作之余的很多时间。

印度大诗人泰戈尔有句名言："天空不留痕迹，鸟儿却已飞过。"有些东西也许没有真切地出现在我们的生命中，也许已经离我们很久远，但是它们却无声无息地影响过我们，在我们的生命中烙下了印痕。

后来，我常想，究竟是什么原因促使我喜欢上了纯粹的行走呢？

是因为走过的那15里山路联通了一个全新的世界，是因为走出乡村时父母弟妹的陪伴，是因为慢慢长大在行走中领悟到的"五蕴皆空，六尘非有"的理念,还是如同哈罗德·弗莱那样遵从内心把往前行走变成了一个人的朝圣?

我不知道答案,却也没有停下脚步。

## 三

生活在广州,我的行走路线是以自己的家为中心来向外辐射的。

想要感受老广州的情怀,于是撇开各种交通工具,单纯地迈开脚步。择一黄昏,从中山三路出发,走过北京路、陈家祠,途经荔枝湾、上下九,穿过起义路、文明路,告别陶陶居、莲香楼、平安大戏院,与达杨炖品、百花甜品店擦肩而过,然后绕过中山图书馆,疾步近三个小时后,怡然回到原点。一路上,眼中所见,既有休闲遛狗者,也有劳作不辍者;既有游人们在酒楼茶肆里谈笑风生,也有流浪汉在路边骑楼下露宿看报。

有时途中逢下雨,徒步无法进行,索性深入街头巷尾觅食。某次在老城区寻到一家以现杀现烤、料足味香而闻名的烤鱼店,在滚滚雷声与瓢泼大雨中一边听着街坊的粤语闲聊,一边享受着香喷喷的烤鱼,心情恬淡,好不惬意!

想要感受新广州的活力,于是在徒步走过荔湾、走过沙面,又走过天河商圈后,再次沿着珠江边健步如风。沿江大道上琴声、歌声、笑声、欢语声不绝于耳,遥望波光闪动,会让人油然而生一种感慨:珠江就仿佛这座城市的血脉,江岸呈现着城市的前世今生,江面荡漾着城市的脉脉风情。

这样的步行,美其名曰:"走进滚滚红尘。"

想要摒除嘈杂回归宁静,于是按照前人攻略,将省内著名的徒步路线一一实践。譬如英西峰林线,风光绮丽,地貌丰富,30.49公里,7小时56分钟,44 535步,三个标志地:九龙镇、黄花镇、岩背镇……每一个数字和地名的背后都有许多可以述说的故事。

又譬如深圳大鹏湾东西涌穿越线,与从化影古线、英西峰林线、梯面红山村线相比，这条线的路程不算长，仅8公里左右，用时也只是4个多小时，但艰险刺激，90%的路程都需要手脚并用，绳索、藤蔓更是经常被借助。那天，从东涌出发，冒雨疾行近十分钟后，我们开始了征服之旅。浩瀚的大海就在眼前，浪潮翻滚，海风清爽，但我们无暇长时间驻足观赏。路线缘海岸延伸，我们徒手攀岩、艰难爬山，在陡峭的山崖上一步一步地挪动，在险峻的礁石上一米一米地前行，终于在傍晚时分顺利抵达目的地。

这样的步行，美其名曰："走进幽幽自然。"

如此走了一番后，我蓦然发觉城市变小了，世界也变小了。

## 四

迷恋上远足徒步后，只在广州市内外走动，已经满足不了我的向往之情了。有人说："手臂够不着的地方，就把眼光放出去；眼光达不到的地方，就把心放出去。"而我以为这一切的前提是先把脚步迈出去。

于是，2016年7月，我带着女儿走进柴达木盆地，开始了100公里徒步远征。

四天三夜，海拔3000米，我们翻越雅丹山丘，经过戈壁滩，穿越草地，途经盐碱地，踩过沙漠，到过高原圣湖托素湖，还沿着铁道走过看似无穷无尽的公路……身体的不适是意料之中的，酷暑、炎热、荒凉、孤寂，高原反应带来的眩晕、呕吐、失眠、流鼻血和排山倒海似的疲惫与酸痛折磨着所有人。随着时间的推移，全身上下都在抗议，尤其是第四天的冲刺阶段。

那是7月17日下午，离终点还有不到20公里了，谁知剩下的路程却出其不意的艰辛。风雨渐渐地大了，海拔缓缓上升，路径延绵至天际，好像永远望不到尽头，指引方向的小红旗越来越难以寻找了，一个又一个的山坡横亘在眼前，直让人胸闷气短，凹凸不平的路面硌醒了脚板钻心的刺痛，两条腿酸胀麻木，膝盖早已无法自如地弯曲。此时偏偏还不能随心所欲地驻足休息，因为每逢休息后再启动时腿脚的胀痛感都会加剧，要很长一段时间才能重新适应。肩膀也开始凑热闹了，前三天都正常的双肩如今也变得酸涩沉重起来，背包里不足2升的水仿若铅块把我的重心往下拽拉，似乎一个劲儿地在催促我与大地来个亲密接触。

然而，我的脚步始终没有放缓。毕竟在这荒无人烟的地方，除了自己，谁能帮我们把脚下的路走完呢？

就这样，我和同伴互相鼓励，一寸一寸地向前挪着，直到隐约听见风中传来的鼓声，直到看见有人结队站在前方朝我们招手，直到大家并排扑向日夜渴盼的红绸带……

后来得知，这几天我们走过的总路程实际为110公里，相当于在平地上行走了将近150公里。

## 五

粗糙的岩石和沙砾，映衬着骄阳与蓝天，站在壮美的雅丹峡谷边，我聆听着远古荒野的召唤，想起了自己走过的各种各样的路，也想起了很多很多年前走出乡村的那个清晨。

我知道，无经历，不成长；无体验，不丰厚。只要与别人共过患难，就再也无法忽视身边每一个同行的人；只要领略过柴达木盆地的风采，就再也忘不了那种磅礴大气与苍凉静默；只要感受过徒步的滋味，就再也停不下自己一直向前的脚步……

虽然血泪交织、历经绝望、饱尝痛苦，但是此后，我可以无愧于人生了，因为：我来过，我走过；我体验过，我超越过。

天地清朗静谧，我默默地对自己说：

走吧，继续走吧，楚云！

你只是走过了苟且，还没有走到远方。

# 来自心灵的回响

附录

我听见回声,
来自山谷和心间。

中学时的记叙文习作开头总喜欢以"时光荏苒,白驹过隙"开篇,然而此时回忆起来,原来距离初中毕业已经十年,那时似懂非懂的笔触,成了现在亲历的慨叹。

十年前校园生活的很多细节都有些浅淡了,但是对楚云老师的语文教学印象尤为深刻。我是语文科目的"死忠粉",担任了多年的语文课代表,其中两年师从楚云老师。可以说我对语文的热爱,有一半是内因——儿时的兴趣,而另一半是外因——那便是楚老师的教学魅力。

楚老师的课堂如其人,是一汪清潭:既有似水的温柔,无论是朗读文章段落,还是解说段落典故,都是娓娓道来之中包含着饱满的情感,不自觉地就会被吸引过去,跟着她的声音和思绪往来古今;也有潭的清澈,她经常作为课堂的引导者而非主宰者,将文中的奥义展示于明镜的水面,让我们自己去摸索和发现。楚老师有时也会把舞台交给我们,让我们通过演讲、表演、互动,更加切实地去感悟书本的主旨和蕴藏的力量。

现在的初中同学聚会聊起以前学习的收获,大家必定会挂在嘴边的是楚老师那时安排的"日思录",它让我们养成写作、练字、摘抄的习惯。而对于那些笔记本大家往往都是悉心保存,因为那里不仅记载着我们的青春,也有很多楚老师批注的精彩段落和娟秀字迹的点评——她常常会毫不吝啬地、洋洋洒洒地写下数百字的评语。楚老师用她的教学方式润物细无声地告诉我们语文的正确打开方式,不仅发生在课堂中，也在点滴生活里。而那些字里行间累积下来的，不仅是学生时代的分数，更是我们终生受用的文化财富。

千言万语化为一句，此生能做楚老师的学生，是最幸福的事。

——2007届初三（2）班　江雪文

时隔这么多年，作为学生的我仍旧清晰记得楚老师的笑容。它们有的时候很灿烂——当楚老师被同学们的发言逗乐的时候；有的时候很鼓舞人心——当她鼓励学生勇敢表达自己的时候；还有更为难得的却也是我最期待看到的，就是当我们在她的笑容中明确接收到"你们让我骄傲"的讯息的时候。楚云老师对于学生以及这份教育事业的热爱，通过彼此间的朝夕相处就能够深深感受到。

曾是楚云老师的学生，我深感荣幸。现在回望初中的三年时光，其实很短，即便是大学四年也仿佛是一瞬的事情。那个时候的语文作业天天都不一样，唯有一项雷打不动，那就是写随想。即便是有极大写作热情的学生也难免觉得吃力——前天攒的故事在昨天随想中用掉了，今天真的没有什么有趣的事情好写呀！然而，得益于这日复一日的累积，我们收获的不仅是越摞越高的日记本，更是对身边细小事物的细致观察和善于发现美的眼睛。成熟懂事之后才明白，当初我们只顾着克服自己心里的那点不情愿，其实忽略了对于楚云老师来说，批改每个人的随想是多么大的工作量。然而楚老师从来没有怠慢过我们每一个人的小心思、小秘密，她耐心地翻看每一篇，圈出动人的句子，在描写美好的小细节的语句旁边画上笑脸。想到这里我便觉得，将老师比作园丁真是再合适不过了，楚云老师就是如此呀，静静地等候着，等候我们稚嫩的文笔下开出花儿来。

楚云老师帮助学生培养起来的好习惯还有很多，包括阅读、练字、摘抄等等。我相信上过楚老师课的学生都懂得，语文学习从来就不是卷面考试上的一个分数，而是方方面面的累积、体现整体的文化素养。后来的我继续充实自己，努力使内心世界更加丰富多彩，在这一路的成长过程中我始终都会记得，最初是楚云老师这么棒的一位老师带我迈出的第一步。

——2010届初三（12）班　丁好好

大自然变化多姿多彩，而其中作为见证与参与者的一分子——云，它在空中品味着其足下的一切的瞬息万变。我初中的语文老师楚云老师，正如她的名字，以云彩般的女神气质，引领着一批又一批未来的精英，在语文的世界里迸发出独特的文化底蕴。作为一位曾经的学生，在楚云老师的教导和培育下，我完成了初中三年的语文课程学习，于2010年毕业。无论是回顾初中生的时代，还是毕业后的再次旁听，或是通过直接以及间接的接触，我无时无刻不感叹楚云老师对语文教学的热爱以及对学生如云一般的气质的鼓励与指导。

　　作为一名曾经拿过数学期中考满分的伪理科生，我对语文并无特别大的兴趣，有时甚至可以用排斥来形容。或许是由于语文成绩一直拖后腿，或许是抵触背诵的心态，我对语文的认识很大程度上局限于课程的要求与课堂的知识。刚接触初中的语文老师楚云老师时，除了对她跌宕起伏的声线及与本人同家乡的背景，我对语文学习的热情并无特别大的改变与期望。与此同时，日记式的随想作文以及课前的故事推荐展示让我对这门课程稍有排斥。几乎每次进行古文学习的时候，特别是涉及背诵默写的部分，楚云老师的要求总是格外严格。安排课后抽查课文学习情况时，不但要求掌握文章本身，还需要熟记相关字句的注解。有时候我总在想，就算背下来了，过个两年三年毕业后，马上又会还给老师了，真的不值，况且，也只有对文科生才显得更加实用呀。不过，楚云老师对每一节语文课都精心设计且与学生课内外高频率互动。我非常喜欢她上课的风格，却因自身语文成绩不是很突出，会情不自禁地幻想着只去上课而不需要参加语文考试的画面。尽管如此，看到楚云老师自己能熟练背诵一整篇文章《春》，而且考试也有背诵要求，自己只好老老实实地在爸妈的帮助下一点一点地把该背的课文竭尽全力地背下来。就这样，我初中三年对语文的学习，在写写背背的高强度训练下完成了。

　　毕业一段时间后，再一次以旁听生身份体验到了楚云老师云彩般的女神气质课堂。得到楚云老师的同意，我拿着凳子坐在初一（6）班的教室后，聆听楚云老师以"从《草房子》《童年》到《孩子你慢慢来》"的主题讨论课堂。看着师弟师妹们与老师积极的互动，我似乎感受到当年的语文课堂气氛。而现在以一个离开楚云老师课堂相当一段长时间的毕业生身份再次进入初中语文讨论的氛围，我除了激动与怀念这种感觉，还体会到了楚云老师非一般的女神气质。这种感觉非常微妙。课后简短地询问了身边师弟师妹们对语文课程的评价，我得到的答案均是赞不绝口。

经历了留学的风风雨雨，回到初中跟楚云老师交流了对语文及中华文化的理解，我深深地体会到楚云老师对语文教学的热爱及对中华优秀文化传承的使命感。作为我们的母语，中文不但是国内外华人的沟通桥梁，更传递了中华文化的博大精深。通过我对海外经历的描述，楚云老师和我总结出语文教育为我们提供了不可或缺的了解祖国历史和文化的重要工具。不说别的，就拿本人和楚云老师同家乡的地区文化来说，一方水土养一方人，无论从方言、习俗，还是饮食方面，因为有了解有经历，所以我们才对家乡的一些表达方式和文化理念达成共识。地区如此，国家更是如此。年轻一辈有足够的对祖国语言文字的了解和学习，才能更好地认识自己、增强文化认同感和自信心。楚云老师的语文课程得到了学生们的积极反馈，而这能更好地让楚云老师在初中的教育阶段传递出文化传承的使命感。

楚云老师的语文教学是以云彩般的女神气质引导着一批又一批中华民族的文化传承者。作为从接触、经历到返回楚云老师课堂的一名毕业生，我很感激在人生中有机会和这样一位非一般气质的语文教师交流学习，更感谢她爱岗敬业地培育了祖国未来的栋梁。感谢楚云老师，感谢语文，更感恩大自然与生活。

——2010届初三（12）班　刘睿超

　　学校的食堂门口有一棵银杏树。银杏树有一个特点：它的叶子都是一起凋落的。昨天夜里秋深露重，今早去吃早餐时就这样忽然撞上那一地挤挤挨挨的金黄，在结了霜的草地上显得又是安静又是热烈。心间就这样涌起一阵感动，仿佛在寒流渐渐冷冻的生活中突然注入了一股暖流。广州没有新英格兰这种绚烂的秋天，却也有这么热情的树——省实初三楼门口的那株高大美丽异木棉。它曾是我们作文中的常客，大致也是因为它是城市砖瓦中不可多得的一丝色彩，就像楚老师的语文课，在我们学习的加减乘除方程力学公式化学反应里添加了一点诗意。

　　楚老师的语文课是这些颜色浓烈的树。它们不急不缓，却在我转瞬即逝的初中三年留下了永恒的暖。楚老师的语文课让我明白什么是慢，什么是美，即使是最紧张的备考时刻。我印象最深刻的是初二的一节关于现代诗鉴赏的课，楚老师带我们读的诗如今还安安稳稳地躺在我的摘抄本里，陪伴我度过许多在异国的夜晚。我还记得汪国真的《走向远方》陪伴我熬过了初三最艰难的备考阶段，让我哭着的时候又努力笑出来；卞之琳的《断章》让我体会到汉语特有的，需要去细细体会的，含蓄又浓烈的情感；海子的《面朝大海，春暖花开》为作为城市人的我构造出一个理想的国度。当然，还有我到如今仍然热爱的顾城——他画里的坐在维多利亚深色丛林的树熊，门前结着种子的草，青色的骑士，篱笆上甜甜的红太阳。楚老师真正教给我的，是语文的诗意和浪漫。我能够带着它们走到异国他乡。记得有一次在秋天的雨后我走过学校的一片草地，那里稀稀落落有几棵松树和枫树，满目都是枫叶、松针，鼻息间皆是雨水的味道，我脑海里浮现的则是任何语言都无法代替的"空山新雨后，天气晚来秋"。冬天第一次看见初雪还有宿舍门口的"千树万树梨花开"。我把"人生若只如初见，何事秋风悲画扇"抄下来贴在宿舍的墙上，有中国同学看见了不能理解甚至有些不屑，我只为他们感到一丝遗憾，他们无法欣赏这种美——这种我在楚老师的语文课上学到的美。

　　楚老师的语文课之所以这么美，也是因为楚老师有一种自成的气质。印象里同学们总是为楚老师的气场所折服。正是因为这样，楚老师的语文课从来不会有什么纪律问题，也非常高效。楚老师的语文课还给我一种井井有条的感觉，每天的内容都是有条有理，从课前演讲到语文课最后一分钟，没人迟到，楚老师也从不拖堂。而因为楚老师总能在课上引导我们思考，语文课总是过得特别快。也许是因为语文课给我的这种细致认真的感觉，我对待语文资料还有语文书都特别有"洁癖"——不允许资料或者书角有任何一点折痕（如果发到皱的卷子都会要和同桌换，那个时候黄子丰特别无语），笔记也是非常干净整洁。当时让我感到迷之骄傲的就是初三最后一个学期的复习资料，在中考后仍然平整得像刚印出来的一样。当时从初一到初三一直当语文课代，总有多一点的时间可以跟楚老师待在一起，现在回想起来觉得特别幸福也特别幸运。现在有很多同学都是从国际学校或是国际班出来的，他们对语文没有很深刻的感觉，有些人即使有些感觉也会因为没有受到太多的熏陶而感到遗憾。当我骄傲地告诉我的同学我曾经拥有过的楚老师的语文课，她们都会很羡慕地说："真好啊，我也想要这样的语文老师！"

"楚老师的语文课。"

慢慢地读着几个字的时候，我微笑着想，已经四年了啊。时间过得好快，楚老师温柔的声音还在耳边，作业本上的"A5+"和非常对称的笑脸也还历历在目。我怀念当语文课代的日子，怀念在办公室里跟楚老师聊天聊到很晚的日子，怀念楚老师那些如秋叶和花树般绚烂的，带给我无尽温暖的语文课。

——2014届初三（12）班　王思仪

初中毕业十年，用英语学习生活工作七年，回忆起学生时代曾接受的语文教育，便会想起楚云老师。楚老师在我初三时临危受命接下我们这个叛逆集体的班主任和语文老师。她在讲台这方天地引导我们去体验文字背后的悲欢离合生命历程时，眼睛里的星星让我直接感受到她对文学的热爱。她把我们五十多个人当作平等战友时流露出的脆弱感性，又让我觉得她把她的教学内化成了对学生的爱和尊重。

很多年后我自己的总结是：中学阶段的各科目教学，很多都是硬知识和方法论，或者对逻辑思维的磨炼，但真正教我做人的，却是当时能轻易看懂每个字句和对每个故事早已一知半解的语文。

中学时代的语文教学，大概都有各自的套路和方法论。在省实，除了保证硬性的识字默写基础修辞理论外，便是读书笔记。对于这种意在培养学生阅读理解和作文能力的作业，学生可以很简单地分析修辞手法文章结构过关，也能真情实感书写自己的人生和摘抄出色的段落。而对于老师，可以就作业的篇幅字体来审判打分，也可以用仔细阅读和用同理心去交流回应。

楚云老师让我敬佩的，是她在教学上采用了后者。那份在教学提纲外的温情和宽容，启蒙了我对文字和人生重量的感知。

十年之后，我印象最深的语文课是诸葛亮《出师表》的第二课时。那一次我的读书笔记，主题就是这篇大家都背诵得滚瓜烂熟以迎接中考的热门考点。我所在的初三（7）班三年换了三个班主任，平均分永远在年级里瞩目地垫底。我写的感想，与诸葛亮这篇天才议论文似乎也没那么多关联，却是在那么一个背景下对于自身的焦虑和憧憬。楚老师认真地给我那两页感想写下了评价，并在征得我同意后朗读给了教室里与我相似的五十多个灵魂。我记得楚老师哽咽了，我也记得自己感受到了文学和时代关联的力量。那本读书笔记我留了十年，偶尔翻阅会惊叹自己的青涩幼稚又有点感动。

对于一个十五岁的初中生，联系时事似乎是基础要求。但认真面对自己的感受更需要强大的安全感和自省能力，以及对于这份作业的唯一读者的全然信任。那么多年以后，我已经遗忘了很多语文课的重点和课堂笔记，再也无法背诵那些得分课文。但我记得那位十五岁少年，认真又自由地书写自己的所读所感，无畏地去和老师分享自己的喜爱与困惑，并在十年后一直保持着对于文字的敬畏和思考。

最好的语文教学，应该是让我们热爱生活、坚守初心，应该是让我们一二十年之后，无论从事什么行业，无论应用什么语言，看到喜欢的文字段落甚至文艺作品，就会自觉地分析它与个人社会的关联性，并思考自己能做些什么吧。

楚云老师的语文教学，对我是"见自己，见天地，见众生"的启蒙。

——2007届初三（7）班　卢逸杰

转眼，离开省实初中部那方精致小巧的校园已经四年，回首望去，最放不下的除了当年的同窗、食堂的下午茶，就是楚老师的语文课。

高中老师问起我初中的语文老师时，我总是骄傲而又有些惭愧地说，是楚老师带了我初中三年，但我浅薄的语文素养担不起老师教给我的三分之一。

虽然四年时光如一场大雨一般洗去了从前的大多数痕迹，但那三年的语文课在我的过往中留下的印记仍然清晰。我仍然记得，我们第一堂语文课上对"什么是语文"的探讨，记得老师对课前演讲精到的点评，记得上课时紧张刺激的抽背，记得迟到要凭诗词入场的规则，记得初三时妙趣横生的听写，记得老师秀丽得让人羡慕嫉妒又向往的板书，记得老师在我们的随笔和摘抄后面写下的一个个加号和评语，记得老师温和的声音、恬静的气质和强大的气场，记得老师用自己的形象为语文代言，让我们明白了什么是语文、什么是语文素养。

回首初中三年语文学习的点点滴滴，感触最深、收获最大的不是具体学到了什么知识，而是在楚老师指导下培养的语文学习习惯。背下的诗词或许已经不能再流利地默出，曾经的课文或许已经不再记得，但是老师教给我的读书、写摘抄感悟和写随笔的习惯永远也忘不掉。

记得初一初二时，挺反感读书批注摘抄随笔这几项作业的，因为太耗时间——多一项语文作业就会把当天完成作业的时间向后顺延一个小时以上。我还是一个比较爱惜书的人，也不太乐意在一本崭新的书上留下任何阅读的痕迹。现在想来，那时的目光的确太过短浅。当时，我总是抱着一种完成任务的心态来写语文作业，虽说不至于不认真，但总有些应付。老师开的长长的书单只选自己感兴趣的而不去尝试挑战没有接触过的类型，批注上面总是写一些废话，摘抄总是抄得多、感悟少而且抄的是些没什么价值的《读者》短文。随笔算是戳了我不善写作的痛处，每次都如同挤牙膏一般，目标仅仅是凑齐三次"A5+"好拿到一次免随笔的机会。

可是渐渐地也开始觉出一些趣味来。若不是有老师开出的书单，有些书我可能永远也不会读到，比起他人就算是少了一份积累，批注上也渐渐能写出一些自己的感悟与思考而不再是"画线、真好、叹号"。再后来，摘抄时也更加愿意对作者的文字和内容做出更有价值的评价。到了初三，明白了写随笔其实是一种在稍显枯燥的学习生活中抒发自己情怀给生活添上一丝光泽的方法。三年被"逼迫"着完成了一大堆的语文作业，不知不觉地就养成了习惯，再也丢不掉了。

到如今，找出从前批注的《飞鸟集》再读，还总能有些新的体会，感慨一下当年思想的幼稚和纯真之处；翻翻从前的摘抄，才想起自己原来还读过这么些书，原来自己的评价曾经这么"尖刻"；看看曾经的随笔，叹息自己再也写不出这么直白调皮的文字。如果说那三年楚老师教给我的东西我还有什么没有还回去，大概就是这些珍贵却实在没有什么价值的作业成果，以及一点点读书写作的习惯吧。

　　高中时其实不觉得老师教给我的东西有何特别之处，大约是因为省实老师的教学和作业总是一脉相承。但到了大学再去回味，就明白了当初训练的可贵。大学老师总是列出一个书单，然后就是3000字的读书报告要求。同学抱怨，看书的时候总是觉得作者说得都对，就像在脑子里跑马车，跑过了就只留下了尘土，到头来既记不得书里讲了什么，又不知道该如何完成读书报告。每到这时我就庆幸，当初遇到了楚老师，学会了读书的方法，养成了读书的习惯。如今读书我总是带着一支笔和怀疑的眼光，读到有趣之处习惯随手就在旁边写下自己的思考，而且大约是性格使然，总是批驳居多、赞同寥寥（我觉得，赞同意见总比不上批判意见有价值，毕竟前者只能是附和概括总结，而后者才能体现自己的思维）。读完之后，把这些思考汇总起来自然就是一篇读书报告了。曾经的习惯还是给如今的我"省了不少事"啊！

　　楚老师的语文课，与其说是在课上对我们的耳提面命、谆谆教诲，不如说是延伸到了课外，告诉我们如何自我学习、如何提升语文素养。有这样的语文"课"、这样的语文老师，大幸！

——2014届初三（12）班　贺韵锦

楚云老师是我初中三年的语文老师。记得那时楚老师定下了每周一篇练笔，她鼓励我们写作，哪怕是生活再细微的发现都真实地表达，哪怕是再纤细的情感都能真挚地抒发，将每一次练笔都当作一次对生活的记录和体悟。刚从懵懂的小学生转型成为初中生，词汇之稚嫩、见解之有限、思考之浅薄，不难想象当时的我所写的文章有多么不足。但她每回都会用红色波浪线标出佳句，并在评语中留下建言和表扬。久而久之，这每周一次的练笔变成了一种习惯，让我开始愿意用纸笔书写感悟，并将真诚地书写当作一种习惯。

　　若要说记忆中印象最为深刻的一课，可能是维克多·雨果的《就英法联军远征中国给巴特勒上尉的信》。初中时期的我们看着文中英法联军对圆明园肆意烧杀抢夺的行径都异常愤慨，我在那堂课后还写了一篇读后感作为那一周的练笔。站在中国人的立场上洋洋洒洒地谴责英法联军的侵略行为并不少见，但楚老师当时在课上说过的话，却让我记忆至今。她说，如果有一天，中国强大到能够让那些曾经侵略抢夺过我们青铜瓷器的国家，都能以能够拥有这个伟大民族文明的一砖一瓦而感到骄傲，那才是中华民族真正强大的时候。记得当时的我，听完这话热血沸腾。如今我人在国外，可以去到大英博物馆、法国罗浮宫、圣彼得堡冬宫这些国家博物馆观赏来自中国的瑰宝，这些可能源于馈赠，也可能源于抢夺的文物，并不因为时间久远而失去光泽，它们在外国友人眼中是感叹是惊讶，是无法用言语临摹的美。我常常会和外国友人介绍和交流中国的文化，而在讲解器物的名称时我都会选择直接用将中文名写出来展示给外国友人看，因为我觉得即便我翻译得再精妙，都没有中文本身来得传神贴切。而当外国友人跟着我复述中文的名称，并流露出由衷的赞赏时，我仿佛又回到了楚老师的那堂课，看到了她说这话时满脸的自豪。我从前并不知道如何才是爱国，如何才算爱国。但出国后发现，能够用中文表达，且赢得尊重，就是爱国最为直接的表现。

楚老师的语文课所带给我的用文字真诚书写的习惯对我而言是弥足珍贵、不可取代的，而使用中文来传达民族自豪感是我将用一生来践行的。

——2005届初三（1）班　李筱婧

# 一场触碰灵魂的修行

郭 迅

2018届初三年级的毕业典礼已经结束了，整理起刻下了三载光阴的语文卷子，重新打开了之前的空白文档，诸多杂记方清晰起来。请允许我以最真实的笔触，写下楚云老师的语文课，写下金色年华里与语文共舞的感动。但是，能用文字记录的，只有三个春秋的故事，而其中的真谛，只有在经历了洗礼后，才能用心悟到。

已记不清楚老师第一次踏进课室时穿着怎样的衣服，但每每看到她在走道上踱步，脑海中总会浮出一幅长衫袭地、羽扇纶巾的文人画面。她的形象，是对"腹有诗书气自华"的完美诠释。

她的魅力如风般潜入我的心底，驱走了曾在其中扎根的对语文的恐惧。潜移默化之中，我开始享受汉字平仄声中的韵味，亦常常沉醉于吟诗作赋时心中荡漾的激情。

我喜欢凝视楚老师那一双闪烁着灵性的眼睛，那目光仿佛有洞察心灵的魔力；我更喜欢细细聆听楚老师朗读课文，她的声音似经过了打磨，其中有一种沉淀下来的韵味。楚老师有穿越时空的力量，能带着我们逆着时间的长河飞行，蹚过历史的溪流，穿梭于六朝五代的大梦。我的脑海中弥漫着七雄争霸时的滚滚硝烟，碰撞着三国鼎立时无数英雄的抱负与忠诚。我了解了陶渊明的生命出走，读懂了张岱"独往湖心亭看雪"的矛盾与孤独，理解了欧阳修与民同乐的为政风范……每一节语文课，都是一次对思路的开阔、视野的拓宽，让我受益匪浅，回味无穷。

楚老师的语文课中，不仅有课本教学，亦有丰富多彩的活动，参与其中，总感觉回到了百家争鸣的时代。回忆起来，嘴角竟多了一抹笑意。

我记得楚老师安排我当课本剧的导演。编辑剧本、排练节目……我不断地理解课文，只为了向演员们讲解怎样演绎出人物的灵魂。盲孩子和他的影子的故事，终于在课堂上留下了一份感动。

我记得在戏剧展示活动中同学们有些跑调却充满力量的歌声，指尖飞舞时古筝琴弦的颤动。我身披黑袍与同伴共唱一出《霸王别姬》，抽刀"自刎"时发中玉簪的影子在眼前晃过，刹那间似乎懂得了千年前虞姬的无奈与悲伤。

我记得楚老师带着我们阅读。或是将好书推荐给全班同学，或是为每个人开不同的书单。从《草房子》到《追风筝的人》，从《雅舍小品》到《平凡的世界》，都在我们的书架上安了家。而楚老师交给同学们新世界的钥匙后，剩下的精彩便需我们自己探索。课堂上的读书发布会，给了我们展示的机会，同学们各抒己见，绘声绘色地分享自己的阅读感受，在思维的碰撞中，我们对书中内容的理解渐渐加深，思考亦越来越有深度和广度。

我记得楚老师在黑板上写下的"你站在桥上看风景，看风景的人在楼上看你"，那立体的板书将汉字之美表现得淋漓尽致。她说："当你回头时，也许你后面的人也正在翘首凝望……"课室里静下来了，但在我们的心中，定有几丝浪漫的情思蔓延开来。

我记得楚老师在写作这片陌生的水域为我们点亮的灯火。她教我们为生存而写作——每周的作文训练、课堂上一篇篇的讲解、课后一次次的面批，让我们的文章不断升格，考场写作能力不断提升。她更没有忘记让我们学会为生命而写作，从自由随想，到中考倒计时日记，都唤醒了我们创作的灵感。我们懂得了"写作就是生活"，也开始用纸和笔记录下邂逅的美好与产生的思考。

我还记得——在楚老师的"规定"下完成的一张张字帖，宣纸上的一笔一画成就了我如今的一手好字；语文课前作为迟到惩罚手段的"飞花令"，唤醒了记忆中的诗句；课堂上有趣的"冰桶挑战"，让我在被登记名字后更加认真地背书；取得好成绩后楚老师送的胡萝卜笔，让我充满信心，力量涌动……

在倾盆大雨从九天泻下时，楚老师会让我们放下书本启窗欣赏，看挂在房檐上的雨珠帘幕般散开，树叶在沐浴后愈发翠绿，听雨滴叩击大地如大弦嘈嘈、小弦切切，大珠小珠落玉盘；在美丽异木棉的花朵在寒风中绽开时，楚老师会告诉我们人亦应学会在严寒中盛放出美丽；在早晨的阳光刹那间涌进课室时，楚老师会和我们一起回眸，拥抱东方的天边那一片震撼的金黄……上语文课，也是一个发现生活之美的过程，即使在紧张的中考复习期间，楚老师也不忘让我们用心观察窗外的世界，将动人的美丽珍藏。

楚老师还让语文学习走出了课室，融入了大千世界。春回大地，万物复苏时，她让我们用镜头记录下春天的脚印，并为之配上诗句；假期时，楚老师鼓励我们享受阅读、欣赏电影，特别是多出去走走，记录下看见的绮丽风景……

楚老师不是为应试而教学，她更注重的是提升我们的文学素养。她带着我触碰了文字的灵魂，让我与内心和解，与生命对话。我享受语文学习的过程——领略深厚的人文情怀，学会用心对待生活。走过三载光阴，亦经历了一场修行。

我们离开之后，楚老师是否还会用她柔中带刚的声音为同学们读诗，是否还会在新的作业本上盖下漂亮的印章？又有哪些幸运儿能见到楚老师的笑容，能在语文书的第一页写上"用语文行走天下"呢？

要上的语文课还有很多，可那再也不是楚云老师的语文课了。再也不能凝视着漂亮的板书，听风雨敲打窗子；再也不能在抄写美文时，用余光看到异木棉的花开叶落了。

篇末，为楚云老师赋诗一首，愿以汉语最美的形式，吟出三载深情：

红阶户上树影重，忽闻花下吟赋声。
细语静淌悄润心，梦归前朝诗意浓。
回眸同赏日初升，启窗共看雨朦胧。
三尺讲台无限爱，一路沉思半生情。

漫漫语文学习之路上，永远忘不了的是金色年华与楚云老师的邂逅，和这一场长达三年的触碰灵魂的修行。

[郭迅，广东实验中学2018届初三（5）班毕业生，中考总分760分（满分810分），曾任班长和学校学生会副主席]

# 亲爱的"楚妈妈"

俞伊阳

距离初中毕业十年了。如今人在异国，再读楚老师讲过的那些文字，总是感到特别亲切。我一直觉得自己特别幸运，能够在十三四岁的时候遇上楚老师，遇上亲爱的"楚妈妈"。

省实2007届初三（7）班是一个调皮的班级。我们初一的时候就不太守纪律，到了初二则变本加厉。楚老师恰恰是在我们最顽皮捣蛋的时候，接手了这个班级，担任（7）班的班主任和语文老师。这个让人头痛的班级，在楚老师的带领和培育下，一天天地进步，逐渐走上正轨。她的严格和魄力中带着母性的温柔和宽容。无论当年的我们有多么叛逆多么让老师头痛，楚老师对我们始终不离不弃，庇护了我们一年半，带我们走过中考的岁月。直到现在我们都还称她为亲爱的"楚妈妈"。

楚老师对2007届初三（7）班，就像对待自己的孩子一样，所有人都平等如一。她很努力地将那份爱心均分成很多份，每个人都能感受到她的关怀。那天和好朋友聊天，提起楚老师，他感叹说："楚老师是难得的、不会偏爱好学生的老师，对此我们都特别感动。其实我们都明白，所有人都会有偏爱的人或事，可是楚老师从不在学生面前表露出来，让所有学生都感受到同等且足够的关注，对所有人都有同样严格的要求；不会特别关注谁，也从不放弃谁。"

那些最顽皮的学生，会用自己的方式爱着楚老师。他们会嘲笑那些邻班的、在楚老师课上惹她生气的学生，反过来自己却又在楚老师的课上"博取喝彩"。或许在别人看来，那种可以自己捣蛋却不让别人欺负老师的心理是那么幼稚，那种逞英雄的行为或许无法理解甚至被误解，但是这种微妙的心理往往只会发生在亲人、家人之间。初中的我们常常会羡慕他们无惧无畏，甚至暗自妒忌他们如此"高调"。我会暗自猜想，顽皮的学生虽然会让老师头痛不已、哭笑不得，但他们这种与众不同的爱的方式，或许会让老师永远记住他们。

而无论我们是一个多么喜欢喧嚷的班级，楚老师的语文课都是我们最安静的时候。

我们喜欢听楚老师讲诗歌。她给我们讲艾青的《我爱这土地》时，先让我们凭着感觉朗诵，然后启发我们去感受诗人的内心世界。那堂课的感觉和往常不一样，因为老师说的话其实并不多，只是通过发问和简短的介绍引导大家自己去挖掘诗人的内心。可是那关键的一点引导就像给了我们一把钥匙，开启了和诗人接触的大门，带我们走向从未体验过的世界。"假如我是一只鸟，我也应该用嘶哑的喉咙歌唱……"我记得所有学生渐渐地被这种悲愤而激昂的情怀感染，在一遍又一遍的集体朗诵中情绪逐渐高昂起来。

初中的我们懂得些什么呢？我们什么都不懂，可是老师却让我们第一次感受到了那种澎湃的情绪。我记得当时班里几位口才特别好的同学，在发言的时候说得特别激动。其中一人是我的同桌，我记得当她坐下的时候，偷偷地对我说："天啊，我觉得我的脸好烫。"她不是因为紧张，而是因为说得喘不过气来了。而我到了课堂的最后一分钟，几乎热泪盈眶，和所有人一起站立起来，将课堂的气氛推向顶峰——"为什么我的眼里常含泪水，因为我对这土地爱得深沉……"

给我印象最深刻的，是老师给我们介绍《边城》的时候。她用了大半节课，给我们讲那位撑船的爷爷、率真自然的翠翠、痴情的大老二老，将一部小说浓缩成20分钟的故事。最后她缓缓说出小说的结尾句："这个人也许永远不回来了，也许'明天'回来。"偌大的教室沉寂半晌，所有人都沉浸在沈从文的世外桃源里。不知道我猜的对不对，我感觉楚老师是那么喜欢这部小说。或许只有真正热爱《边城》的人，才能将沈从文内心向往的那种淳朴率真、桃花源般的浪漫情怀，带给一群十三四岁的、什么都不懂的孩子。

直到现在，《边城》都一直是我最喜欢的小说。有时候我想，老师并不需要将毕生的知识传授给学生，只需要抛砖引玉，将自己那一腔对生活、对文学的热情传递下去，就已经很不容易了。而这种热情和执着，恰恰是我们一生铭记的情怀。

时隔多年再去回想初中的岁月，会觉得那时的我们是那么幼稚那么青涩。十三四岁的孩子恰恰处于青春期最骚动不安的年龄，而我更无法想象一个五十多人的班级要怎么去照顾。所以，现在我会渐渐明白，老师将一群桀骜不驯的孩子培养成人，让他们在这个繁杂的社会里茁壮成长，这是一个多么动人的故事。

我还会常常翻开《边城》，然后想起楚老师讲《边城》的样子。初中的作文本还保存在书架上——每每重读楚老师的批注和评语，我依然忍不住会想念这位我最喜欢、最欣赏的老师。

愿这位美丽动人的好老师，在教学的讲坛上青春依旧。祝福您，我们亲爱的楚妈妈！

（俞伊阳，广东实验中学初中、高中毕业，2015年在华南理工大学获建筑学学士学位，2017年在美国加州大学伯克利分校获城市规划硕士学位，现工作于新加坡）

# 那些年我们追求的美

夏紫珊

初中毕业七年有余，我仍常与旧时同窗在微信上插科打诨。某日提起楚老师，几个人不约而同，一本正经说，楚老师真的好美！

我大笑，小鸡啄米似的点头。想必我们都毫不掩饰自己从属外貌协会的事实。十三四岁的时候，大家才刚开始摸索自己的审美标准。有些人年少时可能追捧流量小鲜肉，而我们追的可是楚老师。楚老师的高级之美远不止于那一双明亮清澈的大眼睛，还包括她每日走进教室的笑容、身板儿，一身素雅大气的装束，和在黑板上利落写下的一行行工整娟秀的板书。

这样的美很具感染力。我们本来是一群在地上摸爬滚打互相推搡尖叫的小破孩，在楚老师面前好像都矜持了起来，放慢脚步放低声音，整理仪表和桌面，把随想的每一个字都认真写好，把作业本和卷子都抚得平平整整。上课时，楚老师的诵读也是一种独特的美学体验。她有时会精心挑选一首符合意境的轻音乐，搭配着她温柔优雅、有如央视播音员般的声音与语调，带我们走进课室之外的大千世界。

美，是多么重要的一件事。字正腔圆的发音是美，抑扬顿挫的语调是美，一丝不苟的批注是美。这种美是日复一日的习惯，是不经意的自然流露；它也是一种努力和认真，一种对自己与他人负责的真诚。

这种认真的美代表了一种对生活品质的追求。多年以后，当大学宿管表扬我把狭小的房间整理得使人感到平静（feel calm），当我因为听到格雷教授用英伦腔朗诵《夜莺颂》时而感动得起疙瘩，当我的损友们给我写卡片时都把字写得清秀雅致，我都觉得幸福感爆表，而我深深地感谢楚老师言传身教的教育使我拥有了创造及感知这些幸福的能力。

楚老师还很会发现每个人身上的美。她会在课上逐个同学地点名表扬，哪怕是最微不足道的进步，谁最近动词用得更巧妙了，谁学会了写作时独句成段，谁描写景物特别地有韵味。即使是最调皮最散漫的同学，只要打开随想看到老师认真仔细的批注，都感觉自己被楚老师额外地关照了，身上仿佛承载了很美好的期待，让人不忍辜负。

我记得班上有个同学成绩经常垫底，上课开小差画画，画坦克枪械竟画得惊为天人。别的老师或许会严肃批评然后没收画稿，但是楚老师不但没有制止，反而鼓励他如果随想写不出来可以用画作代替，还把他的画当成优秀作品展示给班里同学看。"别的方面也要加油哦！"楚老师如是说。以前他字迹潦草，后来把抄写做得工工整整。只要一有进步，楚老师就表示赞许和鼓励。于是这个小混世魔王，初中三年里，最服楚老师。

楚老师的因材施教也有另外一面。比如对于我，语文课代表，要是带早读时读错了字音，忘记传达楚老师布置的作业，楚老师会用戒尺打我的手心，训斥我的马虎。但是考试心态不稳，发挥得不理想的时候，我红着眼睛去找老师忏悔，楚老师会捧着我的脸告诉我"老师相信你"。在这样严谨与开放的平衡下，我似乎慢慢懂得了奋斗的收获也在于过程，而不只是结果。

楚老师还特别强调我们治学与做人的品格和态度。她曾经为此在课上掀起暴风雨，一次是抓无人监考时的抄书作弊现象，一次是批评同学们没有认真完成修改作文的任务。"君子慎独！不要因为没有人检查这项任务就懈怠，要为自己负责！"当时我作为语文课代表，没有修改作文稿，被提出来当成典型来批判。"君子慎独"这四个字便鞭策我到如今。长大以后见到更多不正之风，尽管有不同的声音来辩解说不要太迂腐，我却很珍惜楚老师带给我的这种书生气，并以守护这个初心为豪。

楚老师的语文课在不知不觉中还为我解答了些问题：为什么要读那些几十、几百年前的文字，去咀嚼别人说过无数遍的话。"人活一辈子太可惜，我要活一万遍。"一位大学同学如此解释自己以文学为专业的理由，而楚老师的课堂则时时使人产生想要在文字里活一万次的冲动。生命的无数种可能性，都在阅读、写作与思考中被开启。在读朱自清的《背影》的时候，楚老师让我们写一篇跟父母有关的随想，叛逆期的我们因体会爱与无奈的交织而落泪；在讨论鲁迅作品里忏悔的思想的时候，楚老师让我们在课堂上辩论反省的重要性：侥幸后需不需要反省，所谓"错误"的定义是在于他人还是内心；在分析陶渊明的归隐思想的时候，当教辅书一面倒地只赞美其恬淡闲适之心境时，楚老师会引导我们去思考，这会不会是一种逃避社会责任、缺乏担当的选择……

过了这么多年，我早已忘记很多疑难多变的字音，忘记"而"字在古文里有几种用法，但语文课上很多哲学式的讨论我却铭记至今，经常跟自己辩论，随着成长而不断地有新的体悟。楚老师的语文课，使我们学会以文字作为工具，在有限的人生里，体味不同时空不同境遇下之喜与哀、轻与重，从而获得某种同理心，甚至是使命感，使我们在做每一个选择时都有所思考，有所敬畏。

如今在大洋彼岸求学，每每想起曾经那些未有结论的辩论，想起那些经史子集诗词歌赋，想起故土上的杏花春雨与梅兰菊竹，我都会想起楚老师的美，并感念对这份美的归属感从未离去。

2017年11月写于哥伦比亚大学

[夏紫珊，广东实验中学2010届初三（2）班毕业生，曾任语文课代表。哥伦比亚大学本硕连读，主修国际政治，Pi Sigma Alpha（美国国家政治科学荣誉协会）会员，2018年暑假在中央电视台北美分台任实习记者]

# 省实感性老师楚云：教育是一场"拔河"

陈晓璇　蒋琳莉

在广东实验中学的课堂上，一位名为楚云的女老师喜欢手持书卷，用清亮的嗓音为学生们朗诵课文，情到深处不禁会红了眼眶。

别以为这是一位柔弱的老师，其实她的内心很"强大"——她希望自己的课堂有如春风化雨，让孩子们保持着生活的情趣；她努力让自己的教育理想与考核评价体系相平衡，让学生不要因为逆行被撞倒。

近日，楚云接受《羊城晚报》记者的专访，她感叹，在孩子们迅速成长的中学时期，学校是在与社会进行一场"拔河"。外面的世界纷繁浮躁，课堂只是宁静的一隅，老师能做到的只是"温柔的抵抗"。但她想告诉学生，面对错综复杂的十字路口，记得老师就在充满正能量的地方等你们……

## 楚天之云
### 从中专飘到中学

楚云，人如其名，宛若一朵楚天之云，温婉娴静。到广州之前，楚云是在湖南一所幼儿师范中专当语文老师,她教的不是纯粹的语文,要结合艺术教育、公关文秘等专业来教,还独立承担了《雷雨》《交谈训练》等9堂公开课。这也为她把鲜活的课堂带进中学打下了底子。2000年10月,她参加湖南省郴州市中等职业教育优质课教学竞赛,获公共课一等奖,一时间她的名气在当地传开了。

然而,为了解决与丈夫两地分居的问题,当接到广州市几家中专学校、中学和小学的邀请后,她还是决定来广州看看。刚开始在一家中专职校当老师,但发现工作太轻松了,一心想挑战的她决定到小学和中学去试讲。第一个选择就是广东实验中学。

楚云至今记得十年前第一次站在省实初中部校门前的忐忑与拘谨。因为很多同行告诉她"教中学的压力比中专大很多"。正当楚云内心焦灼不安之时,一位路过的老师微笑着走到了校门边,给她开了门。"我觉得正是这个微笑把我召唤进了广东实验中学。"试讲时,楚云只带了一张图片,并没有准备课件,又是这位老师帮她准备了投影仪。在楚云心中,一直将这位陈秀台老师当作自己踏入中学校门的第一个贵人。

试讲后,有老师表示,一听就知道楚云没有教过中学,不会落实字词、不会与考点相挂钩。这点楚云自己也承认,因为在以前中专的讲台上,她更关注学生的兴趣,无拘无束地给学生讲文学。最后,正是看中她活泼生动的课堂,省实把她留了下来。

**和社会拔河**
**让孩子的心灵不麻木**

楚云承认自己很感性,上课讲到动人的细节时,就会热泪盈眶。渐渐地,她教过的学生——尤其是女生,身上很多都有她的影子。不过,有一天,一位女生哭着跑到办公室找她,问:"老师,为什么上课时你们觉得好的东西,我却不会感动?"这位女生的疑问,让楚云感触很深,"你有眼泪,说明你的情感同样饱满,再说,我们喜欢的,不一定就是你要喜欢的。"其实,她安慰女生的同时也在思考:如何让孩子的心灵不要那么麻木。

"我希望学生在我的课上能停下脚步,不要那么浮躁、匆忙,能一起来感受语言文字的美、生活的美。"楚云说,自己所追求的教学梦想是,在"丰富而单纯"的课堂上,教学生做一个有情趣的鲜活的人:她倡导丰富的教学形式以及情感交流,但她希望对语言文字的追求、对真善美的追求能纯粹一些。

然而,楚云很清楚,自己的课堂对孩子的影响极其有限,因为孩子们受社会的诱惑太多,"老师的教育其实是在和社会拔河。这节课我拔过来了一点,但一下课可能又被拔回去了,这需要水滴石穿的功力"。

为了让学生能保持真性情,楚云从一入学便布置给学生一项特别的作业——写随想。刚开始,有些学生一听写作文就很痛苦,但不知不觉地越写越长,越来越喜欢这种抒写生活的方式,有时一写就是七八百字,甚至会有家长笑着来"投诉",孩子因为太专注于写随想,没时间做其他作业了。

"写自己想说的话!"这是楚云对学生的唯一要求。曾经有学生对楚云说今天没有灵感,是否可以明天再写,楚云回答:"好的,老师等你。"她不希望学生为了应付而写,"随想是我与孩子们情感交流的一种方式,彼此都要用心。"

**教育是慢艺术**
**把应试当素养来教**

除了要与社会"拔河",困扰楚云的还有如何将自己的教育梦想与考核评价体系相平衡。经常有心急的家长找到楚云,问她孩子怎样补习才能迅速提高成绩。这让她感到很无奈。她想告诉家长们"教育不能急,教育是一门慢艺术",但她很清楚这样的话家长们是听不进的。

在楚云看来,语文教育效果更有延后性,春风化雨般的教育对孩子们的影响不是立竿见影，而是潜移默化的。"语文是一门人文学科，很难用量化的标准去衡量学生的学习。"她举了文言文教学的例子，字词是否掌握可以通过考试考查，但是否理解蕴藏在字里行间的内涵、是否感受到其中的文化传承，内化为自己的素质就很难评估。

楚云有点"贪心"，她想通过教育让学生们发展自己的个性，让人生能更完满些，但同时也希望学生们有好的成绩。为了平衡这两者间的矛盾，楚云为自己设定了这样的教学安排：初一初二按着理想的状态去教学，初三再教一些应试的东西，把应试当成一种素养来教，让枯燥的复习变得有情趣些。

比如，为了不让学生死记硬背，楚云设计了"减字背诵法"：将要背诵的一段文字投射在屏幕上，学生们朗读完一遍后，下一张投影中隐去了几个字，学生们依照记忆能将其补全，再下一张又少去了几个词，到了最后学生们看着投影上仅剩的几个关键词，就能"背诵"出来。

"我们现在对孩子的培养就像电影院散场一样，大家都往那个方向走，如果你逆着走，就会被撞倒。"对此，楚云只能这样安慰学生和自己，应试其实也是一种能力，应该去迎接这个挑战。

据介绍，楚云带的学生高分层不少，陆丹彤、杨韵琦等同学都曾经是当年中考语文学科的高分获得者，2011届初三（1）班冯文月同学更是以144分的高分列全市语文中考成绩第一名。在艰难中"拔河"的她，2011年也被评为"广州市十佳初中语文教师"，近年来四次获广东实验中学"中考突出贡献奖"。

**威严也是爱**
**让学生把负担变权利**

楚云在广州教书的十年，在学生们的心中"云过留痕"。每逢过教师节，楚云都会收到已经毕业的学生的短信，"楚老师，我很怀念你的语文课"……一位现就读于中山大学的女生曾对楚云说，她依然会想起楚老师上课时的某个小场景。那次是上沈从文的课文，楚云顺便提起了她很喜欢《边城》。"我讲起了小说结尾的地方，翠翠想，这个人也许永远不回来了，也许'明天'回来。"那个女生说，老师你说这句话的时候很动情，动情的时候才是最美丽最感人的。

容易感动的楚老师，在学生眼中，并非是一味地温柔，有时也是挺威严的。

"孩子们所谓的威严可能是我有鲜明的感情尺度。"楚云举例，曾经有个调皮的男生经常不交语文作业，她干脆在班上宣布：剥夺该学生交语文作业的权利。男生一看老师来真的，着急了，开始交作业。但楚云当没看过，一句评语都不写。这位男生看到其他同学的作业本上都有楚老师热情的评语，开始感到失落，于是就央求班主任向楚云求情，希望能再批改他的作业。楚云坚守自己的诺言，这位男生也很执着，仍一直按时交作业。很快期限到了，楚云恢复了他的权利。当看到作业本上又有楚云的评语时，男生欢天喜地地四处奔告：我解禁了……

当这么多年老师，楚云十分注重与学生的平等关系，她说，老师与学生就像猫和老鼠，有时老师是猫，有时学生是猫，谁捉谁不一定。楚云笑称，有一次她上课迟到一分钟，学生要她即兴背《木兰诗》。因为这个原因，她和学生在语文课前都怕迟到。

"现在的孩子无论面对成功还是失败都很脆弱"，楚云说，所以她很注意对学生的保护，力争把负担变成一种权利。据介绍，现在她的学生每周三只有课外阅读要求，没有书面作业。

（本文原载《羊城晚报》2012年10月19日，作者系羊城晚报社记者）

# 最美的教育境界

张 花

从见到楚云老师、陪着她拍摄照片到真正坐下来谈她的教学成果以及育人理念，整个过程都是如此赏心悦目。温柔婉约和细心体贴的楚云老师，和她相处就犹如在读一首优美的诗歌，不张扬却能感受到她内心的力量，能够成为她学生的那些孩子是多么的幸运。于是，我也似乎当了一回学生，听着楚云老师娓娓诉说她感到深刻难忘的故事以及活在当下的幸福感。

**播种文学的种子**

记者：回顾过去的教育生涯，有什么让您最难忘的故事与我们分享呢？

楚老师：对一个老师来说，最大的成就是学生的热爱、家长的信任、社会的认可。我自己梳理了一下，比较难忘的可能是这样的一些事情——2005年毕业的学生陈澄宇发来信息说："楚老师，这十年来我越来越深刻地感觉到您对我的教育是受益终身的"；2014年毕业的学生王思仪在微信中提到：她去美国参加一个学校的面试，考官问起她的学习经历，她聊起了自己最爱的语文学科和楚老师，面试结束时那个考官说："我喜欢听你说你对文学的热情，以及你的老师是如何让你沉浸在文学的世界里的。"……这样的事情还有不少，它们让我意识到自己工作的价值就在于感召、影响、唤醒和成全。所以你问我什么是最难忘、最有成就感的事情，可能就是这些吧——学生的热爱和认可，这让我觉得每一天的付出都非常有意义。

记者：您认为到目前为止最大的教育成果是什么？

楚老师：我觉得当老师久了，工作中所有的快乐都来自于讲台、来自于学生，所有的尊重都来自于社会的认可和自我的肯定。我自己感觉最好的语文教育是对情感的触动和对心灵的点燃，把学生培养成有温度、有深度、有情趣、有个性的人，这是我的教育追求。如果能够这样，我就觉得自己的教育是很有成就的。另外，我也觉得最美的教育境界是彼此的成全，我能够成就一个学生，帮他找到学习的信心和生活的热情；反过来，他也成就了我，让我的能力和素质得到提升，让我觉得我所有的努力都没有变成空白。因为这样，我认为我的教育生活是很幸福、很美满的。

### 更加重视学生的"学"

记者：请问是什么影响着您一直热爱着教育事业呢？

楚老师：能在教育一线坚持下来是有很多原因的。我想起曾经看过杨澜接受的一个采访，主持人问她："你现在对未来最大的憧憬是什么？"杨澜回答道："我最好奇的是我的孩子将来会长成什么样。"这么走心的回答当时就触动了我，我觉得我能够坚持下来的原因，第一个是我很好奇自己会走多远、飞多高，很好奇自己在有生之年能发展到怎样的境界，所以我就想着不要虚度每一天，总是想着生活一定会带来很多惊喜，就因为这个，我一直对教育保持着新鲜感和热忱。第二个是我觉得这是一种生活的习惯，这种习惯比单纯的喜欢更有力量。坦白地说，当老师并不是我大学毕业后选择的第一职业，我对教师工作应该是日久生情。真的当上老师后，我常常思考的问题是："在学生如此重要的三年中，我能给予他们什么？对于给我提供发展平台的学校，我能回报什么？"这样想着，天天这么坚持下来，每天醒来就觉得在三尺讲台上跟学生、跟教材、跟书本打交道好像就是自己的生活中非常非常重要的一部分，然后就越来越热爱自己的工作、越来越热爱我的学生、我的学校了。第三个让我坚持下来的原因，是对学习机会的珍惜。对一个老师而言，最大的福利就是继续教育。所以一旦有学习的机会，我就会非常珍惜，学习新的技术、新的教育理念，向专家们学习、向身边的每一个人学习，这让我觉得好像每天都有很多的事情要做，每天都很充实、很忙碌，也很珍贵，所以就一直在努力，一直在往前走着。

记者：时代一直在变化，社会的观念和科技的进步对教育的影响有哪些方面呢？请介绍一下您所认同和理解到的一些新的教育趋势和观念。

楚老师：嗯，我发现科技进步带来的影响是让我们的眼界开阔了、信息量增加了、获取知识的渠道丰富了。至于社会观念方面，我感觉主要是越来越尊重儿童的个性和自由，提倡创新和实践，勇于对现实进行反思、批判和重构等等。根据我的学习所得和观察思考，我想我们的教育的确是呈现出了一些趋势的：

第一个是多样化的办学形式，原先可能就是集权教育，但是现在会慢慢地分散化、区域化，各种民间力量会让办学形式变得很丰富，我觉得这是以后必然的趋势。

第二个就是互联网信息化时代，会催生多种多样的教学形式，包括我们学校也在做的微课、翻转课堂。我们原先重视的是教师的"教"，但是现在会更加重视学生的"学"，老师教得再好，都比不上学生真的学有所得。我们省实这些年的教研非常注重这个方面，所以在用心建构校本课程体系。

第三个是从育人角度来说，以后会更重视一个孩子的批判性思维以及创新意识等能力的发展。从我自己的语文专业领域来说，我也在关注"回归原点"的说法——提倡"真教育""新教育"。具体来说，这两年我自己力所能及去实践的就是：对语言文字积累和运用能力的重视，以前我们的语文教育会更加重视"文以载道",注重人文精神,现在我们发现还是要把语言文字的积累和运用提上来,另外做再多的练习也比不上整本书的阅读和终身阅读,我们还会更加重视传统文化的教育,现在无论是中考高考,还是日常教学,都在回归到学生学语文的终极目标。我认为"回到原点"就是从热热闹闹的形式追求再回到语文本质的追求上来,我感觉这是一个趋势。

**不应该远距离地仰视西方教育**

记者:在互联网相当发达的时代里,学生和家长都能轻易获得来自世界各地的教育思潮,有很多文章在列举美国、日本、德国等教育方式与中国的对比,并提出我们"应试教育"的局限。请问您是如何看待这些讨论的?

楚老师:这两年我参加培训比较多的是对美国基础教育的考察,所以我只能根据自己2014年在美国学习的体会去做一些分析:

首先,我认为没有任何一种教育方式是完美的,中国的应试教育一直都是被讨论、被批判的,我们很容易看到它的特点。我自己也专门写过一些文章,如《我对美国基础教育的粗略感受与思考》(发表在《语文教学研究》上),我当时是这样归纳的——中国的应试教育非常注重知识的积累和传承,而西方是重视知识的创新和运用;我们注重基础知识的灌输,他们不强调基础知识的学习;我们国家在应试教育的过程中重视对知识权威的尊重,他们是注重对知识体系的多元开发;我们不太注重创造力和创新思维能力的培养,而他们觉得个性教育和创新能力是放在第一位的;应试教育的整体特征是重视集体的教育,所以我们很多时候会注重及格率、优秀率等;但是西方的基础教育却非常注重个性培养,就是每个孩子是不是成为最好的自己,甚至是不是超越了自己,他们会重视公平教育,会认为每个孩子都有平等的受到教育的权利。这样综合起来就会发现似乎西方教育的形式和追求更加人性化,更加贴近普通人的心理需求。

但我在美国考察的那段时间,也发现了一些很有意思的现象,比如在哥伦比亚大学跟那些教授进行探讨的时候，我们发现他们对中国教育体系的认知是停留在五年前的，他们不太了解我们现在的发展情况；而且他们现在也在积极地向我们学习，比如他们会设立"共同核心州立标准"，就像我们现在所说的课标；他们也会把语文、数学进行统考，并通过专门的评价体系对教师的教学进行评教，以前这些都是让我们觉得很难接受的，但现在他们觉得这些对教育的促进是有作用的。所以我们不应该妄自菲薄，但也不应该坐井观天；不应该顶礼膜拜，而应该客观鉴别。我们中国人去看待西方的教育时也不应该只是远距离地仰视，而应该多一些近距离的观察，不应该只是盲目效仿，还应该结合国情进行客观鉴别。我们各有所长，应该多分享交流，互相借鉴、互相融合。

记者：您觉得要培养孩子怎样的能力和素质，才能适应充满一切可能和无限想象的未来？

楚老师：现在的社会发展趋势给人的感觉是一专多能的人才是最受人青睐的。人才有两种，或者是专才，或者是通才。现在社会不断发展变化，什么都有可能，而且人这一辈子从事的职业绝对不止一个，绝对不止需要一种能力，所以我觉得首先从能力的角度来说应该是一专多能的。而从素质上来说，我会更加去重视这个孩子的知识是不是很全面，他是不是有自由的思想、独立的人格、坚强的意志、柔软的爱心、平民的情怀、民主的胸襟、开放的视野、创新的意识和质疑的勇气。凭着自信、热情和勇气，将来无论遇到怎样的挑战都是无需畏惧的。

记者：您对这份事业还有什么憧憬或梦想吗？

楚老师：对于事业，以我个人的性格来说，我会更愿意着重于眼前的事情，活在当下，对将来不会想象太多。如果一定要憧憬，从学生的角度来说，有一天我的这些孩子们，无论高矮胖瘦，无论他是不是表现得足够聪明，无论他的背景和起点如何，都能拥有符合他特点的个性化的学习方式和多元化的评价方式，他都能树立一种终身学习的观念，并在学习的过程中找到自由、尊严、勇气、信心和热情，他能够有成就感，能够做他自己，能够成长为最好的自己；从老师的角度来说，将来能够因材施教，能够全面展示自己的个性化创造力，能够不用教材教人，而是用课程来育人。这些就是我的教育梦想。为了实现这个教育梦想，我还是愿意像现在这样踏踏实实地过好每一天，上好每一节课。

（本文原载2016年广东实验中学的校庆专刊，作者系《广州日报》编辑）